本成果受到中国人民大学2022年度
“中央高校建设世界一流大学（学科）和特色发展引导专项资金”支持

大国人事

干部管理的逻辑

祁凡骅 / 著

中央党校出版集团
国家行政学院出版社
NATIONAL ACADEMY OF GOVERNANCE PRESS

图书在版编目（CIP）数据

大国人事：干部管理的逻辑 / 祁凡骅著 . -- 北京：国家行政学院出版社，2024.5

ISBN 978-7-5150-2691-6

Ⅰ . ①大… Ⅱ . ①祁… Ⅲ . ①中国共产党—干部管理—研究 Ⅳ . ① D262.3

中国国家版本馆 CIP 数据核字 (2024) 第 103716 号

书　　名　大国人事：干部管理的逻辑
　　　　　DAGUO RENSHI：GANBU GUANLI DE LUOJI

作　　者　祁凡骅　著

统筹策划　陈　科

责任编辑　陈　科　陆　夏

责任校对　许海利

责任印制　吴　霞

出版发行　国家行政学院出版社
　　　　　（北京市海淀区长春桥路6号　100089）

综 合 办　（010）68928887

发 行 部　（010）68928866

经　　销　新华书店

印　　刷　中煤（北京）印务有限公司

版　　次　2024年5月第1版

印　　次　2024年5月第1次印刷

开　　本　170毫米×240毫米　16开

印　　张　19

字　　数　275千字

定　　价　69.00元

前言

人事（human resources）负责组织内人员匹配、晋升、薪酬、福利等相关事务的管理。其最为核心的职能是领导干部的管理，事关组织的控制与发展。“干部”一词在中国语境下有着特殊的蕴意。我们最熟悉的莫过于“领导干部”“机关干部”“地方干部”“基层干部”等表述。“干部”不单单是一种职业称谓，更是身份和地位的象征，同时也伴随着责任与约束。在国家治理的话语体系中，“干部”是国家治理的主体。改革开放40多年来的辉煌成就离不开干部队伍的掌舵与划桨。在迈向中国式现代化的关键节点，探究和挖掘14亿人口大国的干部治理规律，凝练中国方案，探寻因时而变之趋势，既是管理之需，又是理论之要。

在中国方案中，干部管理是最独特的元素。中国的政治制度不同于西方，中国共产党是国家的奠基者，在政治体系中处于独特的竞争优势地位，主导和领导整个国家治理体系的运行。“党管干部”是中国式国家治理的重要原则。这一原则首先体现在干部管理理念上，即党的最高领导集体确定干部选拔、任用、激励的指导理念，全面引领全国的干部管理工作。改革开放以来，每届中央全会的一中全会产生新一届党的领导集体，二中全会推荐国家机构的领导者，六中全会通常聚焦包括组织工作在内的党的建设。每届中央通常召开7次全会，其中3次会议的内容涉及干部工作，可见干部工作在国家治理中的重要位置。党的全会常常提出干部管理的新理念和新思路。干部组织工作依据新理念、新思路进行落实、部署。5年一次的全国组织工作会议具体部署全国的干部管理工作。习近平总书记在2018年的全国组织工作会议上提出了新时代的组织工作路线，明确指出："政治标准是硬杠杠。这一条不过关，其他都不过关。如果政治不合格，能耐再大也不能用。"政治标准是干部管理的第一标准，同时也是干部管理理念中最为核心的原则。

干部作为国家治理的行动者，由中国共产党负责招募甄选、配置与开发。其具体职能由党的各级组织部门来履行。组织部起源于建党初期，负责党员的吸纳和训导。建党初期，由于组织面临严峻的生存压力，所以组织工作被迫以秘密的、地下的方式展开。新中国成立后，虽然共产党成为执政党，但秘密工作的风格却被传承了下来。实践中，组织部门通常不公开挂牌，政府换届时的干部人选是重要机密，组工干部的重要特质是善于保密。此风格愈加增添了组织工作的神秘色彩。因此，研究中国方案之干部管理，实际上是揭开神秘面纱的过程。

什么样的人更适合成为国家干部？什么样的人更适合晋升到高级别的重要岗位？这是多数人最为关注的问题。实际上，这个问题具有鲜明的时代特征，受到发展环境的影响，国家发展的不同阶段面临不同的发展议题，重要的议题构成阶段性的中心任务，阶段性中心任务的落实、阶段性目标的达成，需要与任务相匹配的干部资源。这就是干部资源的时代需求。党组织需要调适干部选拔任用的标准和偏好以回应时代之需。

新中国成立初期，社会治理、经济建设的人才资源匮乏，战争年代的军队干部直接转任到各领域做管理干部，因此，退役军人形成了最早的干部主体。这批干部边干边学，摸索前行，克服了经济、社会管理知识的不足，奠定了国家发展的基础。同时，为了满足百废待兴的任务需求，有计划地从旧知识分子、产业工人、学生，以及非党干部中选拔了一批优秀者，经过政治培训后充实到政府的各类岗位之中。经过新中国成立初期的干部规模化录用，1956年干部进入稳定发展阶段，形成了“专业化”的干部管理理念，但是“反右倾”的扩大化直接影响了干部管理的政策走向，政治标准成为第一标准，“专业化”的理念没能真正落实。

1966年到1976年是“文化大革命”时期，所谓的“文化革命委员会”代替了党政管理机构，管理干部的组织人事部门瘫痪，许多干部被“下放”“批斗”“劳动改造”，动乱造反的骨干分子成了各机构的领导者。“文革”结束后，这些骨干分子多数被清理出了干部系统。

改革开放初期，经济体制改革需要干部制度配套改革，为经济发展提供人才支撑。这个时期，中央提出了干部“革命化、年轻化、知识化、专业化”的“四化”方针，一批年轻的，拥有中专、大专、大学学历者被选拔到了领导岗位，以弥补“文革”所造成的干部队伍断层，解决干部队伍的老龄化问题，同时，干部的知识结构有了较大的改善，整体文化素养有所提升。

进入20世纪90年代，社会主义市场经济体制确立，以《国家公务员暂行条例》为代表的干部管理制度相继建立，“凡进必考”成为进入干部队伍的基本准则，晋升中的竞争制度得到试行推广，副局级及以下领导干部可以实施公开竞争选拔，知识和能力成为干部选拔的核心要素。90年代后期，中国经济的开放性进一步提高，申请加入世界贸易组织的谈判持续深入，政府系统急需熟悉国际政治、经济事务的人才。于是，拥有国际组织、西方大企业工作经验的人才成为干部招募的重点对象。一批海外人才被吸纳进了政府体系，并直接担任副局级领导职务，国际能力成为优先选项。

进入21世纪，中国经济高速发展，需要更多的年轻干部脱颖而出，团干部的年龄优势明显，成为各级领导干部的重要组成力量。同时，随着市场经济的发展，资源禀赋、地区差距、政策差异等所造成的利益不均成为社会问题的诱因，基层社会问题逐渐成为治理的热点。鉴于此，具有基层工作经验成为干部选拔晋升的优先条件，甚至是一些中央、省级单位选任领导干部的必备条件。中央单位和地方单位的干部交流成为干部制度的重要组成。

党的十八大以来，党的干部选拔任用导向有了新的变化。2013年6月，习近平总书记在全国组织工作会议上提出了“四不唯”的领导干部选拔标准，即不唯票、不唯分数、不唯GDP、不唯年龄。干部选任中，政治是第一标准。政治方向、政治立场、政治要求，成为检验党员、干部政治素养的基本标尺，集中体现为“四个意识”，即政治意识、大局意识、核心意识、看齐意识。同时，工作中取得突出业绩、实践能力突出的干部走上了快车道，比如国际领先的航天系统、经济发展速度快的东南沿海地区的大批干部先后走上了副部级以上的领导岗位。国际环境的变化也会影响国内领导干部的选拔。特朗普当选美国总统后，提出了“美国优先”（American First）战略。世界经济发展的自由竞争状态被打破，科学技术的封锁、脱钩成为美国的竞争策略。中国在半导体、芯片技术领域遭到了“卡脖子”的战术压制。国内的自我技术创新成为燃眉之急。在此情境下，科学技术人才的重要性愈加凸显，体现在组织人事领域就是拥有科技背景的干部被任用到关键领导岗位。比如，29位中国科学院院士、中国工程院院士当选为党的二十大中央委员或候补委员。科技人才成为当前领导干部选拔的特别关注群体。

从时代因素的回顾中我们可以看出，在从政之路上，时代因素一直是竞争中胜出的重要砝码，可谓时势造英雄。换言之，符合时代需求者，就会搭上发展的快车道，成为同侪中的佼佼者。

高级领导干部群体有哪些重要的特征？依照马克斯·韦伯的观点，

现代政府组织属于典型的官僚制组织形态。官僚制是典型的金字塔型组织。政府体制内职业发展路径受到金字塔组织形态的制约，越往上机会越少，竞争也更为激烈，成为高级领导干部是多数体制内人员的共同职业追求。鉴于此，分析高级领导干部群体的特征可以为中基层领导干部提供一个学习和自我修炼的标杆。同时，关键岗位的关键人体现领导干部队伍的关键特质。高级领导干部大多是关键岗位、关键人的代表。副局级是高级干部的门槛。副局级以上的地方省长、一把手书记和二把手市长是关键岗位的关键领导。于是，我们团队分别分析了省长、市委书记、市长三个典型群体的领导特征，为读者呈现其所具备的共性特征，勾勒了高级领导干部群体的典型画像，帮助读者深入了解高级领导群体。

本书是我和我的研究生关于干部制度研究的集中展示。全书分为六章，其逻辑安排为：后备干部选拔制度—市长选任规律—市委书记选任规律—省长选任规律—干部福利制度—干部生活质量调查。课题研究过程中，黄新浩、卢湘枚、王珊等学子皆参与了本项目研究工作。编辑陈科老师是本书付梓的促进者。当然，最需要感谢的是中国人民大学公共管理学院，为著作的出版提供了全方位的支持和保障。

祁凡骅

2024年3月

于中国人民大学求是楼

目　录

CONTENTS

02 第二章 大国城市之治：如何选任市长？

03 第三章 大国城市第一责任人：如何选任市委书记？

第四章 大国省治：省长选任有何规律？

第一章

大国砥柱之源：后备干部如何选？

01

CHAPTER

后备干部是大国的“隐形战略资源”。作为党的人才“蓄水池”，后备干部成为这场“人才争夺战”中最宝贵的战略物资。早在1938年，毛泽东同志就强调干部的重要性，指出干部是政治路线确定后的决定要素。中国共产党从解放战争时期提出预备干部，到新中国成立初期开始探索培养接班人，到改革开放初期作出第三梯队建设的战略决策，再到后备干部制度的建设优化，体现了我党对干部人才战略储备的高度重视。1921年以来，党坚持发展后备干部制度，优化干部队伍结构，扩充干部来源，形成了一系列有关后备干部制度建设的思想和实践。党的十八大以来，习近平总书记更是提出要健全进退机制，实行后备干部动态管理，打造能上能下体制健全的干部制度。

本章梳理了我党后备干部制度变迁历程，从历史制度主义的“环境一制度一行动者”逻辑分析后备干部制度变迁的原因和路径依赖。通过本章研究，试图拓展大国后备干部制度的研究视角，丰富后备干部制度的史料梳理，支撑新时代后备干部队伍建设。

本章回应的主要问题是：在百余年历程中，中国共产党形成了何种后备干部制度？后备干部制度变迁经历了何种历史进程？后备干部制度变化的背后存在何种变迁动力机制？后备干部制度的发展演化体现出何种路径依赖模式？通过回应上述问题，为新时代后备干部制度发展提供历史借鉴和理论支撑，推动党的干部建设工作纵深发展，为大国治理奠定良好的人才基础。

党的后备干部队伍建设是干部队伍建设中的重要组成，主要是聚焦于干部队伍中能力较为突出且具有培养价值的干部，开展后备干部的选拔、培育和使用相关工作。从党政领域来看，后备干部是指各级党委在干部管理权限内，参照后备干部选拔标准和程序，选拔出拟提拔到上一级领导班子或上一层级（或更高层级）担任领导职务或领导岗位的预备人选。从职务发展方向层面，分为正职后备和副职后备；从结构层级方面，可分为省部级、地厅级和县处级三级后备干部；从能力成熟度层面，分为近期可提拔使用和着眼中长期培养的后备干部。

后备干部的管理是渐进的制度化过程。从这个角度看，后备干部制度就是用来指导党的后备干部选拔、培育和使用的规则集合。后备干部制度是党的干部制度的有机组成部分，强调聚焦于党政领导岗位培养储备人才。自建党百年来，后备干部制度在不同时期，由于环境、历史、行动者等因素的综合作用，不断发生变化演进，甚至在重大危机冲突下发生一定断档。制度在不同阶段呈现出特征、导向的明显变化，表现出典型的制度变迁过程。

一、我国后备干部制度变迁历程

中国共产党自建党以来不断完善自身组织和管理，其中作为决策、执行主力的党政领导干部队伍建设至关重要。在面对革命、建设、改革的不同历史阶段，为了解决有效选拔和任用优秀人才进入领导梯队的问题，中国共产党开始探索建设后备干部制度，由此有效实现新老干部的有序交替，保证领导力量的稳定可持续。经历百年变迁，中国共产党的后备干部制度不断发展完善。

（一）后备干部制度探索期（1921—1949年）

1. 建党初期（1921—1931年）：重视成分，提拔工农干部

中国共产党在创立初期尚未形成稳定的领导核心，加之复杂多变的形势，干部工作尚处于曲折摸索阶段，后备干部工作制度并没有正式建立。但是，中国共产党自成立以来就十分重视党的骨干队伍建设，后备干部实质上是按照党的骨干建设要求来进行选拔的。因此，这一时期对于骨干建设的要求和相关制度属于后备干部制度的前期思想萌芽阶段。

1927年国民大革命失败后，国民党反动派的屠杀使得党的干部队伍遭受严重损失，干部队伍人数大幅度削减，由5.7万人锐减到1万人左右，党中央开始有意识地补充有生力量进入干部队伍，增强干部队伍战斗力。但这一时期对革命失败原因进行了错误估计，指出大革命之所以失败，是因为党内指导机关知识分子化，缺少工人成分，缺乏无产阶级的坚韧斗争精神，要求提拔工农分子，改造指导机关。

1927年，党中央下发二号文件，指出党的机关中工农分子与知识分子占比失衡，工农分子占比太少。要求立刻着手在党内各级指导机关中进行改组改造，改造的方向是尽快发现并提拔表现较好的工农分子进入指导机关担当领导工作，保障其无产阶级属性。

此后，1928—1931年都延续了干部工人化方针。强调党的各级指导机关要持续引入工人干部，改造指导机关。党的六大选举产生了36位委员和候补委员，其中工人出身占比达到58%（即21人）。那一时期选出的中央委员向忠发，就是因为他的工人出身被选中，而实际上其个人政治素养和文化程度都不高。

这一时期，过分强调领导干部的个人成分出身，忽视了个人的斗争能力和表现，提拔大批没有斗争经验、缺乏革命锻炼的工人干部进入领导梯队，出现无法胜任工作、影响党的战斗力等问题。直至1935年，遵

义会议、瓦窑堡会议纠正党内的偏重成分论和“左”倾机会主义错误导向，指出个人成分固然应当注意，但不是主要的标准，在民主革命中表现勇毅的干部都应当吸收培养，承担工作。同时提出要在斗争实践中锻炼培养干部。

建党之初随着党的政治路线的发展变化，党的后备干部工作经历曲折探索，逐步往正确的合乎实际的路线上转变。

2. 抗日战争时期（1931—1945年）：才德兼备，吸收知识分子

（1）才德兼备的选拔标准

抗日战争时期，党中央干部选拔标准也是这一时期选拔培养后备干部的标准。1937年总政部《关于新阶段的部队政治工作的决定》提出干部的选拔任用不仅要满足政治条件，还应具备相应的工作能力，强调其中政治条件更为重要。1938年，党的六届六中全会上，毛泽东同志提出“才德兼备”的干部标准。这一时期“才德”的内涵是，执行党的路线，服从党的纪律，和群众有密切的联系，工作能力突出。

（2）吸收知识分子，培养军队干部

抗战时期，武装斗争的主力是军队干部。随着抗战形势的发展，党中央对于军队干部的需求越来越大，迫切需要一批能指挥、会带兵、能打仗的军队干部后备人才进入领导梯队。由于早期党组织对知识分子的错误认识，致使许多党内同志对知识分子依然保有许多不公正的歧视，不敢轻易吸收知识分子加入革命队伍。但随着思想纠偏和形势需要，党中央开始重视吸收拥有丰富斗争经验的知识分子进入军队、政府工作，强调知识分子的重要性，培育具有军事才能的干部。1939年，军队制定吸收知识分子、培养新干部的相关通知，纠正前一时期歧视知识分子的导向。同年12月，毛泽东同志亲自在《大量吸收知识分子》中指出：知识分子是革命统一战线的重要保障力量和人才来源，要重视吸收并任用知识分子。

这一时期吸收知识分子进入党的系统，培育具有军事能力的领导干部取得了一定的成就。截至1940年下半年，新吸收任用的干部中知识分子的比重约占85%，[①] 党政机关和部队干部的文化水平大大提高。

3. 解放战争时期（1945—1949年）：预备干部，培养新干部

（1）预备干部

随着解放战争的逐步胜利，需要一大批干部投入收复地区的政权建立工作。1948年，为迎接即将到来的全国解放战争的胜利，中共中央作出《关于准备五万三千个干部的决议》，提出为有序接受占领的解放区，需要准备约53000人的干部队伍，因此加紧对干部的培养和选拔，让有为者有位，让能力表现突出的干部担当重任成为组织工作的重点。这一时期，党中央提出“预备干部”的概念。选拔预备干部的主要方法有两种：一是配齐整套架子集中学习。着重加强党校建设，积极创造各级干部在党校学习的条件和积极性。将领导干部的“整套架子”安排进党校学习，有利于将来派整套班子出去尽快开展工作。二是设置副职。中央局、区党委（或省）、地、县、区委各级关键领导岗位，必须增设副职。这些副职干部在日常工作中锻炼了工作处理和领导能力，成为领导干部后备人才。此后设立副职的方法为储备领导干部提供了新的思路和方法，并沿用至今。

（2）培养选拔新干部、培养产业工人

解放战争后期，全国解放局面逐步形成，党十分重视培养选拔新干部、培养产业工人。1947年，刘少奇同志提出要着手去办青年团，在土改中把青年团下层组织形成起来，选择积极分子加以训练。

同时，由于党的革命根据地长期扎根农村，干部队伍中农民成分的干部占比高，工人成分干部占比较少。随着接管解放区的增加，培养、提拔产业工人干部进入领导梯队，接管解放区工业工作成为现实工作需

① 陈辰、张斌：《这组大数据告诉你，当时延安有多红》，新华网，http://www.xinhuanet.com/politics/2021-04/16/c_1127339710.htm。

要。1948年，党中央提出要在解放区的产业工人中大力选拔和培养产业工人干部，将来派出去接管解放区的大城市工商业领导工作。

（二）后备干部制度尝试期（1949—1966年）

1. 从“德才兼备”到政治决定论

（1）德才兼备，注重政治要求

新中国成立初期党仍然坚持“德才”的用人标准。1953年11月，中央《关于加强干部管理工作的决定》明确要求，干部选拔任用中必须要坚决贯彻党的政治品质（德）和业务能力（才）指标，其中政治条件是首要要求。

随着社会主义三大改造顺利完成，进入社会主义建设时期，党的干部队伍建设中的一些问题逐渐暴露出来。在长期革命和战争中锻炼成长起来的干部们走上各级领导岗位，他们的擅长领域是战争和政治组织工作，科学技术和经济建设专业知识和文化素养则较为缺乏。

（2）又红又专，以红为主

新中国成立初期提拔、留用的一些知识分子和旧公务人员，虽然懂知识、有技术，但缺乏政治意识，容易迷失方向。据此，毛泽东同志根据社会主义建设的现实情况，提出干部不仅要德才兼备，而且要又红又专。“红”指的是具有正确的政治观点，“专”是熟悉老本行的专业和技术。

但这一时期的“红”和“专”并不是并列的，而是侧重于“红”。1957年，毛泽东同志强调，我们各行各业的干部都要努力精通技术和业务，使自己成为内行，又红又专。[①] 这一时期，提拔的郝建秀就是纺织工人出身的领导干部，因为其探索的“细纱工作法”，大大改进了纺织业技术，提高了纺织的产量，受到党组织的关注和提拔，从纺织工人一路提拔到中央书记处候补书记、书记处书记，郝建秀是这一时期提拔“又红又专”的

① 《毛泽东文集》第七卷，人民出版社1999年版，第309页。

干部典型了。

概括来看，新中国成立初期，干部梯队选拔的标准就是政治立场坚定，拥护共产党领导和新生政权，具备经济建设、工业建设的相关能力和专业知识。这些选拔标准选拔培育出一部分德才兼备的领导干部。

（3）政治决定论，革命化倾向凸显

在20世纪50年代后期的干部工作实践中，德才兼备的标准被政治决定论所代替。这个时期，党内部分同志错误地认为资产阶级与无产阶级的对立在党内依然存在，认定阶级斗争是国内的主要矛盾，需要注重干部队伍思想政治建设。主要领导者对思想政治工作的偏重，被党内有心人士利用，将政治决定论的导向带到实践中。50年代后期，“又红又专”干部标准实践中过分看重“红”，而忽视了“专”。甚至出现谁努力学习、钻研业务，就会被挂上“白专道路”等帽子。1958—1960年“大跃进”时期，为完成政治任务，罔顾实际情况和客观规律，虚报浮夸，演变成为一场全国性的政治运动。浮夸虚报完成政治任务的干部被评为先进典型，而实事求是、对不切实际的政治任务持谨慎态度的干部被视为右倾保守。在60年代干部选拔中，政治成为唯一的决定因素。1960年，林彪在军委常委扩大会议上谈“政治工作领域四个关系问题”，后被概括表述为“四个第一”，即所谓人的因素第一、政治工作第一、思想工作第一、活的思想第一。严重干扰干部队伍政治建设，后来更是提出搞政治工作、搞革命化，带来“文化大革命”历史错误。

德才兼备的干部梯队选拔标准，在50年代后期开始被政治决定论代替，片面地强调政治，偏离了干部梯队建设的正确轨道。

2. 重视提拔培养新生力量，培养接班人

（1）越级破格提拔新生干部

1952年，为抓紧选拔培育领导干部，党中央提出各地要大胆任用前一阶段“三反”“五反”工作中涌现出来的积极分子，其中如有表现特别优秀且有培养前途的，可尝试破格实行越级提拔。1953年，毛泽东同志提出要选青年的干部当团中央委员，要充分相信青年人，注意先进青年。威信是逐渐建立的。

1964年，中央组织部部长安子文在组织部部长座谈会上指出，当前县级以上各级领导核心比较缺乏年轻的新血液。现有各级领导骨干年龄都比较大，虽然正是为组织工作的大好时间，但新陈代谢是自然规律，老的骨干总是会衰老的。[①] 培育一个有领导能力的、成熟的党政领导干部，是没办法一蹴而就的，需要几年甚至是十几年的时间。要注重新干部与老干部之间的合理衔接，要及早培养新的干部，提前预防后继无人的危险。同时，党中央关注到苏联的教训，认为不提前培养好接班人，危险可能就在眼前。因此要重视培养提拔新生干部，作为党政领导的未来接班人。

（2）启动“接班人”计划，培养新鲜血液

1964年6月，毛泽东同志在中央政治局常委和中央局第一书记会议上指出了“接班人”应当具备的条件：懂得一些马列主义、为大多数人民谋利益、团结大多数人、搞民主作风、作自我批评。7月，《人民日报》针对毛泽东同志提出的标准，发表文章称加强贯彻执行党的阶级路线，注重选拔培育接班人，尤其要重视先进工人、贫下中农出身的干部。后续中央组织部牵头，启动了“接班人计划”。甄选的条件，首先必须是党员，按照政治条件第一位、学习成绩中上即可的原则进行。

1965年，党中央开始尝试提拔新生力量进入县、地、省各级领导岗位担当工作。中央指示全国各地，要发掘本地干部资源，培育提拔新干部，制订具体规划并挨个落实，培养提拔新生力量，合理调整领导班子。当年全国共提拔400余名大部分年龄在40岁至50岁之间的干部进入地方各级领

① 参见中国中共党史人物研究会编：《中共党史人物传》第二十卷，中国人民大学出版社2018年版，第71—108页。

导干部中，其中有些人后来成为党和国家的高级领导人。

这一时期，中央主张培养新生力量，提前储备优秀、有培养前景的年轻干部，但由于当时干部队伍年龄普遍较轻，因此干部年龄的问题还不是个特别突出的问题，常态化选拔培育年轻干部并没有引起各级党组织的高度重视。这一时期，所采取的培养“接班人”的想法和措施是极富远见的，但囿于当时的冒进“左”倾的特殊背景，加之不久之后开始的“文化大革命”，这些措施没有能够很好地付诸实施。

3. 选调应届优秀高校毕业生到基层锻炼

20世纪60年代，随着大学教育的发展，将大学生这一优秀知识分子群体纳入后备干部队伍的想法开始出现，党中央开始探索选调生工作。1965年6月，中央转批了高教部《关于分配一批高等文科毕业生到县以下基层单位工作的请示报告》，指出选配大学生到农村基层任职锻炼，可以有效实现知识分子同工农群众沟通交流，加强基层建设，同时有利于培养革命事业的接班人。会国选调工作由此开始。遗憾的是，这项极富成效的工作由于“文革”而中断。

（三）后备干部制度停滞期（1966—1978年）

1966年，党中央错误地判断资本主义在党内渗透、占据领导地位，认为党内很多领导者是“走资派”，会威胁社会主义建设和人民民主专政政权，选择对党内领导层进行阶级斗争，打击“走资派”，“文化大革命”迅猛发动起来。“文革”时期，大批造反派骨干夺取各级机关领导权，取缔了各级干部人事管理部门，干部选拔、使用、罢免的权利落入造反派手中，变为“派管干部”，干部制度陷入混乱状态，后备干部制度也陷入停滞状态。

“文革”对我国的干部选拔影响极为严重。在干部选拔任用标准上，德才兼备、任人唯贤的选拔标准被严重扭曲，重阶级斗争、家庭出身，任人唯亲、拉帮结派、裙带关系严重。同时，造反派还假借“老、中、青”三结合政策之由，扶持造反派、迫害老干部，制造冤假错案。在这一时期，党的领导干部队伍遭受严重损害。

（四）后备干部制度建树期（1978—2012年）

1. 改革开放初期（1978—1989年）：第三梯队，制度初创

（1）后备干部制度正式形成

1978年12月，中国共产党第十一届三中全会将工作重心转移到社会主义现代化建设上，为修补前一阶段“文化大革命”对干部队伍造成的破坏，直面“文革”后干部队伍政治不纯、年龄老化、青黄不接的严峻形势，以邓小平同志为核心的党的第二代中央领导集体高度重视领导干部梯队的选拔培育，作出第三梯队建设的战略决策，后备干部制度正式形成。

1979年春夏，中央组织部派出7个调查组，调研12个省的干部队伍状况，起草了有关领导班子建设和干部制度的政策文件，[①] 分析改革开放初期党的干部队伍的严峻形势，同年9月在北京召开座谈会，明确培养接班人、领导班子建设等关键性问题。会议指出针对干部严重老龄化，青黄不接这一问题，必须采取有效措施，加强对年轻干部的选拔，选配中青年干部进领导班子。

1981年5月，陈云同志发文指出培养中青年干部是当今要务，要加强中青年干部的培养，以老带新，加强培养锻炼，大力提拔培育年轻的干部人才。“从现在起，就成千上万地提拔培养中青年干部，让德才兼备的中青年干部在各级领导岗位上锻炼。老干部对他们实行传帮带使大量的中青年干部成为我们各级党政工作强大的后备力量，随时可以从中挑选领导

① 包括《关于加强领导班子建设的几点意见》《关于干部制度改革的意见》等。

干部。”[①] 根据相关领导的建议，专门设立青干局，专职负责选拔培育青年干部。

1983年5月，胡耀邦同志在为召开六届人大一次会议举行的座谈会上指出，老同志是第一梯队，制定党和国家的大政方针；现在中央书记处和国务院第一线工作的同志是第二梯队，但也不年轻了；要下决心搞第三梯队，选拔德才兼备、年富力强的干部进入领导班子。

1983年6月召开的中央工作会议上，邓小平、陈云等党中央领导同志认同并正式作出了第三梯队建设的战略决策。陈云同志指出，要着重选拔50岁以下，40岁左右的优秀年轻干部进入领导梯队。现有的各位领导同志要发扬传帮带精神，自觉认真地正确选拔接班人。邓小平同志强调此次第三梯队建设事关党和国家命运必须高度重视。

1983年10月，中组部印发《关于建立省部级后备干部制度的意见》（以下简称《意见》），这是全党层面的第一个后备干部制度的政策文件，标志着政策层面后备干部制度的正式形成。

（2）后备干部制度实施调整

第三梯队建设的战略决策制定后，中央制定相关文件部署第三梯队建设的落实，开始后备干部选拔工作。这一工作可以分为两个阶段。

一是后备干部制度政策实施阶段。《意见》提出加强选拔省部级后备干部人才的力度和速度，1984年7月前，要完成选拔1000名省部级后备干部，建立后备干部名单的相关工作，同时确保人数要保持稳定，后备干部的年龄结构一般为45岁左右和40岁左右；应选拔党政、经济、文教等各方面表现突出、有术业专长的人才进入后备干部队伍。

1983年下半年，国家开始在全国各地广泛选拔第三梯队后备干部，要求各地形成一个后备干部名单上报中央。1985年初，基本完成建立省、地、县第三梯队建设目标，选出省部级后备干部855名、地局级后备干部

① 《陈云文选》第三卷，人民出版社1995年版，第293页。

17690名、县处级96945名。[①] 1985年中央和省一级领导班子进行规模较大的换届交替工作，为后备干部进入领导梯队创设条件。

二是后备干部制度政策调整阶段。1987年，经过几年的努力，后备干部队伍基本建立起来，一定程度上改善了干部梯队结构，但在实践中也暴露出一定的问题，例如后备干部数量尚不充足，尚未形成合理结构，能迅速进入领导梯队的后备人选不充足。另外，有些地方存在备而不用，干部梯队建设停留在上报名单上，出现仅仅为了完成任务上报后备名单，在实际干部选用中没有有效提拔任用后备干部的情况。党中央对此高度重视，要求严格参照50、55岁的年龄要求，适度提拔近期可用的领导人员；扩充干部选拔层次，省部级后备干部从下一级部门和企事业单位优秀领导干部中挑选；保证数量，保证同一职务岗位从3～4人中择优选出，科学合理地按照年龄、文化程度、专业等多层面配备领导班子。

（3）后备干部选拔标准

《意见》具体地提出了干部梯队选拔四个方面的标准。

一是政治标准：主要是指政治信念和“文革”时期的政治表现。第一要有坚定的共产主义信念，掌握马克思列宁主义、毛泽东思想的基本理论，坚决拥护党中央的路线、方针、政策。第二要在“文化大革命”中表现好，政治坚定可靠，思想意识健康，作风正派，能够联系群众。

二是文化程度标准：至少达到大专文化程度；同时强调不仅看学历，还注重真才实学，但是在学历上也设置一个基准线。

三是年龄标准：后备干部年龄要形成梯队结构，明确提出年龄选拔标准应为45岁左右和40岁左右。

四是能力标准：视野广，思想活，勤奋好学，求知欲强，要敢于拼搏，善于领导。

---

① 陈坚：《20世纪80年代“第三梯队建设”战略决策的历史考察》，《中国延安干部学院学报》2013年第6期。

梳理来看，改革开放初期后备干部标准对应于这一时期干部“四化”方针，即干部队伍革命化、知识化、年轻化、专业化的方针。这一时期后备干部选拔主要是突出年轻干部，强调年龄一般是在45岁左右和40岁左右。改革开放初期，以邓小平同志为核心的党的第二代中央领导集体将前一阶段德才兼备的标准具体化为“四化”方针，在坚持政治标准的前提下，从学历、年龄、能力综合标准要求后备干部，使得后备干部选拔任用标准更加具体、可操作。

（4）后备干部培养

改革开放初期，我党建立第三梯队后备干部制度后，不仅在实践层面选拔后备干部，也注重在实践中锻炼培养后备干部，确立“缺什么，补什么”原则。强调各地要抓紧完善第三梯队的培养和后续考核，落实每一位后备干部的培养方向和措施，根据不同类型的干部需求差异化制定培养锻炼方案。长期在中央机关的，安排到下面的市委任职，增进市级工作经历；长期在省部级单位工作的可以派到大中城市或重点开放地区的综合部门主持领导工作；缺乏基层工作经验的，可以安排县一级基层机关担当领导。[①]

同时，党中央还选派后备干部借调到中央部委进行工作。胡耀邦同志曾提出，要分批安排地方后备干部进入中央部门担任工作，了解中央的工作方式和决策过程，培养省部级干部的宏观视野和能力，以备后续接管相关领导工作。

（5）干部离退休制度

为保障领导梯队新老更替，党中央建立了党政领导干部离退休制度。“文革”后大批平反的老干部重新进入领导岗位，干部队伍年龄老化严重。第三梯队建设构想提出后，如何有效实现新老干部队伍的有效交替成为问

① 陈凤楼：《中国共产党干部工作史纲（1921—2011）》，党建读物出版社2012年版，第246—247页。

题。为此，以邓小平同志为核心的党的第二代中央领导集体通过设置顾问委员会作为过渡，有序建立干部离退休制度，创设条件让更多中青年干部走上领导岗位，有序完成新老交替。

顾问委员会是领导职务终身制向退休制的一种过渡，主要是让身体条件尚佳且有丰富的领导和专业经验，但因年龄或名额超过规定不适宜进入领导班子的老干部，可以以顾问委员的身份参与党政工作。1982年，党的十二大后，为有序实现领导干部新老交替，在中央设立中央顾问委员会。邓小平同志率先垂范，担任第一届中央顾问委员会主任，主动劝说并带动一批在党中央担任主要领导职务的老干部退出领导岗位，进入中央顾问委员会。

中央顾问委员会在特定的历史时期有效保障了中央到地方的新老干部梯队的平稳过渡。后续各省市自治区也纷纷设置顾问委员会作为过渡机构，为后续建立干部离退休制度创设了条件。

在以邓小平同志为核心的党的第二代中央领导集体的努力下，党中央于1982年废除了领导干部职务终身制。中央至地方的各级领导干部，都需要严格按照年龄退休，干部离退休制度正式建立，为有序衔接党的第三代中央领导集体创设了条件。

（6）重启选调优秀大学生政策

改革开放初期，恢复高考制度，涌现出一大批优秀的年轻化、知识化的大学生。为有效吸收优秀的大学生进入党的干部梯队，开始重启选调优秀大学生到基层锻炼培养的政策，吸纳优秀大学生进入后备干部队伍。

1980年，中央组织部发文提出各省、自治区、直辖市、国家机关部委每年要加大对优秀大学毕业生的培养力度，选拔优秀的大学生进入干部队伍，找寻合适的成熟时机、择优逐级提拔到领导岗位。1983年8月，中组部印发大学生选调的政策通知，大学生选调生政策在全国有序铺开。

1980—1985年五年时间内，全国共计选调了近万名优秀大学生进入基层工作锻炼[①]。

2. 社会主义现代化建设时期（1989—2012年）：标准细化，人才辈出

经过改革开放初期的后备干部制度的建设，中央到地方的干部队伍年轻化取得一定进展，但干部队伍仍然存在年龄结构、专业结构等问题。社会主义现代化建设时期，国家仍然坚持深化细化后备干部选拔培育，完善后备干部制度。这一时期的重点是突出并细化党政后备干部选拔标准，大力选拔年轻干部进入后备干部队伍。

（1）细化干部选拔标准

20世纪90年代，干部制度建设的中心是现代公务员制度的建立，着力的重点是干部人事管理的基本规则。2000年，《党政领导班子后备干部工作暂行规定》提出年龄标准：省部级后备干部应在45～50岁之间；市（地）级后备干部应在40～45岁之间；县（市）级领导干部应在35～40岁之间。强调提拔干部要从后备干部中选拔。同时提出后备干部选拔标准：后备干部应符合党政领导干部任用规定，全面考察其德能勤绩，特别强调要突出考察后备干部的思想政治素质、工作实绩、廉政情况和发展潜力这四个方面的情况（见表1–1）。

2002年，《党政领导干部选拔任用工作条例》中明确指出后备干部队伍是党政领导班子的重要选拔对象，注重使用后备干部。

2009年，《2009—2020年全国党政领导班子后备干部队伍建设规划》指出，坚持干部队伍“四化”方针和德才兼备原则。把革命化放在首位的要求，忠诚于党，忠诚党中央，政治坚定。提高科学文化知识水平的要求：学历基准线以外，提出要有与本职岗位相应的专业和管理知识；善于

---

① 陈凤楼：《中国共产党干部工作史纲（1921—2011）》，党建读物出版社2012年版，第335—336页。

学习，适应经济、政治、科技文化发展对本职工作的新要求。明确提出重视领导才能的全面考察：领导才能体现在理解和执行党的路线方针；知人善任；纵览全局、宏观决策能力；抵御风险、处理复杂形势和情况能力；担任更高层次领导职务的潜力。同时要求注重工作实绩以及坚持群众公认。提拔领导干部一般要从后备干部中挑选（见表1–1）。

表1–1　后备干部政策文件梳理

时间	文件	年龄要求	重点内容
2000年	《党政领导班子后备干部工作暂行规定》	省部级后备干部：一般以45~50岁左右的干部为主体； 市（地）级后备干部：一般以40~45岁的干部为主体； 县（市）级后备干部：一般应以35~40岁干部为主体。	选拔条件：后备干部应当具备《党政领导干部选拔任用工作暂行条例》规定的党政领导干部的基本条件。 数量结构：后备干部一般按领导班子职数正职1∶2、副职1∶1的数量确定；政府领导班子的后备干部中，应有适当数量的非中共党员干部；后备干部队伍应形成合理的专业和知识结构。 培养锻炼：必须加强后备干部的实践锻炼。实践锻炼可根据实际情况，分别采取实行岗位轮换，安排分管常务工作或其他与培养方向相关的重要职务，分配急、难、险、重的工作任务，选派到基层特别是艰苦贫困地区或经济相对发达地区任职、挂职，选调到上级党政机关挂职、交流、任职等方式进行。 干部使用：提拔干部一般要从后备干部中挑选，需要从后备干部名单以外提拔的，呈报单位应在报告中说明情况。
2009年	《2009—2020年全国党政领导班子后备干部队伍建设规划》	中央、国家机关部委领导班子：抓紧配置45岁左右，50岁左右的数量增加； 省、自治区、直辖市党政领导班子：50岁以下达到5名，其中45岁左右的各1名，50岁左右的数量有所增加；	年轻干部的刚性要求：班子中年轻干部不达到要求，不予考察审批；班子调整优先选配年轻干部；可采取“先进后出”方法补充年轻干部进领导班子，后续再恢复规定数；领导班子中年轻干部出现空缺时，未达到配备年轻干部数量要求的，必须补充年轻干部。 越级提拔：对那些德才兼备、政绩突出、群众公认的优秀年轻干部，要敢于打破常规，可不受任职年限的限制，及时使用；个别特别优秀发展潜力大的干部，经上一级党委组织部门同意，可越级提拔。

续表

时间	文件	年龄要求	重点内容
		市级党政领导班子：45岁以下达到4名，其中40岁左右各1名，40岁左右干部数量有所增加； 县级党政领导班子：35岁以下干部达到1名，35岁左右干部数量有所增加。	领导班子结构：要保持领导班子的梯次年龄结构，不在任职年龄上搞层层递减；既要大胆选拔任用优秀年轻干部，又要合理使用其他年龄段的优秀干部，充分发挥他们的作用；重视选拔优秀年轻的女干部、少数民族干部和非中共党员干部。 选拔标准：贯彻执行干部队伍“四化”和德才兼备原则，高标准、严要求，把好政治关，选拔思想政治素质好、科学文化水平高、组织领导能力强、政绩突出、群众公认的优秀年轻干部进入领导班子。

这一时期干部选拔标准更加具体细致。从具体能力内容，演变为在工作表现中考察干部“德能勤绩”，再到考察干部廉洁作风，德才兼备的标准不断细化、可操作化。

（2）团口、高知备受青睐

以胡锦涛同志为总书记的党中央继续深入贯彻落实干部队伍“四化”方针，选拔年轻干部成为干部梯队建设的惯例。但是年轻干部从何处来，成为后备干部队伍建设的重要考量。这一时期扩充提拔年轻干部主要来源于共青团。共青团一直是党重要的后备干部来源，干部大多年轻且文化知识水平较高，符合选拔年轻知识分子后备干部队伍要求，团口干部尤其受到重视，团中央的第一书记往往会以一把手身份调往地方政府，经过地方任职锻炼后，提拔至中央机关担任领导职务。提拔的团口干部大多年轻且为高级知识分子、名校出身。胡锦涛42岁时担任共青团第一书记，此后历任团中央第一书记年龄均较低，如李克强（28岁）、李海峰（29岁）、张宝顺（32岁）等，他们大多毕业于国内著名高校，如北京大学、武汉大学等。又如，团口出身的干部陆昊，毕业于北京大学经济管理学院，从一位国企一把手摸爬滚打，最后履职到黑龙江代省长，一路火线提拔，被誉为“最年轻”干部。

在这一时期，共青团干部具有高学历、年轻化、能力强的特点，符合后备干部选拔的能力要求，较多被纳入后备干部资源池。因此这一时期有团口工作经历的干部被较多提拔到领导岗位。

（五）后备干部制度优化期（2012年至今）

新时代，习近平总书记抓铁有痕、踏不留印，真抓实干，重视干部队伍建设，坚持打造坚强有力的领导梯队。党的十八大来以来，中央层面关于后备干部的政策文件没有更新，而是在党政领导选拔任用政策和选拔年轻干部政策上进行更新，但因为我国后备干部文件之前就明确提出，后备干部作为党政领导干部职位的后备人选，应符合党政领导干部条件，因此我们从党政领导干部选拔和年轻干部选拔中可以窥见后备干部制度的变化。

1. 政治刚标，廉洁实干

在后备干部选拔上，以习近平同志为核心的党中央仍然坚持德才兼备，以德为先的选拔原则，落实德能勤绩廉的干部考核标准。同时，针对党的组织建设和时代背景的变化，针对性地提出了新时期干部选拔的好干部标准。习近平总书记提出打造忠诚干净担当的干部队伍的总体要求，强调领导干部政治品德、党性修养、职业素养的统一。具体化为5个方面、20个字的新时代好干部标准，即信念坚定、为民服务、勤政务实、敢于担当、清正廉洁。好干部标准是对德能勤绩廉5个方面的具体内容的生动诠释，在“德”的方面依然坚持政治标准首位，强调为民服务。信念坚定是领导干部政治忠诚的具体表现，也是领导干部的首要条件。为民服务是贯彻执行党的宗旨。信念坚定、为民服务体现了新时代干部选拔中“德”的内涵。

在“能”、“勤”方面，体现为敢于担当，勤政务实。敢于担当是党政领导干部在面临改革困难时以身作则、身先士卒的工作态度；勤政务实是领导干部兢兢业业、辛勤工作的态度。

在“绩”的方面，全面、精准、量化评价干部实际领导才能与解决问题的能力。这一时期，不再追求“GDP 至上论”，不再只关注浮在表面的“显绩”，而是统筹考虑“显绩”与“潜绩”，将环境保护、精准扶贫等潜绩作为干部选拔任用的重要内容。

在“廉”的方面，廉洁是在长期执政背景下，保持干部队伍纯洁性的有力保证，也是这一时期干部梯队选拔的底线标准。拉紧廉政“红线”，坚决实行干部提拔廉政“一票否决”，严格把握干部选拔任用的“廉洁关”。

梳理这一时期干部选拔标准，首先可以发现忠诚、信念坚定的政治标准依旧是刚性标准，即后备干部选拔首先是看政治素养，必须要在政治上达标。

其次这一时期突出了清正廉洁的标准。一段时期以来，干部队伍腐败状况愈演愈烈，甚至蔓延到党政高级领导干部队伍中，出现了如周永康、苏荣、徐才厚等副国级以上领导干部腐败案例。新时代党中央加强全面从严治党，开启重磅反腐，永葆领导梯队清风正气、廉洁本色。干部作风考察中，严格落实中央八项规定精神执行情况，廉政考察强调“凡提四必”、“双签字”，坚决杜绝“带病提拔”“裸官”“跑官”等干部不良任用现象，均是清正廉洁标准在干部选拔中的生动体现。

最后是突出实绩，统筹好“显绩”与“潜绩”的关系。工作实绩是衡量党政领导干部“能”的现实指标和依据，树立实绩导向，优先选拔实绩突出的好干部。

2. 基层导向，一线提拔

习近平总书记年轻时曾作为知青扎根陕西农村7年，深入贫困地区，体察民意、体恤民情。这段知青经历，结合中国脱贫攻坚，国家治理现代化历史使命，使其深知扎根基层一线历练培养，对体察民情、国情，锤炼干部基层视野、培养干部吃苦耐劳、真抓实干品德，至关重要。因此习近平总书记高度重视基层干部的培养与任用，将基层干部作为后备干部的重要来源，强调基层导向，在基层中锻炼、提拔干部。

首先突出基层一线在干部选拔中的优先地位，注重从事精准扶贫、环保攻坚、深化改革等工作的基层一线岗位中选拔后备干部；其次坚持基层锻炼培养，分批选派干部到基层和艰难困苦的地方进行锻炼；最后选拔任用一批在基层一线表现优秀的干部。在新时代干部选拔任用中，基层任职锻炼经历成为干部提拔的必要条件。

2015年，习近平总书记的《做焦裕禄式的县委书记》一书问世，这是中国共产党历史上第一本最高领导人关于基层领导干部队伍建设的著作。著作强调了县委书记队伍建设的重要性，充分反映了习近平总书记对基层干部的高度重视，体现了习近平总书记对基层干部的关怀与殷切期待。2015年6月，中央组织部表彰了全国102位表现优秀的县委书记。随后短短一年内，其中71名优秀干部出现职务的调动调整，53人职级得以晋升，更有3人晋升为副部级领导，分别为王宁、程连元、李树起。可以看出，这一时期高度重视基层工作经历，注重从基层一线提拔干部。

3. 人尽其用，不唯年龄

改革开放后，针对我国干部队伍老龄老化的状况，邓小平同志提出干部队伍年轻化的要求，注重选拔培养任用一批年轻干部。但随着干部年轻化选拔任用的开展，任职年龄被层层加码，甚至是一刀切，片面地扭曲了干部梯队建设的年轻化标准。设置干部任职的年龄限制，是为了合理构建干部梯队年龄结构，便于干部梯队的稳定和有序交接。但是，过于片面和盲目的年轻化并不合适，因为并不是所有领导岗位的任职年龄都需要朝着更年轻的方向，有些岗位反而需要一些有丰富经验和历练的干部来担任。也并不是千篇一律的年轻班子才是最合理的干部梯队，而是要根据人岗适配原则选择最合适的人员，适度考虑年龄结构。不能为了年轻化而年轻化，忽视了其他年龄阶段合适的人选。

2014年颁布的《党政领导干部选拔任用工作条例》规定，“应当注重选拔任用优秀年轻干部”改为“应当注重培养选拔优秀年轻干部，注重使用后备干部，用好各年龄段干部”，明确提出要纠偏年轻的模糊导向，不片面追求年轻化，要科学合理使用各年龄段干部人才。

党的十八届六中全会提出坚决纠正“四唯”偏向，提出不唯票数、不唯分数、不唯 GDP、不唯年龄。因此在领导梯队选拔中，在合理考虑各个层级刚性年龄要求的基础上，要不片面唯年龄取人，强调人岗匹配。

（六）建党百年来后备干部制度变迁图谱

综上，本书梳理了建党百年来后备干部制度变迁历程，按照不同时期的内容特点将其划分为探索期、尝试期、停滞期、建树期和优化期（如图 1-1）所示。

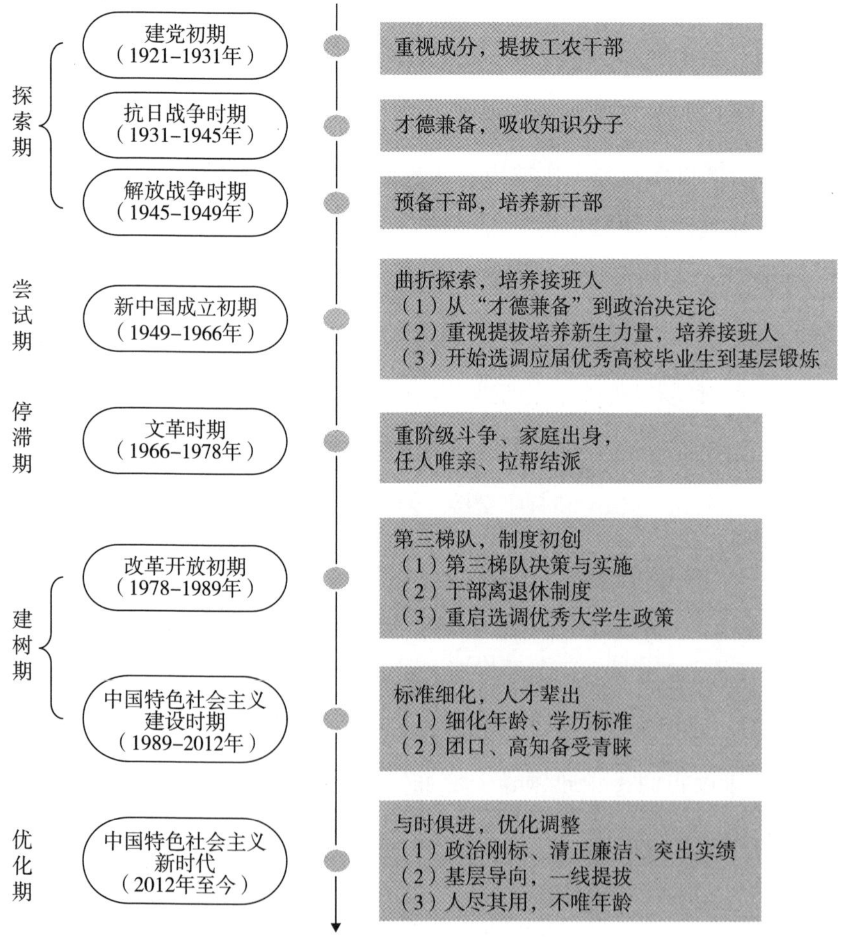

图1–1　建党百年后备干部制度变迁历程

下面，笔者将基于历史制度主义分析建党百年来后备干部制度变迁的动力机制。

二、后备干部制度变迁分析框架

（一）理论渊源：历史制度主义的产生与发展

制度一直是政治学领域重点关注的研究对象。早期的旧制度主义聚焦于宏大的静态的国家政治制度、法律制度等正式制度对人类行为的影响，但却忽视了人的主观能动性和制度的变迁过程。进入20世纪三四十年代，行为主义研究范式开始兴起，它们批评旧制度主义的静态的宏大的制度分析，强调从行动者的微观行为视角，即用人类行动来解释政治现象，但其在40年代后期弊端逐渐暴露。20世纪七八十年代，制度在解释社会现象中的作用被再次发现，制度主义重新关注并拓展了制度范畴，吸纳行为主义政治学的行为视角，提出了新制度主义范式。新制度主义主要特点表现为：一是吸收了先前二者的方法论，将制度置于核心地位的同时加入了行动者偏好分析，融合宏观和微观，从中观角度出发分析环境、制度、行为之间的互动关系。二是扩展了制度的范围，不仅有宏大的、正式的规则，还引入了非正式制度、观念、认知模式等。新制度主义兴起于经济学后，其科学有效的分析范式被引入政治学领域，发展出理性选择、社会学和历史三大新制度主义研究范式。其中重视历史事件和结构分析的历史制度主义成为解释历史和政治制度变迁的主要分析范式。

历史制度主义产生于20世纪末期。《建构政治学：比较分析中的历史制度主义》一书的出版，首次系统地总结梳理了历史制度主义的相关研究，该书指出历史制度主义将制度定义为对行为起建构作用的正式或非正式的规则、程序，以制度为研究起点，探究制度是如何形成，如何约束人的行动和偏好，如何在历史时空中变迁。历史制度主义核心要点是运用历史分析的手段，将制度研究和历史过程相结合，通过较长时间的历史追踪展现制度作为自变量和因变量与结构和行动者之间的互动过程。

（二）动力机制：制度变迁理论

历史制度主义学者对制度变迁的动力机制进行了深入的研究，并发展出“需求 – 供给”和“环境 – 行动者 – 制度”的分析视角。笔者拟采用“环境 – 行动者 – 制度”的分析框架，因为本章所研究的后备干部制度其产生和变迁具有很强的时代背景和关键行动者的偏好影响，加之历史观上的关键节点的推动，带来制度的变迁。

1. 环境

环境是指制度运行外界环境的综合，因为制度本身是内嵌于一定的社会结构与环境之中，并受到他们的影响。关于环境的具体内容，相关学者进行了研究。Koning 归纳出外生性的环境中的变迁动因，如客观经济形势、制度之间的摩擦、突发性偶然事件等。Paul 和 Hank 指出，政策变迁的主要诱因有经济环境、政治系统内部权利对比、政治联盟、社会公众舆论以及相关政策的影响。对影响制度变迁的环境因素进行梳理，发现主要是外部环境，如国际政治经济环境；内部环境，如国家内部政治、经济、文化、社会舆论以及制度自身带来的问题和制度间的摩擦。

2. 行动者

历史制度主义基于有限理性人假设，指出行动者信息处理是不完全的，很难作出完全理性假设，易受自身的理念、偏好的影响。因而在政治制度的变迁中易受到行动者的价值理念、目标、偏好和学习过程的影响。行动者中有民众、政治官僚、利益集团其中也涉及利益博弈，最后强势的行动者意见进入政策议程，在制度变迁中强势行动者会占据主导权，主导制度变迁的发展方向。本章的后备干部制度是党的干部制度，政策制定和推动是党中央意志的体现，党的领导者的理念和偏好会影响制度变迁。

3. 关键节点

关键节点是指直接推动政策变迁的关键时期和重大事件。Ruth 和 David 指出关键节点的概念是“一个显著变化的时期，出现形式不尽相同并可能产生不同的结果”。可以分为按事件划分、时间划分两种类型，如事件概念下的诱发事件、危机事件等，时间概念下的机会窗口、关键时间点。发展中倾向于将时间和事件的概念统筹考虑，即关键节点既是时间性的，也是事件性的，推动政策变迁进入议程的关键时间和关键事件。

综合来看，环境和关键行动者的变化带来制度变迁的初始动力，但是初始动力在何种条件下触发政策变迁，历史制度主义基于历史观的视角指出，危机事件和重大突发性事件形成政策变迁的关键节点，推动政策变迁进入议程。

（三）变迁模式：路径依赖理论

1. 路径依赖的形式

学者段宇波指出了四种重要的制度变迁模式：路径依赖、关键节点、间断－均衡和渐进转型，这四种模式在现实中其实是存在着一定的交集和重合的，只是强调会以哪种模式为主。其中路径依赖理论主要是强调制度变迁中凸显的稳定和维持，即制度自身具有黏性，具有自我维持和强化的倾向。因此新制度一般不是凭空出现的，而是过去旧制度与现存环境和行动者相互作用产生的。学者 Pierson 指出广义的路径依赖是指之前发生的事情会影响到后续的事情，强调路径依赖是制度的自我强化机制。

2. 路径依赖的成因

学者 North 指出报酬递增、利益要素和不完全市场是一开始起源于经济学领域的制度变迁路径依赖原因，对应到政治学分析范畴中，报酬递增强调的是由于从制度安排中受益产生不断学习的动力，导致制度呈现自我强化。利益要素是指利益集团势力处于相对均衡的状态时，不同利益群体都会趋向于维持现有的制度。不完全市场是指信息不匹配，导致无法推动制度变化，即呈现出维持现有制度的倾向。其中，报酬递增是较为关键性的要素，是常用于分析路径依赖的深层原因，即“成本－收益”分析后获得的制度效益推动制度自我强化。

（四）分析框架：后备干部制度变迁动力

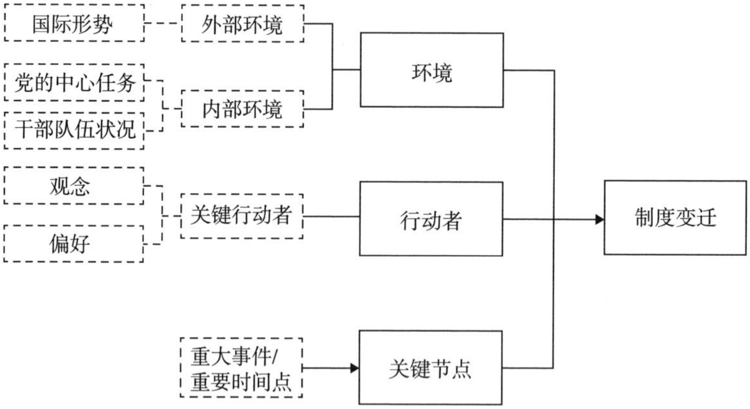

图1–2　后备干部制度变迁动力机制的分析框架

基于历史制度主义理论变迁动因的梳理，结合本章的研究对象特点，笔者搭建出本章的分析框架，即从环境、行动者和历史观上的关键节点三个角度出发，分析后备干部制度变迁的动力机制（见图1–2）。之所以未将路径依赖加入动力分析框架，是因为本章的后备干部制度明显的具有自上而下的强制性制度。在党的一元领导体制下，干部制度的变迁受外部环境和关键行动者的初始推动较大，其中关键节点的出现直接推动制度变迁进入政策议程，构成后备干部制度变迁的动力机制。从后备干部制度变迁的模式来看，制度在时间序列上具有一定的延续性，整体呈现出路径依赖的模式特征。

三、后备干部制度变迁的动力机制

（一）环境与制度变迁

历史制度主义研究的环境是制度运行宏观环境的综合，因为制度本身是内嵌于一定的社会结构与环境之中，并受到它们的影响。梳理相关研究，本章将从后备干部制度变迁的宏观环境，即外部环境和内部环境进行分析。后备制度作为一项国家层面的干部制度，其发展与变化受到外部国际形势、内部党的中心任务和干部制度运行状况的影响。

1. 国际环境，波谲云诡

中国共产党诞生之初，中国仍处于半殖民地半封建社会，因此中国共产党在建党之初就承担着反帝反封建的任务。帝国主义侵略势力威胁中国国家主权、军阀割据，内忧外患，俄国十月革命的胜利给中国送来了马克思列宁主义，中国共产党成立后领导人民开展新民主主义革命，经历国民大战争、土地革命战争、抗日战争和解放战争，争取民族独立、国家解放，一直奋进在斗争的征途中。建党初期，我党受到共产国际的领导和援助，一方面有利于促进自身的发展壮大，提供开展社会主义运动经验借鉴；另一方面共产国际对中国革命情况的复杂性、特殊性了解不足，如低估农村工作、忽视知识分子等也对我党的领导工作产生一定的负面影响。这一时期，党的干部工作大多是在共产国际的指导下完成，党中央领导核心也是由共产国际决定或同意。1935年遵义会议，党中央通过自主选举开始摆脱共产国际的影响，迈出独立领导中国革命的第一步。1943年共产国际解散，我党踏上了完全独立领导中国革命的新征程。

新中国成立初期，国际环境面临着美国等西方资本主义势力的仇视扼制，对我国采取军事威胁、经济封锁和政治孤立的政策，不承认中国的独立主权，妄图扼杀新生人民政权，我党面临严峻的生存和发展的危机。面对西方国家的孤立政策，我国选择同苏联等社会主义国家保持友好关系，以期维护新中国革命成果，不至于处于孤立无援状态。这一时期，我党需要直面西方经济封锁和孤立，维护新生政权、清除封建势力，解放并发展生产力，有序建设新中国。因此这一时期，需要一批信仰坚定、懂经济和城市建设的干部人才，带领国家经济恢复重建。

20世纪60年代，我国面临着外国势力的武力威胁、边境挑衅和外交军事压力。中苏关系急剧恶化，苏联撤销了对中国的支持和援助，多方施压，企图制造边境地区冲突，引战中国。美国在东南亚拨弄风云，越战不断升级，战火蔓延至中国南方边陲，美、苏两面夹击的紧张态势严重影响国内局势判断。多重因素影响下我党在这一时期以阶级斗争为纲，错误实行“文化大革命”。

20世纪80年代，政治上，美苏两极争霸，国际形势瞬息万变，冷战格局下，地区冲突频发。经济上，第二次技术革命推动资本主义国家经济快速发展，而我国经济发展较为缓慢，与发达国家差距逐渐拉大。在复杂的国际形势下，我党秉承落后就要挨打的理念，正视新中国一直以来的巨大发展落差，开始积极尝试扩展外交，以经济建设为中心，实行改革开放，开展社会主义经济建设。这一系列工作的开展需要懂经济社会建设的干部队伍。

21世纪以来，中国作为大国崛起的同时也面临着更加复杂的社会环境。一是欧美国家对中国崛起的遏制打压。改革开放40余年经济高速发展，中国的经济实力和综合国力明显提升，中国的加速崛起引起西方国家的焦虑，对我国形成一定的围堵打压。例如美国挑起中美贸易战、对中国加征关税、设置出口管制黑名单等诸多操作，昭示着以美国为首的西方国家对中国发展的围堵态度。二是西方社会思潮对社会意识形态领域的挑战。伴随着新时期经济全球化的深入发展，资本主义“自由民主”“宪政”“普世价值”等思想通过各种途径渗透到意识形态领域，通过鼓吹西方资本主义制度与文化妄图冲击中国特色社会主义建设，甚至对一些人的理想信念产生一定的冲击。

复杂多变的国际环境，对党的领导干部队伍形成一些冲击，也对后备干部制度建设提出新的要求。在西方意识形态冲击态势下，如何筑牢和提升后备干部队伍的思想根基、履职能力，锻造忠诚干净担当的后备干部队伍成为这一时期的建设方向。

2. 中心任务，与时俱进

党的干部工作与政治路线密切相关，干部工作是服从并服务于党的政治路线的。梳理建党一百多年来干部梯队建设动因（见图1–3），每一时期的后备干部制度都围绕这一时期党的中心工作而不断调整完善。

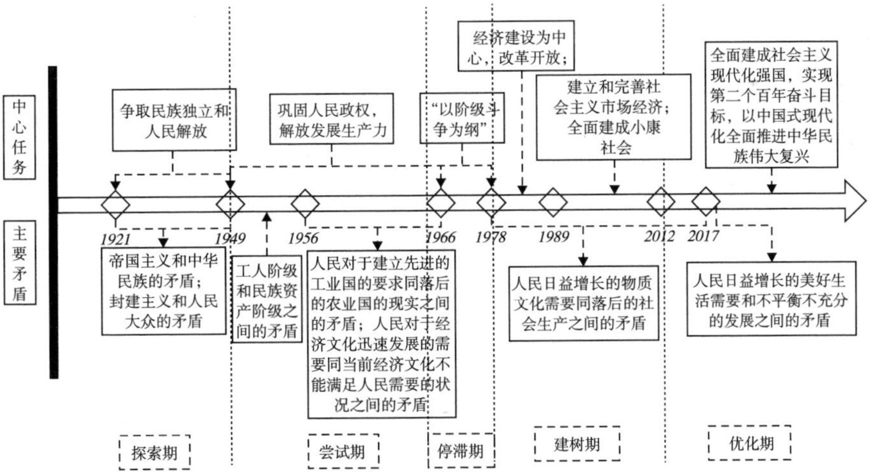

图1–3　建党百年社会主要矛盾与中心任务变迁

新民主主义革命时期，因为当时社会的主要矛盾是帝国主义和中华民族的矛盾、封建主义和人民大众之间的矛盾，这一时期党的中心任务是通过革命和战争，争取民族独立和人民解放，所以这一时期较多关注于军政干部，选拔培育军政干部进入领导梯队，为战争和革命提供领导支撑。

新中国成立初期，我国社会的主要矛盾是工人阶级和资产阶级之间的矛盾，社会主义建设三大改造完成后，党的八大指出我国社会的主要矛盾是人民对于建立先进的工业国的要求同落后的农业国的现实之间的矛盾；人民对于经济文化迅速发展的需要同当前经济文化不能满足人民需要的状况之间的矛盾。这一时期党的中心任务是巩固人民政权、解放和发展生产力，开展社会主义经济、政治、文化建设，因此需要一大批德才兼备、政治忠诚、懂经济建设、城市管理的干部进入领导梯队，推动社会主义建设。

“文革”时期，党内对于社会主要矛盾的认识出现偏差，错误地认为依然存在无产阶级和资产阶级斗争，形成了以阶级斗争为纲的错误路线，带来后备干部工作的偏差。

1981年，党的十一届六中全会提出社会主要矛盾是人民日益增长的物质文化需要同落后的社会生产之间的矛盾。将党和国家中心从阶级斗争转移到以经济建设为中心的社会主义现代化建设。推动现代化建设需要一大批专业化、知识化的干部队伍，因此这一时期推动干部队伍“四化”建设，为现代化建设输送人才。

中国特色社会主义建设时期，党中央立足主要矛盾，提出这一时期党的主要任务，即建立和完善社会主义市场经济及全面建成小康社会。这一时期的社会发展需要一批德才兼备、敢闯敢试、勇为人先的干部，因此继续深化干部队伍“四化”建设。

党的十九大提出我国社会的主要矛盾转化为人民日益增长的美好生活需要和不平衡不充分的发展之间的矛盾。党的二十大提出团结带领全国各族人民全面建成社会主义现代化强国，实现第二个百年奋斗目标，以中国式现代化全面推进中华民族伟大复兴，为此直面深化改革，攻坚克难，在全面从严治党背景下，持续加强后备干部队伍建设，突出清正廉洁的标准；纠偏前一阶段实践中片面年轻化导向，强调不唯年龄，合理调整领导梯队结构。

建党一百多年来，为解决我国社会的主要矛盾，党的中心任务不断调适，并同步性对干部队伍和后备干部提出要求，赋予后备干部制度变迁压力，推动后备干部制度变迁。

（二）行动者与制度变迁

行动者是制度变迁的重要推动力量。历史制度主义理论指出，制度本身作为自变量，会对一定结构中的行动者形成约束；同时也会作为因变量，受到行动者的影响，行动者的认知、偏好会引起制度的变迁。在中国的政治体制下，后备干部制度的政策制定者即党中央扮演着重要的角色，党中央的干部队伍建设指导思想和理念深刻地影响后备干部政策的制定和执行。因此本章选取后备干部政策中的关键行动者即党中央领导者指导思想和理念，分析关键行动者指导思想变化如何推动制度变迁。

1. 建党初期：前期思想偏误，后期纠偏

建党初期，由于党还没有形成真正的领导核心，党内领导核心频繁变动，党内关键行动者即党中央的指导思想也随着领导核心变动出现一些偏误。1927年国民大革命失败后，党的组织路线中出现“左”倾盲动主义和“唯成分论”的指导思想。

一是“左”倾盲动主义路线。1927年大革命失败后，党内部分人士不满陈独秀等人右倾投降的观点，以瞿秋白等人为首的“左”倾盲动主义路线兴起。他们罔顾大革命后党内力量折损严重和低潮的革命形势，错误地命令党员干部发动群众在全国各地开展城市武装暴动。这一错误指导思想，非但没有有效地打开城市武装斗争局面，反而严重折损党内尚存的有生力量。

二是偏重成分。八七会议总结革命失败的原因，错误认为“指导机关干部知识化”是革命失败的根源。指出中国共产党组织上的主要缺点是以小资产阶级知识分子为代表，而不是工人，导致缺乏无产阶级坚韧的精神而带来革命的失败，因此要注重提拔培养积极的工农分子进入指导机关负责工作。偏重成分的错误思想，开始推动指导机关干部工人化，提拔了一批缺乏革命斗争经验的工人干部进入领导岗位，担负起指导革命斗争的任务，而有斗争经验的知识分子干部被歧视、排挤无用武之地。而从现实表现来看，这些人缺乏经验和理论根本无法胜任领导工作。

遵义会议确立了以毛泽东同志为核心的党的第一代中央领导集体，开始纠偏党内的偏重成分和“左”倾机会主义错误导向，指出社会成分固然应当注意，但不是主要的标准，在民主革命中表现勇毅的干部都应当吸收培养，承担工作。同时提出要在斗争实践中锻炼培养干部。开始注重吸收知识分子进入干部队伍，培养军政干部人才。抗日战争时期，党中央提出干部选拔“才德兼备”的标准，注重选拔才德兼备的干部进入领导梯队。

这一时期，干部工作主要是集中于选拔培养干部，扩充干部队伍，建立后备干部队伍的思想零星出现。

2. 新中国成立初期：培养接班人，后备干部建设思想萌芽

新中国成立初期，在领导革命和改革的实践中党中央领导者深刻认识到培养党的骨干力量重要性，提出提拔新生力量、培养接班人的指导思想。1964年6月，毛泽东同志在中央工作会议上强调培养接班人的问题的重要性，指出不能一个人死了，就没人管事了，要准备几线。时任中组部部长安子文指出：“新陈代谢是自然规律，老的骨干干部总是会老去的，如果不提早培养新生力量，党将会面临后继无人的危险，陷入苏联的历史困境。而培养一名合格的领导干部，需要几年甚至是十几年，不可能是一下就可以的，因此现在要抓紧培养年轻干部，继承党的领导事业。”[①]

---

① 陈凤楼：《中国共产党干部工作史纲：1921—2002》，党建读物出版社2003年版，第162页。

这一时期，骨干培养思想即是后备干部思想的萌芽，开始进行后备干部制度的前期尝试探索。但由于这一时期，干部队伍年龄普遍比较年轻，干部年龄问题还不是个特别突出的问题，并没有引起各级党组织的高度重视，并没有把选拔培育年轻干部作为一项经常性工作来推进。

3.“文革”时期：错误估计，阶级斗争为纲

20世纪60年代，美苏冷战格局下，中国作为新成立不久的新生政权，自身政权岌岌可危。党和国家领导人错误估计世界大战的爆发局势，担心无产阶级政权会被资本主义从内部攻破。党内“左”倾指导思想不断发展，对社会矛盾和国内阶级斗争形势作出错误估计，认为党的干部队伍中混入了走资本主义道路的当权派，不支持社会主义道路的领导干部大有人在，要重点整治党内“走资派”。

1966年，“五一六通知”[①]指出要清除混入党内的“走资派”，实行专政。毛泽东坚定认为党内走资派的广泛存在，威胁人民政权和党的领导，后续被党内以江青、林彪为首的反动派之有心人士所利用，“文化大革命”在全国展开，迫害党中央领导、制造冤假错案，给党的干部工作带来巨大灾难。

4.改革开放初时期：干部队伍“四化”，突出年轻知识干部

经过党的十一届三中全会拨乱反正后，以邓小平同志为核心的党的第二代中央领导集体清晰地认识到组织路线和领导梯队接班人的选取，直接关系到国家的长治久安和党的长期执政地位。为此开始提出建立后备干部制度，大力选拔培育中青年干部进入领导队伍，改革领导班子结构。提出干部队伍建设的“四化”标准，按照“四化”的标准选拔培育后备干部。

江泽民同志和胡锦涛同志传承前辈领导者的干部队伍建设思想，高瞻远瞩，面对复杂多变的国际国内形势采取有效措施建设后备干部队伍，持

---

① 1966年5月4日至26日，中共中央在北京召开政治局扩大会议。5月16日，会议通过了中共中央通知，简称“五一六通知”，是发动“文化大革命”的纲领性文件。

续推动干部队伍“四化”建设，并细化干部“四化”的具体标准，进一步推进选拔培育年轻干部工作，保证革命事业代代相传。江泽民同志指出：“选拔培养中青年领导干部的问题，我想得很多。这个问题如果解决得不好，我们就难以向毛泽东同志、邓小平同志和革命先辈们交代，难以向党和人民交代。”①

5. 新时代：忠诚、干净、担当

习近平总书记是新中国成立后出生并成长起来的领导干部，历经农村、军队、基层、中央多层级工作实践，深受中国特色社会主义思想、党的优良传统、几代党的中央领导集体以及其自身社会实践的影响，形成了其科学系统的干部工作思想。立足“两个一百年”奋斗目标，突出后备干部制度建设，注重选育优秀干部进入领导梯队，旨在保持干部队伍的“一池活水”。

2013年，习近平总书记提出新时代好干部要做到信念坚定、为民服务、勤政务实、敢于担当、清正廉洁。2018年，党中央出台《关于适应新时代要求大力发现培养选拔优秀年轻干部的意见》，指出年轻干部选拔培养事关长治久安，要不断完善后备干部工作，落实常态化配备目标，后备工作中注重落实好干部标准。习近平总书记连续多次亲临中央党校（国家行政学院）中青班“开学第一课”，为广大年轻干部健康成长指明了方向，为加强新时代干部队伍建设提供了行动指南。

回顾党中央领导者后备干部建设指导思想变迁，后备干部建设思想经历萌芽、生根、建树、优化，与时俱进，不断发展进步，推动后备干部制度稳定变迁，持续不断选育时代所需的后备干部。

（三）关键节点与制度变迁

关键节点是推动制度变迁进入政策议程的重要时间节点和重大事件，

---

① 《江泽民文选》第三卷，人民出版社2006年版，第43页。

直接推动制度发生变迁。上文中按照时间顺序和突出特征，将后备干部制度分为探索期、尝试期、停滞期、建树期、优化期五个阶段。在这五个阶段的划分正是基于新中国成立、“文化大革命”、党的十一届三中全会、党的十八大这四个给中国后备干部制度变迁带来重大影响并使其明显改变的关键节点。

具体而言，新中国成立，中国实现民族独立和解放，建立了新生人民政权，中国共产党成为中国的执政党。新形势下，有序开展国家建设、巩固发展新生人民政权成为中心任务，但新中国成立初期党的干部数量不足、缺乏城市发展和经济建设方面的专业人才，因此迫切需要扩充干部队伍，培育懂经济、会管理的社会主义建设事业领导者。加之新中国成立后，党中央认识到培养革命事业接班人、培养提拔新生力量的重要性，因此这一时期进行了如预备干部等积极的尝试，后备干部建设思想开始萌芽。

“文化大革命”十年浩劫，带来党和国家各方面的事务的停摆，派管干部大行其事，干部工作偏离正常轨道，刚萌芽的后备干部建设思想陷入停滞状态。

党的十一届三中全会确立解放思想、实事求是的路线，纠正“文革”时期干部队伍工作的偏差，端正干部工作的指导思想。全会立足干部队伍状况，为有序开展领导干部新老交替工作、为改革开放和经济建设提供有力领导。随着1983年《关于建立省部级后备干部制度的意见》的出台，后备干部制度正式建立。

党的十八大以来，党中央高度重视干部队伍廉洁自律建设，以高压态势推动反腐工作，狠抓干部廉洁自律情况，这一时期干部选拔任用突出清正廉洁。同时纠偏前一阶段干部队伍年轻化建设中出现的偏误，提出“四不唯”的标准，后备干部制度不断优化。

四、后备干部制度变迁的路径依赖

历史制度主义认为制度一旦形成，在一定时期内会维持存在状态，并会影响后续制度的选择。换句话说，制度变迁过程中会具有一定的延续性，现有的制度会有过往制度的“影子”，这就是制度变迁的“路径依赖”。梳理建党百年来后备干部制度变迁历程，从探索期、尝试期，到停滞期，再到建树期、优化期，后备干部制度可以在其出现显著“断裂”（“文化大革命”时期）后进行恢复重建，表现出明显的路径依赖模式。

（一）后备干部制度变迁历程的路径依赖

1. 年龄标准路径依赖：科学探索干部队伍年轻化

根据党的后备干部制度中年龄标准的变化，笔者发现领导梯队年龄经历自然发展期、年轻化期、细化期、科学化期（见图1–4）。

建党初期至“文化大革命”时期，梯队年龄处于自然发展阶段，年龄问题不是干部管理的优化选项。自建党至新中国成立初期，一方面党的重心工作在于争取革命和战争的胜利，在接连不断的干部人员伤亡牺牲形势下，任何年龄阶段的干部都是极其宝贵的，客观上无法再对干部年龄作出严格的要求；另一方面当时党的干部队伍相对比较年轻，党政领导干部的年龄问题并不突出，所以这一时期，并不强调后备干部的年龄问题，干部队伍年龄处于自然发展阶段，党中央没有明确制定选拔任用领导干部年龄规定的相关政策。

改革开放和社会主义现代化建设新时期，干部梯队处于年轻化期。“文革”后领导干部队伍年龄老化严重，当时干部的年龄结构根本无法适应现代化建设的需求，也无法有序开展干部梯队的继任工作。因此党中央开启了干部队伍年轻化方针，领导干部终身制的时代一去不返，出台干部选拔任用年龄导向性政策文件。这一时期，领导梯队选拔中重点选拔

45岁和40岁左右的年轻干部进入各级党政领导后备队伍，干部队伍年轻化开始铺开。以江泽民同志为核心的党的第三代中央领导集体及以胡锦涛同志为总书记的党中央深化干部队伍“四化”方针，进入年龄标准细化阶段，继续改善干部队伍年龄结构，延续干部年轻化建设。中央到省级层面形成60岁、55岁、45岁左右的干部年龄梯次配备，市级层面以45岁左右干部为主体，县级40岁左右干部为主体，不同层级的干部队伍年龄标准逐渐清晰且区别化。

进入新时代，干部队伍科学把握年轻化。以习近平同志为核心的党中央反思干部队伍年轻化建设中的误差和社会状况的变化，结合社会水平的发展，人的生理健康状况改善，人均寿命的逐年提高等因素，指出要正确认知和坚持干部队伍“四化”，合理配置年龄结构但不唯年龄取人，统筹安排新老干部合理的年龄布局。

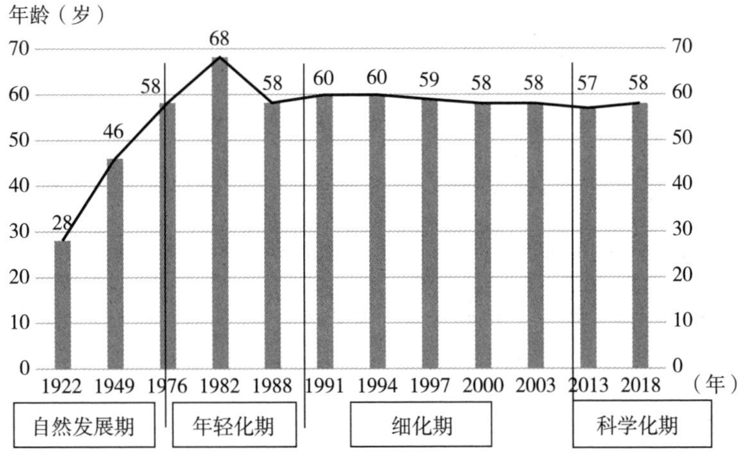

图1-4　实践中党的省级领导干部平均年龄变化[①]

① 数据来源：1922—2003年数据来自于阴红：《中共领导干部年龄状况的历史变化及相关政策探讨》，中共中央党校硕士学位论文，2005年；2013、2018年数据来源于祁凡骅、黄新浩：《大国省长选拔任用变迁规律研究》，《中国领导科学》2021年第1期。

结合不同时期党的省级领导干部平均年龄的现实数据（如图1–4）来看，建党百年党的省级领导干部年龄呈现明显的先升后降、20世纪90年代后保持基本稳定的趋势。自然发展期，中共领导干部年龄呈现明显的增长趋势，干部平均年龄明显增加。改革开放初期纠正“文革”期间的干部任用政策，恢复和任用老干部，使得干部队伍年龄在1982年达到最高。年轻化期为解决干部队伍老龄化，我党选拔任用年轻干部，开展干部队伍年轻化建设，使得干部队伍年龄呈现明显的下降态势。之后，我党继续细化干部队伍年轻化政策，干部队伍平均年龄呈现平稳态势，稳定在58岁左右。进入新时代，考虑人的身体健康状况和平均寿命等因素变化，科学把握干部梯队年龄结构，省级干部平均年龄稳定在58岁左右。省级领导干部的平均年龄数据较符合干部队伍年龄政策导向，与年龄政策呈现同步变迁的态势，说明年龄政策在现实落地执行中成效显著。

总结后备干部年龄标准和实践变迁来看，干部政策中关于任职年龄的规定起源于改革开放初期，当时干部队伍老龄化严重，再不解决就会严重威胁到党的干部队伍生存和发展，因此启动后备干部任职年龄规定的政策议程，合理构建不同层级干部队伍年龄梯队。1983年提出选拔40岁、45岁左右的干部作为后备干部，准备后续接替领导梯队。21世纪初围绕40岁、45岁的标准细化为不同层级后备干部的年龄要求，此后一直延续这一标准。从现实实践来看，干部队伍年龄也是经历改革开放前的递增、改革开放后大幅下降、21世纪后逐渐趋于一个稳定的数值的过程，干部队伍年龄呈现明显的渐进变迁特征。

2. 经历来源路径依赖：多元渠道拓展经历来源

回顾不同时期后备干部经历来源，可以发现不同历史时期由于党的中心任务不同，后备干部来源组成有所偏重，总体呈现干部来源逐渐拓宽的趋势。

新民主主义革命时期，历经国民大革命、土地革命、抗日战争和解放战争，为有序开展政权建设、保障干部队伍的无产阶级属性，我党利用革命、战争的军事斗争，培养军队、工农干部，将军队、工农干部作为后备干部的重要来源。新中国成立时的党中央领导者大多是工农出身，拥有军队工作经历。

改革开放以后，开展第三梯队建设，挑选年龄在45、40岁左右、有文化知识的干部作为第三梯队后备干部进行着重培养，以备将来年龄较大的第一梯队领导干部退下来，可以及时进行领导人才补充，维持领导梯队稳定，改善领导梯队年龄结构、知识化水平。

20世纪90年代以来，我党继续细化干部年龄和学历标准，选拔有文化知识的年轻干部作为后备干部。新中国成立以来，共青团一直作为党的后备干部资源库，且共青团干部大多较为年轻。这一时期，团口来源的干部较多被纳入后备干部。

进入新时代，我党着重提出树立基层导向，注重干部在基层的实践锻炼，畅通基层晋升通道，注重将有基层经历的干部纳入后备干部队伍中。这一时期，很多优秀基层干部被纳入后备干部名单，后续进入更高层级领导岗位。

此外，从新中国成立以来，党中央一直高度重视将优秀的大学毕业生纳入后备干部队伍，1964年时在刘少奇同志建议下，提出选调应届优秀大学生进入基层锻炼，即选调生制度创立；“文革”时期被中断；改革开放后1983年重启选调生制度，继续选拔优秀大学生进入基层工作锻炼；2008年，出台选聘高校毕业生村级任职政策（即大学生“村官”政策），延续至今。

回顾建党百年来后备干部经历来源，干部队伍来源更加广泛，团口、企事业单位、秘书、高等院校、科研院所、中央部委、基层一线等工作经历多样化来源的干部被纳入后备干部政策视野，持续多元渠道选拔培育优秀领导人才。

（二）后备干部制度路径依赖的成因：报酬递增效益

历史制度主义的路径依赖理论指出报酬递增是制度呈现路径依赖的深层原因，即由于从制度安排中受益产生不断学习的动力，导致制度呈现自我强化。后备干部制度变革过程中，其关键行动者会结合每个时期的特征，综合考虑自身的目标、需求，充分研究可行的每种方案，并进行成本收益分析，从而作出相关政策决策。后备干部制度的关键行动者即政策制定者——中央领导集体，在构建各阶段的后备干部制度时，需要保持三重目标。

1. 加强党的领导，维护党中央的核心领导地位

建党以来，我党一直把后备干部的政治标准放在首位，突出干部对党忠诚，支持拥护党中央集体领导。通过后备干部制度选拔对党忠诚的干部进入领导梯队，有利于维护党的领导地位。

2. 维持党政领导梯队的稳定有序，锻造强有力干部队伍，提升执政能力

后备干部制度的探索和建立，取得了丰硕的成绩。其一是新民主主义革命时期，有效地解决了党内三次干部危机带来的干部短缺，补充了干部人员，为新中国成立提供了组织支撑。其二是改善干部梯队结构。一方面是年龄结构明显改善。省市县三级基本形成老中青相结合的年龄梯队。另一方面是干部梯队选拔来源更加丰富。选拔培育少数民族、女性、非党员干部进入各级党政领导梯队成为必需项。

3. 提升干部队伍知识化水平，锤炼领导干部专业能力

祁凡骅、黄新浩（2021）对新中国成立70多年来省长学历调查数据显示，领导干部梯队知识化水平持续不断提升。截至2018年，省长学历均为大学本科及以上，其中硕博学历的省长占比高达96.8%，大学本科占比仅为3.2%。对比改革开放初期1978年，中国省长学历多为大专、军校学历，大学本科及以上占比仅仅为17.2%。可以看出随着后备干部队伍知识化建设的深入推广，大专及以上学历成为干部任职的必要学历条件，越来越多的高知干部进入后备队伍，逐渐出现更高层次的硕士、博士学历干部，干部队伍的学历水平大幅度提升。同时，在不同时期注重从关键群体中选拔培育时代所需的后备干部，如探索期的工农干部、尝试期的军队干部、建树期的有知识懂经济的年轻干部，再到优化期注重干部的基层导向。

建党百年来，后备干部制度的建立发展对建设党的领导梯队、优化干部队伍、提升执政能力、巩固党的领导发挥了重要的作用，取得了显著的成果。我党从后备干部制度调整的安排中受益匪浅，后备干部制度自身呈现自我强化的态势。

第二章

大国城市之治：如何选任市长？

02

CHAPTER

地级市是中国行政体系中极为重要的一环，在省、县间发挥着上传下达的枢纽作用。市长是地级市的市政府一把手，是市经济发展的“掌舵者”。本章从基本信息、工作信息和教育信息三个维度，对1997年、2007年及2017年GDP百强市市长的简历资料进行了统计和分析，以此探究从党的十五大到十九大地级市市长的任用规律。进而结合社会资本、社会性别、后工业化社会等理论，从时代特征和政策变迁等视角思考规律成因，并对我国地级市市长的任用提出建议，以期为我国地方干部人事制度的优化改进提供参考。

一、地级市市长：城市经济的"掌舵人"和"领航者"

地级市是介于省、县间的二级地方行政建制，承担承上启下的政治、经济职能。截至2017年10月，全国共有294个地级市，占地级行政区总数的88%，已然取代地区成为地级行政区主体。根据2018年《中国城市统计年鉴》显示，截至2017年底，中国已有11座地级市的GDP总量突破10000亿元，占比超过全国GDP总量的1/4，地级市承担着加快推进城市化，实现经济社会发展的时代重任。

市长作为地级市的行政首长和经济"掌舵人"，是中国干部队伍中关键的一支。在行政方面，市长发挥着上传下达的关键性枢纽作用；在经济方面，市长是城市经济建设的引领者，其个人的眼界和思路将会决定城市的发展方向。对于市长的研究主要集中于以 Li & Bachman（1989）、林挺进（2010）为代表的晋升机制研究，以及以何丽君（2015）为代表的成长规律研究两个方面，几乎没有将地级市市长任用规律作为研究对象的文献。

本章通过分析1997年、2007年及2017年GDP百强市市长的简历资料，试图回答以下问题：第一，从党的十五大到十九大地级市市长群体呈现何种特征？第二，从党的十五大到十九大地级市市长呈现何种任用规律？存在哪些异同之处？第三，地级市市长任用规律成因如何？第四，地级市市长任用规律存在哪些问题及解决之道？

二、巧识庐山真面目：GDP百强市市长的群体特征

根据文献梳理及相关理论分析，本章将300位GDP百强市市长的简历资料划分为三个比较维度：基本信息、工作信息和教育信息。基本信息包括性别、籍贯、年龄，工作信息包括党龄、任职市总数、任期、岗

位经历及成长路径，教育信息包括学历、专业背景、学校类别及海外留学经历。

（一）GDP 百强市市长的基本信息

1. 玻璃顶板难突破

三个年份 GDP 百强市市长的性别分布显示，女市长所占比例一直低于10%，甚至没有超过6%。尽管女市长的人数在逐年增加，但增长幅度几乎可以忽略不计，女性担任 GDP 百强市市长的比例依旧很低（见图2–1）。

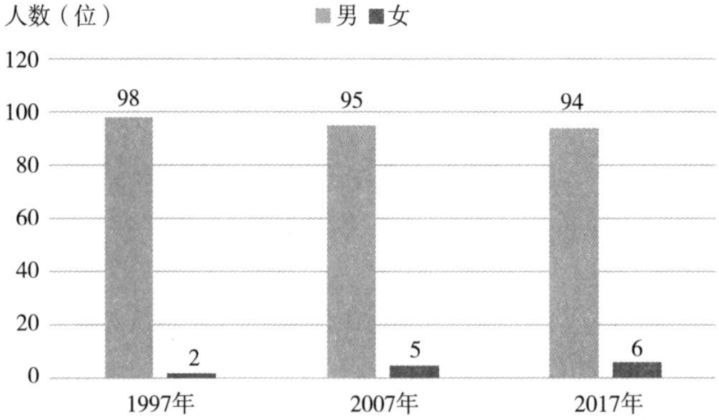

图2–1 1997年、2007年及2017年 GDP 百强市市长性别分布图

据1999年中国市长协会女市长分会的统计，在全国667个设市城市中，地级以上的女市长共有181位，说明女性在我国地级市参政比例总体较高，但多居于中低层副职，职权虚化，女性参政的“玻璃天花板效应”在地级市层面表现突出。

2. 江南才子江北将

从 GDP 百强市市长的籍贯构成来看，62.9% 的市长的籍贯分布在华东、华中地区，来自南部和西部地区的市长仅占5.1%；在任职地与籍贯地的距离关系上，400千米内的距离占总体的65.6%（见图2–2）。

除去1997年9位信息不完整的市长，剩余291位市委书记的籍贯分属23个省份，8个地区。华东地区是GDP百强市市长的籍贯的集中区，尤其是山东、江苏及浙江三大省份，华中地区仅次于华东地区，而南部和西部地区，则较少产出百强市市长。

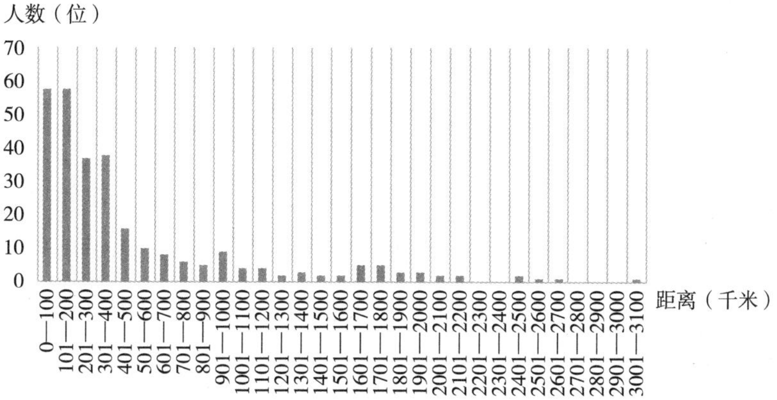

图2-2　300位GDP百强市市长任职地与籍贯地距离分布图

通过进一步分析，笔者发现了300位市长籍贯地与任职地之间的距离，400千米以内的距离占多数，大致相隔1至2个地级市，说明中央偏向于将市长安排到省内其他地级市任职，既保证了市长对任地风土民情的熟知，又极大降低了因地缘关系而导致的权力腐败风险。此外，该特征还解释了籍贯分布的特征：因为GDP百强市多分布在华东、华中地区，由任职地与籍贯地的关系可知，市长的籍贯也多分布在华东、华中地区，验证上文。

3. 年过半百仕途畅

表2-1　1997年、2007年及2017年GDP百强市市长年龄分布表

年龄	1997年		2007年		2017年	
	频数	百分比	频数	百分比	频数	百分比
40岁及以下	3	3.0%	1	1.0%	0	0
41~45岁	19	19.0%	12	12.0%	4	4.0%
46–50岁	21	21.0%	24	24.0%	23	23.0%

续表

年龄	1997年		2007年		2017年	
	频数	百分比	频数	百分比	频数	百分比
51~55岁	34	34.0%	54	54.0%	53	53.0%
56~60岁	14	14.0%	8	8.0%	20	20.0%
61岁及以上	0	0	1	1.0%	0	0
未知	9	9.0%	0	0	0	0
总计	100	100.0%	100	100.0%	100	100.0%

三个年份均未有超过60岁的市长，51岁至55岁是最佳年龄区间，且年龄集中化趋势越来越明显，低龄（45岁以下）和高龄（60岁以上）群体逐渐退出，到2017年，GDP百强市市长中已经没有40岁以下和60岁以上的人（见表2–1）。

（二）GDP百强市市长的工作信息

1. 任职经历增加，任职时长缩水

在本章中，任职市总数指干部职业生涯中任职城市的总数，任职时间指在当年担任该市市长的时间长度（2017年度的数据以2017年底为任期节点）。图2–3、表2–2显示，1997年仅有1个城市任职经历的市长占58%，而2017年仅占到20%，任职市总数不断增多；1997年到2017年市长的任职时间均值从4.67年下降到3.08年，任职时间不断缩短与2006年印发的《党政领导干部职务任期暂行规定》中规定的："党政领导职务每个任期为5年"严重脱轨。

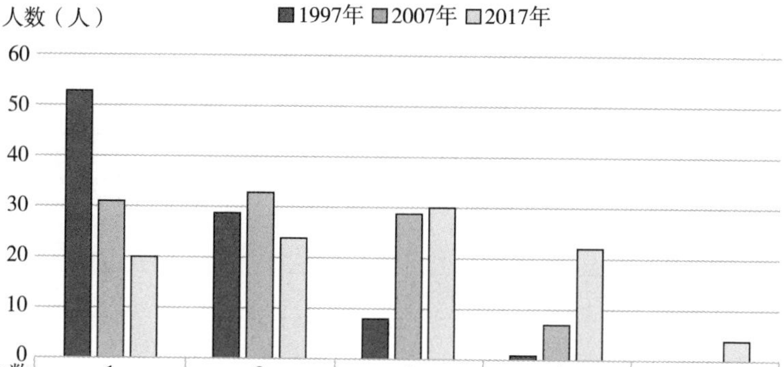

任职市个数	1	2	3	4	5
1997年（人数）	53	29	8	1	0
2007年（人数）	31	33	29	7	0
2017年（人数）	20	24	30	22	4

图2–3　1997年、2007年及2017年GDP百强市市长任职市总数图

表2–2　1997年、2007年及2017年GDP百强市市长任职时间分析表　单位：年

年份	最小值	最大值	均值	标准差
1997年	2	10	4.67	2.12
2007年	1	8	3.16	1.78
2017年	0.5	9	3.08	1.66

2. 企业、团口、秘书分秋色

岗位经历一方面上说明了一个干部的业务领域和业务特长，另一方面也与晋升速度、职位获得存在相关关系。表2–3清晰说明了GDP百强市市长的岗位经历随着社会的发展逐渐呈现出多样化特征：300位市长的岗位经历以企业来源居多，共占20.7%，团口、秘书居第二位、第三位，分别占14.3%和10.3%，高校院所虽然以5.0%的比例位居第四，但呈现出明显增势，相比之下，部队来源十分稀少，仅占3.0%。

表2–3　1997年、2007年及2017年GDP百强市市长岗位经历分析表

岗位经历	1997年		2007年		2017年	
	频数	百分比	频数	百分比	频数	百分比
团口	9	9.0%	13	13.0%	21	21.0%

续表

岗位经历	1997年		2007年		2017年	
	频数	百分比	频数	百分比	频数	百分比
秘书	5	5.0%	10	10.0%	16	16.0%
企业	24	24.0%	17	17.0%	21	21.0%
高校院所	2	2.0%	6	6.0%	7	7.0%
部队	2	2.0%	6	6.0%	1	1.0%

3. 基层晋升非必须

数据显示300位市长中通过“基层晋升”的市长占比33.3%，“非基层晋升”的市长占比63.7%。

成长路径即干部的职位获得路径，本章将GDP百强市市长的成长路径分为四类：

（1）自上而下型。即符合中央－省－市，或省－市的成长路径。

（2）自下而上型。即符合县－市的成长路径。

（3）平行型。即既无基层工作经历，也无中央、省级工作经历的市－市交流型。

（4）混合型。混合型即同一个干部的工作经历中同时包含自上而下和自下而上两种类型。

在此基础上，将自下而上型和混合型中以县为起点的类别整合成“基层晋升”，将自上而下型、平行型和混合型中以中央、省、市为起点的类别整合成“非基层晋升”，得到表2-4。从表中可以明显看出，遵循非基层晋升的人数占比愈来愈高，反映出中央可能更偏向于任用拥有市级以上工作经历的干部担任地市领导干部。

表2-4　1997年、2007年及2017年GDP百强市市长是否基层晋升分布表

类别	1997年		2007年		2017年	
	频数	百分比	频数	百分比	频数	百分比
基层晋升	39	39.0%	36	36.0%	25	25.0%

续表

类别	1997年		2007年		2017年	
	频数	百分比	频数	百分比	频数	百分比
非基层晋升	52	52.0%	64	64.0%	75	75.0%
未知	9	9.0%	0	0.0%	0	0.0%

（三）GDP百强市市长的教育信息

1. 学历提升成常态

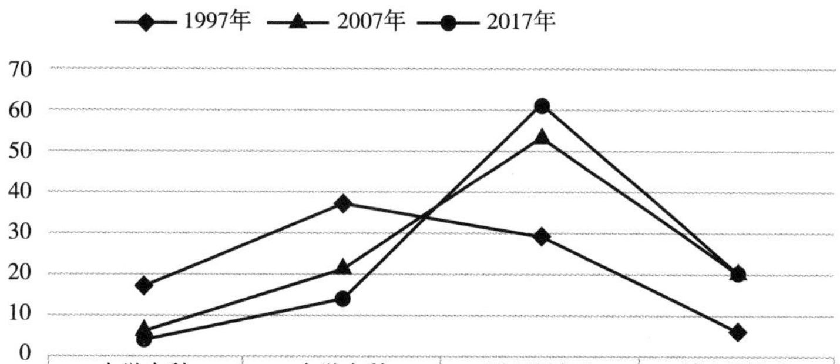

	大学专科	大学本科	硕士研究生	博士研究生
1997年	17	37	29	6
2007年	6	21	53	20
2017年	4	14	61	20

图2-4　1997年、2007年及2017年GDP百强市市长学历分布图

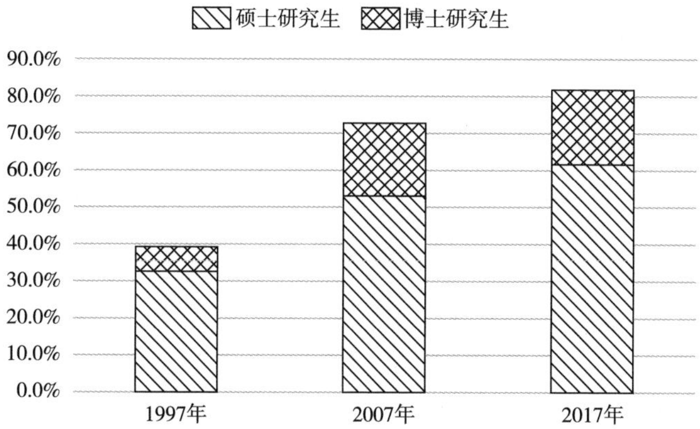

图2-5　1997年、2007年及2017年GDP百强市市长硕士、博士研究生占比

表2-5 1997年、2007年及2017年GDP百强市市长“再教育”经历分布

类别	1997年		2007年		2017年	
	频数	百分比	频数	百分比	频数	百分比
在职	34	38.2%	66	66.0%	28	28.3%
非在职	55	61.8%	34	34.0%	71	71.7%

从1997年到2017年，拥有本科及以下学历的GDP百强市市长人数比例从61%下降到18%，拥有研究生学历的市长从35%增长到81%，学历水平不断提高。

本章采用学历衡量GDP百强市市长的受教育程度，分成最初学历和最终学历两部分。随着时代发展，百强市市长的总体受教育水平呈现“高学历”趋势，二十年间拥有研究生学历的市长从35%增长到81%。从最终学历的获取时间和方式来看，1997年和2017年百强市市长的“再教育”率较低，2007年通过在职攻读研究生方式取得最终学历的市长高达66.0%，总体而言，近半数市长的最终学历都通过“再教育”获得。

2. 经管比重超半数

表2-6 1997年、2007年及2017年GDP百强市市长职业路径分布表

专业背景	1997年		2007年		2017年	
	频数	百分比	频数	百分比	频数	百分比
理工类	51	49.0%	30	22.7%	34	21.4%
经济类	17	16.3%	31	23.5%	38	23.9%
管理类	19	18.3%	36	27.3%	45	28.3%
法律类	3	2.9%	14	10.6%	15	9.4%
其他	14	13.5%	21	15.9%	27	17.0%

表2-7 1997年、2007年及2017年GDP百强市市长专业背景总数表

年份	有1类专业背景	有2类专业背景	有3类专业背景
1997年	74	12	2
2007年	70	28	2
2017年	53	35	12

本章采用专业背景来衡量GDP百强市市长的业务领域，在文理农医的基础上，根据百强市市长的职位特点，将社会科学细分为管理类、经济类、法律类，将占比较少的人文科学和农科、医科并入其他类中，于是我们得到三阶段显著的专业区别。1997年超过一半的市长有理工类专业背景；2007年理工类专业背景占比有所下降，经管类大幅增长。此外，百强市市长拥有复合专业背景的增势不断提升。

三、殊途两分有所长：大国地级市市长选任规律总结

根据上述数据描述，笔者对大国地级市市长的选任规律进行归纳总结，并将其划分为共同规律和差异性规律，进而结合时代背景、理论观点和政策变迁，探究从党的十五大到十九大地级市市长任用规律的成因。

（一）薪火相传一脉承：大国市长选任的共同规律

1. 男性占绝对优势，女性遭遇“天花板”困境

在性别分布方面，数据表现出对男性市长的任用偏向，GDP百强市市长中女性占比低，一方面说明女性总体参政比例不高，另一方面说明女性在晋升中易遇隐性“天花板”阻碍。

笔者通过“社会性别理论”分析女市长的参政困境，美国人类学家盖尔·卢宾（Gayle Rubin）将人的性别区分为生理性别（sex）和社会性别（gender），并指出社会性别是社会对两性的期望、要求和限制。我们尝试用社会性别理论的三个主要维度解释女市长的任职特征：第一，传统的性别观念。传统性别观念在性别分工中将女性塑造成柔弱、依附的象征，因此女性参政往往会与社会期待相冲突。第二，制度设计不科学。受性别观念影响的制度设计缺乏对女性的权利保障，政治制度方面体现为选拔门槛高，退出年龄低，岗位、晋升受限；教育制度方面体现为教育资源分配不

均，许多女性受教育程度依旧很低，无法满足参政人才要求。第三，女性高端权力、实际权力缺损。性别观念与制度设计导致女性进入核心权力层的比例极低，决策话语权缺失，进一步加剧了制度设计的不合理。

2.“同省异市”任职特征突出

从 GDP 百强市市长的籍贯统计可以看出，在三个不同的时期，地级市市长在任职地与籍贯地方面，呈现出“同省异市”的规律。

“同省异市”的任职规律是我党在干部队伍建设中的特色安排，有力平衡了“本地任职”与“异地任职”的利弊冲突。本地任职是衡量地方干部对治域熟悉程度的重要指标，也是任职制度对民意合法化的需求。然而，地方干部群体本地化程度过高的弊病在于：首先，易导致干部视野经历狭隘、施政思维固化；其次，易结成错综复杂且不易撼动的利益关系网，长此以往易滋生恶劣的腐败现象。因此，“同省异市”的设计有利于构建既熟知地方社情又经验丰富，既拥有民意基础又公道正派的双向干部任用体系。

（二）老树新枝展芳华：大国市长选任的差异规律

1. 平均年龄提高，集中趋势明显

GDP 百强市市长的平均年龄提高，大多数市长的年龄区间为51~55岁；集中趋势愈来愈明显，40岁以下和60岁以上群体几乎无法进入。

从理论层面分析，T-A 理论用来解释领导才能社会期望与年龄之间的关系，程雄（1993）研究指出，领导干部的中年时期是同时拥有最优领导才能与最佳社会期望的年龄段；三年间 GDP 市长的任用年龄特征均与该理论相符，说明中央对市长任用年龄的设计愈来愈科学。

从社会层面分析，第一，“破格提拔”愈趋严格。改革开放初期，干部后备人才严重不足，中央采取“破格提拔”方式，是特殊历史时期内满足国家建设需要的必然要求。然而随着时代的发展和部分“出格提拔”恶

劣影响的产生，中央开始恢复领导干部正常晋升机制，从“不拘一格选拔人才”到“既要坚持标准，又要不拘一格”，破格提拔渠道的限制使得“青年市长”数量大大降低。第二，居民健康水平提升。随着我国综合国力的增强，医疗卫生事业取得重大进展，中国人口健康水平获得极大提高，延迟退休政策出台，干部有效任职年龄延长。第三，社会发展亟需一支高素质、专业化的干部队伍。对于新兴学科和领域，需要投入时间精力研究，市长年龄均值升高得到合理解释。

2. 任职市总数增多，任期缩短

2019年修订颁布的《党政领导干部选拔任用工作条例》规定：“提任县处级以上领导职务的，一般应当具有在下一级两个以上职位任职的经历。”对晋升条件的硬性规定，是出现地级市市长任职市总数逐年增加的原因之一。

一方面，从2000年起，中央通过制定各类政策法规突出任期制的关键作用，仔细阅读这些规定不难发现，它们对任期制的规定仍停留在模糊的层面，如党章规定：“党的省、自治区、直辖市、设区的市和自治州的委员会，每届任期五年”；《党政领导干部职务任期暂行规定》指出：“党政领导干部在一个任期内因工作特殊需要调整职务，一般不得超过一次。”其中不乏“因特殊工作需要”、“一般不超过”等留足可操作空间的表述。

另一方面，干部交流和任前轮岗更加剧了任期缩短现象，干部交流的初衷有三：培养政治精英、加强党风廉政建设、优化领导班子结构。但随着经济社会的发展，诸多地方干部追求光鲜履历，忽视最短任期限制，频繁更换任职地，导致任职地总数的不断增多，任期被无限缩短。

3. 特色经历：企业第一，团秘次之，高校再次

出任 GDP 百强市的行政一把手意味着履行更繁重的岗位职责，职业要求的提升需要与之匹配的工作能力和工作素质。

长久以来企业与政府的关系密不可分，在充分尊重市场、调动市场活力的今天，了解企业生存发展模式，定位政府在市场中的职能角色显得尤为关键。企业家洞悉市场规律，在处理政企关系、促进社会经济发展上都发挥着不可替代的作用。

共青团任职群体首先具备突出的年龄优势；其次，在党团的长期工作互动中，团口也更易积攒丰富的上层人脉资本；最后，青年群体是经济社会发展的主力军，团口充分发挥了党联系青年的纽带作用。秘书群体，尤指党政秘书，必须既有真知灼见，还需参谋有术，在此基础上还因独特的工作性质与上层领导保持密切联系，可以随时学习领导干部的战略格局，在社会资本的获取与变现上拥有得天独厚的优势。

我们通过“社会资本理论”对市长的岗位经历规律进行分析，法国社会学家皮埃尔·布迪厄指出：“社会资本是资本的三种基本形态之一，通过一种体制化的网络使某团体的会员相互联系，并利用对这一网络为会员们提供支持。”社会资本存在于人与人之间的关系中，需要通过人际交往获得。综上所述，企业、团口及秘书岗都涉及潜在的高层权力资本，通过层层交织的社会关系网，拥有此类岗位经历的干部更易获得优势资源及晋升机会。

4. 自上而下的路径占显著优势

一般而言，拥有中央部委或省级工作经历的干部，都具备较高的理论视野、政治修养和较强的规划统筹能力，同时，在高层工作积累的人脉资本也为其任职的地市争取到了更多的资源。与此相反，仅拥有基层工作经历的干部，即便掌握地方最深入的信息、拥有坚实的民意基础，锤炼了踏实的业务能力，但一方面“熬年头”晋升使得基层干部缺失年龄资本，另一方面，基层干部工作圈子狭小单一，人脉资源严重匮乏，最终晋升困难。

5.“高学历”普遍，“再教育”盛行

三个年份的 GDP 百强市市长的学历水平不断提高，且过半数市长的最终学历通过“再教育”获得。

学而优则仕，是第一学历对干部从政的直接影响。第一学历的提高得益于教育事业的发展和干部准入门槛的提高。首先，改革开放40多年来，全国人民受教育程度显著提升；其次，随着国内各项改革的全方位推进，国际竞争亟需高素质的综合型人才，因此全面提高干部录用的准入门槛。2019年修订的《党政领导干部选拔任用工作条例》对领导干部的学历作出明确规定：提拔担任党政领导职务的，“一般应当具有大学专科以上文化程度，其中厅局级以上领导干部一般应当具有大学本科以上文化程度”。

仕而优则学，则为干部成长对最终学历的间接需求。三个年份的对比分析显示，领导干部的高学历一大部分是通过“再教育”获得。这与中央的选人用人理念密不可分，如大力推进干部培训制度和党员干部的终身教育制度。目前已然形成各级党校、行政学院、高校基地、科研院所、社会机构相结合的中国特色多元干部培训体系。

6. 从“工程师治国”到“文人治国”，多元专业背景增加

从1997年到2017年，GDP百强市市长的专业背景呈现出两个主要变化规律：第一，从以理工科为主到人文社科为主；第二，由单一专业背景到多元专业背景。

“工程师治国”抑或是“文人治国”[①]，素来都是学界争论的热点，时代背景和社会发展程度决定何者为先。工业化时期发展中国家亟须通过发展工业经济，争夺国际排位，因此杰出的工程人员在整个社会拥有绝对话语权。进入后工业化阶段，扩大竞争、制度疲软导致社会矛盾激化，美国社会学家丹尼尔·贝尔的后工业化理论指出：“后工业社会冲突的轴心是知识技术，处于社会运转的核心地位。”此时以经管类、政法类为代表的人文社科就应时成为解决社会问题的关键技术。新时期，从中央到地方都

① “工程师治国”指以理工科背景为主的领导干部，“文人治国”指以人文社科背景为主的领导干部。

积极探索由管理型社会向服务型社会的转变，GDP百强市已有较为雄厚的经济基础，发展目标转变为创建创新、协调、绿色、开放、共享的新型城市，这就解释了人文社科类专业背景在领导干部中占比越来越高的原因。

此外，数据呈现另一个值得关注的规律，截至2017年，百强市市长中近半数的市长拥有两个及以上的专业背景，不难看出社会发展对综合型人才的需求。

四、大国选任地级市市长之“锦囊”

（一）破除隐性“天花板”，提高女性参政比例

解决地级市市长任用过程中的性别失衡问题，必须重点关注女性的参政比例以及晋升空间。首先，从根源上消除两性不平等的文化观念，需要将“社会性别意识”纳入决策主流。倡导两性间的相互尊重、合作共赢，着眼于人类共同体的长远发展，而不仅仅局限单一性别利益。其次，完善培养任用女性市长的相关制度，适当给予政策偏倚。切实提高女性参政比例，使其获得与男性相同的工作机会与晋升渠道，离不开具体制度的保障。如有计划地扩充女市长的后备人选，解决女性干部队伍可持续发展问题；有计划地制定女性参政硬性比例，安排女性精英出任正职，纳入核心权力圈，强调男女职位职权获得的平等。最后，打造高素质、专业化的女性市长队伍。个人的能力和素质是职位获得的基础和前提，女性干部必须提高自身的政治素养、道德素养和专业能力，强化参政意识，勇于突破传统约束，为全面建设社会主义现代化国家贡献力量。

（二）吸纳与培育并举，降低外部人才进入门槛

本章将团口型、秘书型、一般行政型的岗位经历划分为干部的内部培

育渠道，将企业型、高校院所型、部队型及除此之外的其他岗位经历划分为干部的外部吸纳渠道。

内部培育的市长在经历长期的组织生活后，拥有更好的适应性和归属感，个人能力和素质也与机关要求高度契合，在此基础上，能够高质高效地完成组织目标。然而良好的治理更需要借鉴多元领域成功的经验，以此促进决策民主化、科学化、规范化。2019年修订的《党政领导干部选拔任用工作条例》中指出："拓宽选人视野和渠道，党政领导干部可以从党政机关选拔任用，也可以从党政机关以外选拔任用。"因此，地级市市长的选拔任用应坚持内部培育与外部吸纳相结合，立足多元视角倾听多方声音，积极拓宽参政渠道，吸引各领域优秀人才充实干部队伍，塑造全方位的多元结构干部任用体系。

（三）疏通自下而上晋升路径

地方治理尤其需要那些切实掌握一手信息、务实肯干的干部。2013年6月，习近平总书记在全国组织工作会议上强调："各级都要重视基层、关心基层、支持基层，加大投入力度，加强带头队伍建设。"干部在基层成长、干部从基层选拔、干部到基层培养，是我们党的一贯用人方针，更是选用地方领导干部必须坚持的铁律。从上文的分析可以看出，市长选任中从理念到实践仍然存在巨大的制度缺位，自上而下的干部任用仍在很大程度上挤占着基层干部的晋升机会，因此，中央应进一步完善基层干部选拔任用体制，给予基层更多的政策关切，强化自上而下与自下而上相结合的干部成长模式，建设一支既熟悉地方工作经验，又具有远见卓识的新时期干部队伍。

（四）健全交流机制，确保任期稳定

公共政策制定的过程一般包括政策制定、政策执行、政策评估、政策

终结和政策监督五个方面。一项政策从拍板到落地需要一定的时间成本，我国宪法规定的五年任期大大缩短了干部的任期时长，更不用说频繁交流、轮岗形成的“走马”领导。干部任期的缩短一方面不利于新政策的完整推行，某些追求“短期政绩”的市长甚至直接舍弃上一任领导制定的相关政策，造成政策夭折的恶性循环；另一方面，为追求晋升而频繁盲目换岗，易导致干部忙于应付各类新出现的人际关系，而将地方治理工作置若罔闻，本末倒置。因此，如何保证地级市市长轮岗交流与任期稳定的平衡是有关部门必须慎重斟酌的难点，包括市长的换届时间与任期长短，干部交流的时长、任地、岗位限制都是亟待通过制度规范化的内容。

第三章

大国城市第一责任人：如何选任市委书记?

03

CHAPTER

当前，经济发展面临较大的下行压力，各地 GDP 发展动能成为各方关注的焦点。GDP 百强市何以傲视群雄，实现 GDP 高质高量发展？除了经济发展的影响因素，地方领导与地方经济发展是否存在一定关系？本章通过对2017年 GDP 百强市2008—2017年1000位市委书记个人特征和 GDP 增长的平衡面板数据进行实证分析发现：市委书记晋升途径和 GDP 增长呈显著相关关系；市委书记年龄和任职市数量均与 GDP 增长呈倒 U 型变动关系，其中最佳任职年龄是54.68岁，最佳任职市数量是2.787；市委书记的性别、学位、本科学校性质、基层工作经历与 GDP 增幅没有表现出显著相关关系。结合实证结果，提出了领导者选拔任用的政策取向。

一、领导者特征如何影响城市繁荣？

改革开放40余年来，中国经济的快速发展举世瞩目，被誉为“中国奇迹”。近年来，中国万亿GDP城市数量不断攀高，“万亿俱乐部”愈加高朋满座。那么，在百强城市经济高速发展背后，是否存在着一套特殊的发展机制？同时，自20世纪80年代以来，地方领导干部考核和晋升与地方经济发展相挂钩。在一系列经济绩效考核指标下，干部个人晋升与GDP发展密切相关。基于此，本章试图寻找城市经济迅猛提高背后的领导者身影，分析地方领导者特征与城市经济快速跃升之间的关系。

国外关于个人特征与组织绩效关系的研究起源于商业领域的高阶理论，经过不断深入和扩展，进入政府干部研究领域。Hambrick & Mason于1984年提出高阶理论（upper echelons theory），以人的有限理性为前提，将领导者的个人特征、战略选择、组织绩效纳入高阶理论研究的模型中，强调领导者的人口统计学特征（如年龄、任职时间、教育背景、社会经济根源等人口统计学变量）会影响管理者的认知模式，从而对组织绩效产生影响。高阶理论突破了传统业绩评价体系把战略决策和管理视为完全理性，忽视领导者个人特征对组织业绩影响的认知局限。

经过多年的扩展研究，高阶理论得到了越来越广泛的认可。国外学者Jones & Olken（2005）、Dreher et al.（2009）和Vroom（1973）等指出领导者的更替、教育水平、任职经历和任期影响地区经济绩效。近年来，国内相关学者也开始探究经济增长与政府相关主体之间的关系，解析领导者与中国经济增长的关系。学者王贤彬、徐现祥（2008），张尔升、胡国柳（2012）等研究干部个人特征中的晋升、来源去向、专业禀赋、任职时间等与任职地经济增长的关系。但是，这些研究主要局限于对省长和省委书记层面进行分析，似乎不够微观和具体。鉴于此，本章聚焦城市的“一把手”，通过对2008—2017年GDP百强市市委书记的数据进行分析处理，展示引领城市发展的领导者的真实面貌。

二、研究设计与假设推演

（一）研究对象

本章的研究对象是2017年GDP百强市的市委书记（2008—2017年10年间历任市委书记）和10年间GDP增速。选择市委书记作为研究对象是基于中国的政治实践。中国实行的是党委领导下的首长负责制，市委书记作为党的市级委员会的负责人，是所在市实际的最高领导者，在政策决策时发挥着决定性作用。

（二）变量设计

1. 因变量

笔者选择的被解释变量为年度地方GDP增幅，即本年GDP相对上年的增长率，取千分号前面的数字。

选取GDP增幅作为因变量是基于改革开放以来，在以经济建设为中心的基本路线下，GDP一直是地方政府绩效及党政领导者政绩考核的重要指标。即使当下强调干部绩效考核全面化背景下，GDP也是干部绩效考核中重要的一环。

2. 自变量

笔者选择的解释变量有人口统计学特征（性别、年龄）、教育背景（学位、本科学校性质）、工作经历（基层工作经历、晋升途径、任职时间、任职市数量）。

（1）学位：是指干部教育背景中的获得学位，分为学士、硕士、博士。

（2）本科学校性质：是指干部本科毕业院校是否为“211”或“985”院校。

（3）基层工作经历：是指干部是否有县及县以下工作经历。

（4）晋升途径：市委书记晋升的途径分为三类，包括调任、本地晋升和“中央空降”。调任指从别的省、市调入本市的市委书记，本地晋升是指从本地行政级别低于市委书记的岗位升为市委书记，“中央空降”是指从中央部委调任为市委书记。

（5）任职时间：1—6月份上任的干部，当年记作上任的第一年；7—12月份上任的干部，下一年记作上任的第一年。此方法与 Li and Zhou（2005）、张军和高远（2007）、王贤彬和徐现祥（2008）研究中的任职时间界定一致。

（6）任职市数量：计算市委书记在履职现职位之前曾经任职城市的数量，包含现履职城市。

3. 控制变量

（1）人均 GDP：单位为万元，保留小数点后两位。

（2）人口自然增长率：取千分号前的数字。

（三）计量模型

结合高阶理论和相关研究，提出本章的理论模型：

$$\mathrm{GDPrate}_{ij}=\beta_0+\beta_1 Individuality_{ij}+\beta_2 Education_{ij}+\beta_3 Experience_{ij}+\beta_4 Ctrl_{ij}+\varepsilon$$

其中，i 是城市，j 是年份，*Individuality* 是干部人口统计学特征（年龄、性别），*Education* 是干部的教育背景（学位、本科学校性质），*Experience* 是干部的工作经历（基层工作经历、晋升途径、任职时间和任职市数量），*Ctrl* 是其他控制变量集合体，β_0 是截距，β_1、β_2 和 β_3 为本章关注的影响系数，ε 为扰动项。

（四）研究假设

基于高阶理论和相关的研究，笔者作出以下假设：

H1：市委书记性别与 GDP 增幅显著相关；

H2：市委书记年龄与 GDP 增幅显著相关；

H3：市委书记学位与 GDP 增幅显著相关；

H4：市委书记本科学校性质与 GDP 增幅显著相关；

H5：市委书记基层工作经历与 GDP 增幅显著相关；

H6：市委书记晋升途径与 GDP 增幅显著相关；

H7：市委书记任职时间与 GDP 增幅显著相关；

H8：市委书记任职市数量与 GDP 增幅显著相关。

（五）数据采集

本章以2017年 GDP 百强市为样本，收集其2008—2017年历任市委书记的个人特征和城市 GDP 增长的面板数据进行分析。GDP 百强市市委书记的个人简历和任职情况数据来自人民网、新华网和百度。相关的经济数据，2008—2016年 GDP 增幅、人均 GDP 和人口自然增长率数据来自中国城市统计年鉴。由于本章内容成稿时2018年官方统计年鉴还未公开，所以2017年经济数据来自各城市的2017年国民经济和社会发展统计公报或各市统计局公布的数据，保证统计口径的一致性。

三、GDP 百强市千名市委书记有何共同特征?

（一）GDP 增幅

表3–1　2017年 GDP 百强市2008—2017年 GDP 增幅　　单位：%

平均数	10.60584
中位数	10.5
众数	8.0

续表

最小值	-5.6
最大值	23.0

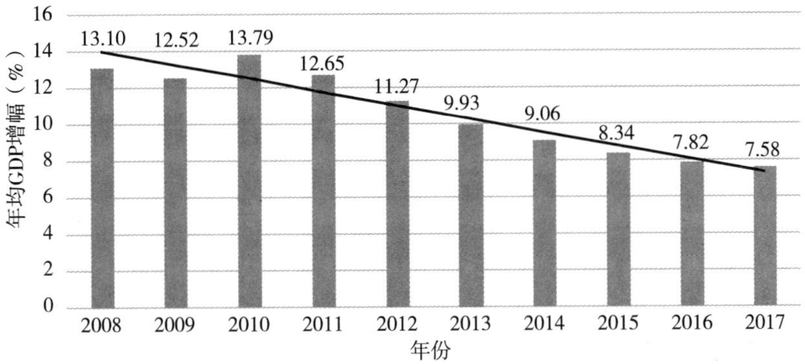

图3-1　2008—2017年 GDP 百强市 GDP 增幅年度均值

总体看来，GDP 百强市2008—2017年 GDP 增幅平均值为10.61%，增幅的中位数为10.5%，增幅最大值是23.0%，最小值为 -5.6%。分年份来看，2008—2017年 GDP 百强市 GDP 增幅的平均值总体呈现逐年下降趋势。这是因为从世界各国经济发展的过程来看，没有一个国家能够永远保持高速的经济增长，进入新时期，我国产业结构调整，受劳动力成本上升、环境资源制约、GDP 基数不断增加等因素影响，我国 GDP 增幅下降在所难免，也是符合世界经济发展规律的。

我国当前正处于经济转型期，在此期间，中国投资增速显著放缓，过去长期支撑经济增长的高投资模式将难以为继；劳动力、土地、矿产资源等这些经济增长的基础要素成本都在上升，以往的低成本优势将随着人口老龄化加速和资源环境承载能力的严重降低而不复存在；过去一轮的国际金融危机给我国带来的经济冲击仍在延续。在诸多因素的综合作用下，使得转型期的中国经济增速呈现下降的趋势，这是符合经济发展规律的正常现象。

但是值得一提的是，虽然GDP增速有所放缓，但是各城市的经济增量和GDP总量依然保持基本稳定，经济发展状况依旧良好。

（二）人口统计学特征

1. 性别

2008—2017年，GDP百强市1000份市委书记样本中，男性干部有974人，占比97.4%；女性干部有26人，占比2.6%。通过市委书记男女性别比可以很明显看出女性干部在市委书记职位上占比很少，说明在目前的干部任用方面，女性干部在市委书记职位晋升中仍存在“天花板”现象（见图3–2）。

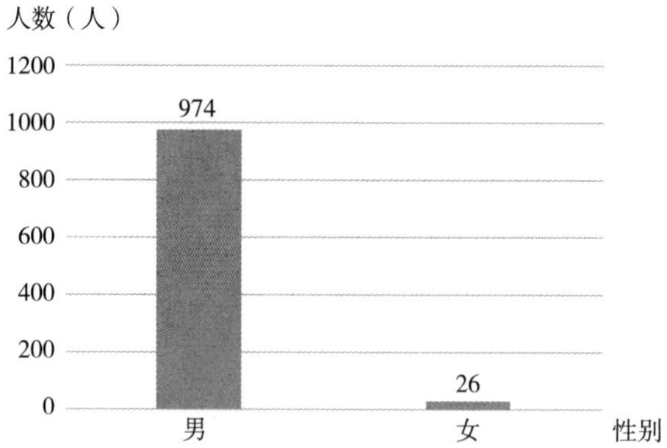

图3–2　2008—2017年GDP百强市市委书记性别分布

2. 年龄

从市委书记的年龄分布来看，2008—2017年GDP百强市市委书记平均年龄为53.67岁，最小年龄为43岁，最大年龄为70岁。（见表3–2）

表3–2　2008—2017年GDP百强市市委书记年龄分布

要素	年龄
平均值	53.67岁
中位数	54岁
众数	54岁

续表

要素	年龄
最小值	43岁
最大值	70岁

（三）教育背景

2008—2017年GDP百强市1000个市委书记样本中398人本科毕业学校为“985”或“211”高校（见图3-3），占比40.7%。这说明重点高校毕业生在GDP百强市市委书记中占比较大。从市委书记学位分布来看，市委书记的教育背景普遍较好，均获得学士及以上学位，硕士和博士学位占比很高。其中269个市委书记为博士学位，占比37.1%；284个市委书记为硕士学位，占比39.1%，硕博学位占比超过70%；仅有173个市委书记为学士学位，占比仅为23.8%。（见图3-4）综合来看，GDP百强市市委书记教育背景普遍较好。这是我国领导干部选拔与任用过程中知识化导向的体现。

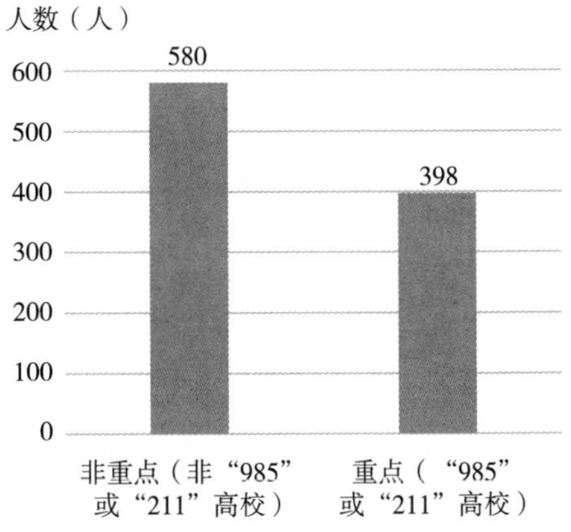

图3-3　2008—2017年GDP百强市市委书记本科毕业学校分布

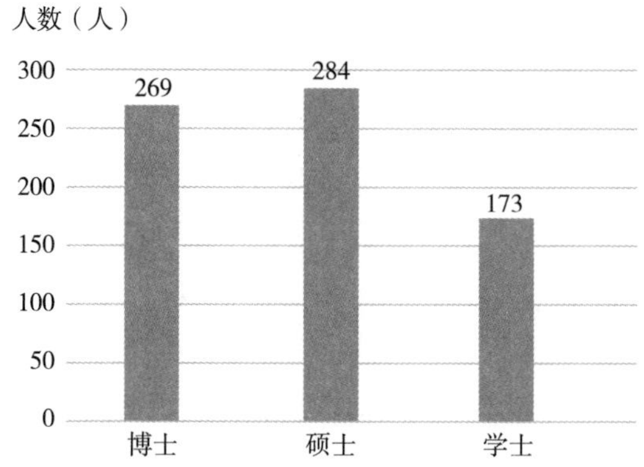

图3-4　2008—2017年百强市市委书记学位分布

注：市委书记本科学校性质有22份样本缺失；学位信息有274份样本缺失。

（四）工作经历

1. 中央部委、基层工作经历

2008—2017年GDP百强市1000个市委书记样本中，127人有中央部委工作经历，占比12.7%；578人有基层工作经历，占比57.8%（见表3-3）。这说明GDP百强市市委书记工作经历丰富，既有中央部委工作经历的人员，也有拥有基层工作经验的人员。

表3-3　2008—2017年GDP百强市市委书记中央、基层工作经历

工作经历	有工作经历	百分比（%）	无工作经历	百分比（%）
中央部委工作经历	127	12.7	873	87.3
基层工作经历	578	57.8	422	42.2

2. 晋升途径

从市委书记晋升途径来看，2008—2017年GDP百强市1000个市委书记样本中，584个市委书记来源于调任，占比58.4%；338个市委书记来源于本地晋升，占比33.8%；78个市委书记来自“中央空降”，占比7.8%。（见图3-5）由此可知，GDP百强市市委书记主要来源于调任和本地晋升，占比90%以上，说明市委书记晋升途径多样，同时调任和本地晋升占了很大的比重。

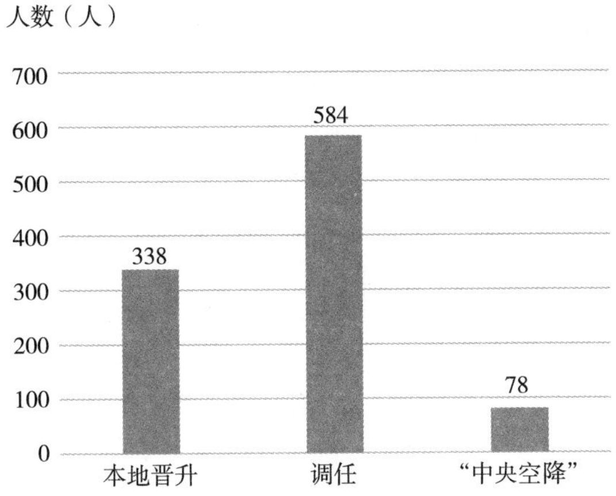

图3-5　2008—2017年GDP百强市市委书记晋升途径分布

3. 任职时间

从市委书记任职时间的数据来看，2008—2017年GDP百强市市委书记的平均任职时间在2.8年左右，最大值为11年，最小值为0年。（见表3-4）任职时间主要为1~3年，占比达到50%以上。根据我国的《党政领导干部职务任期暂行规定》，党政领导职务每个任期为5年。本章收集的是2008—2017年10年的数据，2017年干部任免和升迁较多，使得整体的任职时间偏短。

表3-4　2008—2017年GDP百强市市委书记任职时间　　单位：年

最小值	最大值	平均值	标准差
0	11	2.8	1.782

4. 任职市数量

从市委书记任职市数量来看，GDP百强市1000个市委书记样本任职市数量平均为2.4个，任职市数量最多的是7个，最少的是1个。GDP百强市市委书记普遍在2~3个城市任职过，城市任职经历并不单一（见表3-5、3-6）。

表3–5　2008—2017年GDP百强市市委书记任职市数量统计　　单位：个

要素	任职市数量
平均值	2.4
中位数	2
众数	2
最小值	1
最大值	7

表3–6　2008—2017年GDP百强市市委书记任职市数量分布

任职市数量	频率	百分比（%）
1	187	18.7
2	397	39.7
3	289	28.9
4	97	9.7
5	22	2.2
6	7	0.7
7	1	0.1
总计	1000	100

四、如何才能成为GDP百强市市委书记？

（一）数据处理

在初步的描述性统计的基础之上，为进一步探究GDP百强市2008—2017年GDP增幅与干部个人特征之间的关系，进行了以下的实证分析。本章立足于已有研究和相关文献，利用收集到的平衡面板数据进行多元回归分析，建立本章的模型一和模型二。对于平衡的面板数据运用Stata14处理，首先要进行Hausman检验，判断采取固定效应模型还是随机效应模型进行分析。通过Hausman检验，得出p=0.0000<0.05，所以本章应该采

用固定效应模型进行数据分析。数据分析结果如表3–7所示。

表3–7　固定效应模型输出结果

	模型一	模型二
人口自然增长率	2.1784716**	2.1784716**
性别	–8.0612089	–8.0612089
学校	–2.7792459	–2.7792459
人均 GDP	–5.9745652***	–5.9745652***
晋升途径1	–14.35487***	–14.35487***
晋升途径2	–13.007701***	–13.007701***
年龄	6.2066058**	6.2066058**
年龄的平方	–0.05684427**	–0.05684427**
基层工作经历	–0.14914484	–0.14914484
任期	–0.32993742	–0.32993742
任期的平方	0.02452769	0.02452769
任职市数量	–2.5872968***	–2.5872968***
任职市数量的平方	14.421915***	14.421915***
学位2	1.3697683	1.3697683
学位3	3.259988	3.259988
2009年		–6.8116004
2010年		6.7776811
2011年		–1.9563215
2012年		–16.674576***
2013年		–28.579715***
2014年		–37.781437***
2015年		–44.700517***
2016年		–49.304595***
2017年		–48.361077***
R–sq：within	0.109	0.109
R–sq：overall	0.1277	0.5422

注：*p<.1，**p<.05，***p<.01。

（二）回归结果分析

由表可知，模型一和模型二 Prob>F=0.0000，所以固定效应模型总体都是显著的，说明建立的模型都是有效的。

1. 模型一

模型一研究 GDP 增幅与市委书记个人特征之间的关系，加入控制变量人均 GDP 和人口自然增长率。由输出结果可知，市委书记个人特征中的晋升途径1（β=–14.35487，p＜0.01）、晋升途径2（β=–13.007701，p＜0.01），年龄（β=6.2066058，p＜0.05）、年龄的平方（β=–0.05684427，p＜0.05）、任职市数量（β=–2.5872968，p＜0.01）和任职市数量的平方（β=14.421915，p＜0.01）与城市 GDP 增幅之间呈现显著的相关关系。其中年龄的平方与 GDP 增幅成负相关关系，说明年龄与 GDP 增幅成倒 U 型关系；任职市数量与 GDP 增幅成显著负相关关系，说明任职市数量与 GDP 增幅成倒 U 型关系。

而市委书记个人特征中的性别、学位、本科学校性质、基层工作经历、任职时间与 GDP 增幅没有表现出显著的相关关系。

2. 模型二

模型二研究市委书记个人特征中性别、年龄、学位、本科学校性质、晋升途径、基层工作经历、任职时间和任职市数量与 GDP 增幅之间的关系，加入控制变量人均 GDP、人口自然增长率和年份。模型二是在模型一基础上进行完善的，在 Stata14 中对模型一进行 LSDV 检验，得出 p 值为 0.000，认为存在时间效应，即不同年份会影响 GDP 增幅，所以加入控制变量年份，得出模型二。模型二在控制时间效应后输出结果与模型一基本相同，进一步验证了模型一的结论。

综上所述，本章通过对2017年 GDP 百强市市委书记个人特征和所任职市 GDP 增幅的相关性进行分析，发现市委书记的年龄、晋升途径和任职市数量这三个变量与GDP增幅之间呈现出明显的相关关系，其中年龄和任职市数量与GDP增幅成倒U型关系，相对“中央空降”途径而言，本地晋升和调任与GDP增幅呈现负相关关系。而市委书记个人特征中的性别、学位、本科学校性质、基层工作经历、任职时间与GDP增幅没有显著的相关关系。

（三）年龄、渠道和阵地：GDP百强市市委书记的“三板斧”

依据实证结果，笔者发现三个研究假设（H2、H6、H8）得到了验证，而H1、H3、H4、H5、H7五个研究假设没有得到验证。

1. 性别并非“金钥匙”

H1：市委书记性别与GDP增幅显著相关，假设不成立。这说明男女市委书记在制定和执行经济政策、把握经济发展方向、促进地区经济增长方面并没有明显的性别差异。但从市委书记性别的描述性分析来看，市委书记任职的性别偏好明显存在差异，1000个市委书记样本中，仅有26个女性市委书记样本，女性在市委书记职位晋升中处于不利位置。

2. 大器何惧“略晚成”

H2：市委书记年龄与GDP增幅显著相关，假设成立。数据显示，市委书记年龄与GDP增幅成先升后降的倒U型关系。实证发现市委书记任职最佳年龄为54.68岁，说明市委书记任职存在一个最佳年龄，在达到最佳年龄（54.68岁）之前，随着年龄的增长，GDP增幅呈现上升趋势；在达到最佳年龄后，随着市委书记年龄的增长，GDP增幅呈下降趋势。这一方面说明年纪轻的干部，因为自身决策能力、执行能力处于积淀期，可能相对优势不足，但随着年龄增长能力会不断提升；另一方面说明年龄较大的干部个人未来预期的晋升空间可能会相对较小，会倾向于采取保守的政策，维持现状，所以对GDP发展的作用相对较弱。学者王通讯在心理学人才最佳创造年龄规律的基础上，指出政治军事人才的最佳年龄区间为

50~70岁。学者周敏（2017）等指出干部超过了对应级别的晋升年龄，将再无获得晋升的可能。此时，这类干部往往会选择“少做少错”的保守策略，保证自己可以平稳卸任。一般来说，按照中国关于干部行政级别与晋升年龄限制，GDP百强市（全部为地级市或直辖市）市委书记晋升的年龄限制是62和67岁以下，在最佳年龄为54.68岁前后，干部为了争取“最后的晋升”对经济绩效关注多，对经济促进作用最明显。

3. 学历不再“闪光环”

H3：市委书记学位与GDP增幅显著相关，假设不成立。本章中市委书记教育背景普遍较好，均为学士及以上学位，硕士和博士学位占比超过70%。按照预期假设，市委书记的学位越高，对相关经济发展规律的把握和经济政策的制定会更加有利。但实证发现，市委书记的学位与其制定和执行经济政策，促进地区GDP增长没有显著相关关系，说明市委书记的学士及以上学位，与其实际工作能力并不显著相关。

4. 名校难担“敲门砖”

H4：市委书记本科学校性质与GDP增幅显著相关，假设不成立。这说明市委书记本科院校是否为重点高校（“211”和“985”高校）与GDP增幅没有显著关系。本科教育在个人能力培养中起到基础性作用，但干部个人的学习能力、继续教育、实践经验等对增长个人能力也至关重要。随着20世纪90年代以来干部知识化的推进和延伸，地方领导任用逐渐重视学历和文凭，干部的在职教育和继续教育兴起，大多数干部通过在职教育、继续教育和实践积累不断丰富和拓展自身知识能力，提升自身文化水平，不断弥补自身差距，所以市委书记本科学校性质与GDP增幅没有表现出明显的相关关系。

5. “沉下去”未必“上得来”

H5：市委书记基层工作经历与GDP增幅显著相关，假设不成立。这说明市委书记基层工作经历对干部个人工作能力增长影响不明显，对其制定和执行经济政策的帮助不大。

6.“封疆大吏”易互动

H6：市委书记晋升途径与 GDP 增幅显著相关，假设成立。相较于“中央空降”，本地晋升和调任与 GDP 增幅均成负相关关系，说明“中央空降”的干部在促进地方 GDP 增长方面优于调任和本地晋升的干部。皮埃尔·布迪厄在社会资本理论中指出，“社会成员和社会团体因占有不同的位置而获得不同的社会资源和权利”，社会资本以关系网络的形式存在，即在不同的关系网络中获取社会资源的能力会存在差异。“中央空降”干部相对于本地晋升和调任干部来说，与中央的联系更加密切，获取相关资源的能力相对较强，对中央政策的解读和执行及对宏观经济走向的把握更好，更加有利于其充分利用中央的政策走向和资源网络促进任职地 GDP 增长。

7. 任期长短无影响

H7：市委书记任职时间与 GDP 增幅显著相关，假设不成立。说明市委书记的任职时间长短对 GDP 增幅影响不明显。一方面本章截取的时间段横跨党的十七大和十八大，也处于党和国家领导人变更时期，地方市委书记出现较大的变动。另一方面，虽然《党政领导干部职务任期暂行规定》规定，党政领导职务每个任期为 5 年。党政领导干部在任期内应当保持稳定，一般应当任满一个任期。但从收集的数据来看，大多数市委书记任期没有达到 5 年，任职时间大多在 1~3 年，任职时间相对较短，与 GDP 增幅没有表现出显著关系。

8. 多地主政可加分

H8：市委书记任职市数量与 GDP 增幅显著相关，假设成立，成先升后降的倒 U 型关系。实证发现最佳任职市数量为 2.787 个，说明市委书记任职市数量是 3 个左右，需要在多地（3 个城市）任职，掌握多地复杂情况，积累一定的决策经验。但任职市数量也不宜过多，任期内频繁的调动，在多地短暂停留，可能使干部对一地的政策和发展没有充分的了解和掌握，对经济发展的决策行为和本地的实际情况了解不足，不利于治理的深化与持续。

五、大国选拔市委书记的“问计良策”

（一）增加女性干部任用比例，打破女性干部晋升“天花板”

“天花板”现象是指在干部成长过程中，多数人达到一定的级别后，晋升空间会越来越小。从2008—2017年10年的GDP百强市市委书记数据来看，女性市委书记占比仅为2.6%，说明女性干部在市委书记职位上的占比很低，远低于男性干部。虽然我国在法律制度、政策保障等方面建立了诸多性别平等的甄选制度，但是在市委书记这一高级别职位的晋升中依旧存在女性干部的“天花板”现象。我们的研究证明，市委书记性别对地区GDP增幅没有显著相关关系，说明市委书记性别在地区GDP发展中没有明显的作用差异。因此，我们建议，在市委书记选拔任用中，应给予女性干部更多的任职机会。

（二）侧重选拔55岁左右的干部担任市委书记，实现年龄与岗位最佳匹配

实证发现，市委书记最佳任职年龄是54.68岁。由此我们建议在市委书记人员选拔中，统筹考虑工作能力、道德品德，重点提拔55岁左右的候选人员，充分发挥最佳年龄对经济增长的促进作用。在市委领导班子年龄结构安排上实现老、中、青梯次配备，形成以55岁左右干部为班长的领导团队。

此举与推进干部队伍年轻化并不矛盾。我们应当认识到干部队伍年轻

化是个相对概念。职位不同，干部队伍年轻化的界定是不同的。对于基层岗位，我们要大胆起用年富力强、德才兼备的年轻干部，为他们提供更多的历练与培养机会，但对于市委书记这类重要岗位，需要认识到年轻化的相对内涵，立足最佳任职年龄。围绕最佳任职年龄的年轻化才是干部年轻化的科学内涵，才能达成政策设定的初衷。

（三）继续坚持高效的干部教育培训制度，不唯学历重能力

通过领导教育背景与经济发展实证分析的结果可知，市委书记的学士及以上学位和本科学校性质都对 GDP 增幅没有显著性作用。毋庸置疑的是，领导的学位和本科教育对个人能力培养至关重要，但在数据收集时发现多数市委书记是走上工作岗位后接受了在职教育、干部教育培训，通过在职教育和干部教育培训提升自身能力。这说明，现行的干部继续教育政策是高效的。由此我们建议坚持贯彻《2018—2022年全国干部教育培训规划》的方案设计，建立以需求为导向的培训机制，科学确立干部教育培训新内容，探索干部教育培训新形式，使教育培训的数量、质量与事业发展、干部履职尽责和健康成长的需要相适应。根据“干什么、学什么，缺什么、补什么，学什么、教什么”的原则，满足不同岗位干部多样化、差别化的需求，注重以务实管用的经济学、管理学知识理论来充实、提高干部，增加田野调查、管理案例实战、突发事件应急处理危机公关等贴合现实实践的课程设计，着力增强干部运用理论和知识指导实践、解决问题、推进工作的能力。

习近平总书记在指导人才工作时指出，选拔人才以实际能力为衡量标准，不唯学历，干部选拔任用也不例外。而实证结果发现市委书记学士及以上学位与其制定和执行经济政策，促进地区 GDP 增长没有显著相关关系。学历并不是能力的单一来源和评价标准。由此我们建议在选人用人时提出学历（学位）基本要求，保证选拔干部的基本素养，但绝不能学历

“教条主义”，唯学历是图，更重要的是考核领导干部的实际工作能力，选拔德才兼备、实绩突出和群众公认的好干部。

（四）放宽基层任职履历要求，逐步终结基层经历刚性政策

我国在干部任职上一直高度强调基层工作经验对干部选拔的重要性。《党政领导干部选拔任用工作条例》中规定，“提任县处级领导职务的，应当具有五年以上工龄和两年以上基层工作经历”，这一规定鲜明地体现出当下干部选拔对基层工作经验的重视。重视基层工作经验旨在增加干部对基层经济、社会的了解，提升其解决实际问题的能力。但是本章的实证结果发现，市委书记的基层工作经历与城市 GDP 增幅没有显著相关关系。这反映出现行的重视基层履职经历的干部政策没有达到预期的政策目标。

由此，我们建议在领导干部选拔时，适度放宽干部基层履职要求，以能力为核心标准，选拔晋升。构建不同职位的能力标准是干部人事改革深化的重要内容。

（五）促进中央职能部门干部同地方领导干部交叉任职，同时限定任职市数量不超过3个

干部交流是保持工作热情、增加干部队伍活力的重要途径。我国的《党政领导干部选拔任用工作条例》明确规定需要通过交流锻炼提升地方干部的领导能力，交流的重点是县级以上地方党委和政府的主要领导成员。对于公务员交流其他国家也有类似的制度安排，比如，英国政府规定书记员级别以上的公务员需在国内不同政府部门流动，甚至到海外任职。日本《人事院规则》规定每年4月进行公务员交流，具体采取“轮换工作法”，定期改变公务员的工作岗位。美国《政府间人员交流法》为联邦政府与州和地方政府公务员的交流提供制度支撑。[①] 综观这些干部交流规定，

① 陆忠，毕娟，何振宣．党政领导干部交流的科学方法研究 [J]. 行政管理改革，2018（5）.

旨在保持稳定性的同时鼓励领导干部到不同地区任职锻炼、交流学习，提升驾驭不同局面的工作能力。研究结果显示，来自中央部门的市委书记对GDP发展的作用优于地方成长起来的干部。所以，增加地方城市和中央职能部门领导干部的交流任职，使更多的干部拥有中央宏观部门的工作经历，是促进干部成长的有效策略。

同时，研究结果显示，超过3个任职城市后，市委书记与GDP的关系成负相关关系。鉴于此，地级市委书记候选人的任职市数量应靠近最佳值2.787，这是良好的制度安排。

第四章

大国省治：省长选任有何规律？

04

CHAPTER

中国是由省级行政区构成的单一制国家，省长是地方治理的中枢。本章从政策制定的角度出发，通过新中国成立70多年来省长群体的信息数据库，运用文献研究、统计分析和历史比较等方法，探究我国不同时代的省长选任特征，在此基础上分析新中国成立70多年来省长选任的变迁逻辑，最后针对省长选拔任用中存在的问题与不足进行反思，提出新时代省长选任的政策建议。本章创新之处体现在全景展现、系统梳理，历史视野、比较思维，数据支撑、定量分析等3个方面。不足之处在于：一是在数据收集上，没有收集省长任职时所在省份的经济发展数据和省长群体的社会资本信息；二是在研究方法上，缺乏对省长群体的深入访谈或问卷调查。

结合我国不同时代党政领导干部选拔任用制度，本章将我国70多年来省长选拔任用的历史分成了六个阶段，通过描述性统计，分析探讨了不同时代的省长选任特征。研究发现，新中国成立初期的省长选任特征表现为“政委治国”和“将军治国”；20世纪五六十年代的省长选任特征表现为减少调动，连任居多；20世纪80年代的省长选任特征表现为干部“四化”，废除终身制；20世纪90年代的省长选任特征表现为企业出身多，“工程师治国”；21世纪初的省长选任特征表现为异地交流，优化结构；党的十八大以来的省长选任特征表现为五湖四海，任人唯贤。

新中国成立70多年来省长选任的变迁逻辑表现为10个方面：一是前30年平均年龄逐步升高，后40年年轻化并趋于稳定；二是前30年平均党龄逐步升高，后40年规范化并趋于集中；三是知识化水平持续提升，硕士、博士比重增加；四是“革命家治国”到“工程师治国”再到“文人治国”；五是前30年偏好长期连任，后40年任期趋于制度化；六是籍贯地任职比例减少，异地交流日益增多；七是男省长优势明显，女省长数量有所提升；八是汉族省长优势明显，少数民族省长比例稳中有升；九是华东地区省长稳居高位，华中地区省长特定时代占比高；十是选人用人渠道逐步拓宽，省长来源日益多元化。

一、党政领导干部：国运盛衰的关键力量

（一）党政领导干部：国家治理的高级人才

我国自古以来重视人才、尊重人才、使用人才，很早就意识到人才在治国安邦中的重要作用。早在西周时期，姜太公就提出了“治国安家，得人也”的理念；齐国管仲认识到，圣王之治，“非得人者，未之尝闻”；三国时期诸葛亮总结经验教训，提出了“治国之道，务在举贤”的方针；唐太宗李世民结合治国体会，得出了“为政之要，惟在得人”的著名论断；清康熙帝的人才思想更加经典，指出“自古选贤任能，为治之大道”，而“致治之道，首重人才”。这些关于人才的经典论述，阐释了天下兴亡、社稷安危、国运盛衰皆系于人才的道理。

我党历来重视党政领导干部的选拔和培养工作。新中国成立初期，毛泽东在思考执政之后如何建设社会主义时，曾经指出，“政治路线确定之后，干部就是决定的因素”，“没有多数才德兼备的领导干部，是不能完成其历史任务的”。[①] 党的十一届三中全会之后，为长期坚持社会主义道路和发展改革开放事业，中央提出了干部队伍建设“革命化、年轻化、知识化、专业化”的方针。20世纪90年代末21世纪初，党政领导干部队伍建设工作继往开来、与时俱进，不断适应时代变化发展的需要。党的十八大以来，习近平总书记十分关注人才工作，多次作出重要指示，要求“择天下英才而用之”，“着力完善人才发展机制”。党的十九大之后，为全面推进国家治理体系和治理能力现代化，各类人才尤其是党政领导干部的重要作用更加凸显。中央继续深化党政领导干部选拔任用制度改革，着力打破体制机制壁垒，扫除身份障碍，完善党政机关、企事业单位、社会各方

① 《毛泽东选集》第二卷，人民出版社1991年版，第526页。

面人才顺畅流动的制度体系，全方位拓宽外部引才渠道，五湖四海、任人唯贤。

（二）党政领导干部：当之无愧的政治精英

政治精英生涯分析是研究党政领导干部的基本模型和基本方法。正如美国政治精英研究专家拉斯韦尔所说："没有精英生涯的政治学只是动物标本。"当前，国内外关于党政领导干部的研究大多是从政治精英生涯分析入手，通过微观层面的政治精英生涯分析，可以贯通中观层面的政治机构生态和宏观层面的政治制度与政治体系。

在微观层面，政治精英生涯分析主要关注精英的成长环境、精英政治生涯的起点、精英政治生涯的转折点、精英政治生涯的晋升轨迹和流动路径，以及精英政治生涯的退出去向等，往往需要构建完整的政治精英生涯历程。

在中观层面，政治精英生涯是在一定政治机构内的生涯，可以反映政治机构的组成、运转和生态。所以从一定程度上来说，政治精英生涯也是政治机构的生涯，而不同的政治机构往往会在精英生涯中留下不同的烙印。

在宏观层面，对政治精英生涯的分析，往往能够反映特定的政治结构、政治制度和政治体系。由于不同的政治体制和政治环境，政治精英的录用和流动在不同的时代背景下往往会有不同的模式和特点，会呈现出鲜明的时代特征。

此前，多位学者运用政治精英生涯分析方法研究了党政领导干部群体。冯军旗（2010）在《中县干部》中通过政治精英生涯分析范式，详细分析了河南"中县"领导干部的政治生涯历程。邓世仑在《政治精英仕途发展影响因素研究》中，运用政治精英生涯分析方法，探讨了第十一届至第十七届中央委员会委员的仕途发展模式等。由此可见，党政领导干部是我国领导干部体制中当之无愧的政治精英。

（三）新中国成立70多年来党政领导干部选任制度变迁

在探究我国省长选任的时代特征与变迁逻辑之前，笔者首先梳理了新中国成立70多年来不同时代背景下的党政领导干部选拔任用制度（见表4-1），然后结合相关制度文件来探究分析省长群体不同时代的选任特征。

表4-1　新中国成立70多年来党政领导干部选拔任用制度

时间	主体	文件/出处	主要内容
1953年	中共中央	《关于加强干部管理工作的决定》	正式实行分部分级管理的新制度，强调“德”与“才”的干部挑选原则
1955年	中共中央组织部	《中央组织部工作报告》	再次强调挑选提拔干部中“德才兼备”的干部的政策，并赋予“德”与“才”新的具体内容
1980年	邓小平	中央工作会议	首次完整地提出干部“四化”标准
1980年	邓小平	《党和国家领导制度的改革》	逐步废除领导干部职务终身制
1982年	中共中央	党的十二大修订的党章	“四化”标准被载入党章，成为新时期干部队伍建设的总方针
1982年	中共中央	《关于建立老干部退休制度的决定》	废除干部领导职务终身制，建立干部离退休制度
1986年	中共中央组织部	《关于调整不胜任现职领导干部职务几个问题的通知》	以干部的才德为标准推进干部“能上能下”改革
1995年	中共中央	《党政领导干部选拔任用工作暂行条例》	明确规定建立党政领导干部降职制度
1999年	中共中央组织部	《关于进一步做好公开选拔领导干部工作的通知》	加快干部制度改革步伐，进一步做好公开选拔领导干部工作
2002年	中共中央	《党政领导干部选拔任用工作条例》	挑选有利于推进中国特色社会主义发展的优秀人才
2006年	全国人大常委会	《中华人民共和国公务员法》	为公务员干部选拔任用提供了最基本的法律依据
2006年	中共中央办公厅	《党政领导干部交流工作规定》	推进干部交流工作，进一步优化领导班子结构，提高领导干部的素质和能力

续表

时间	主体	文件 / 出处	主要内容
2006年	中共中央办公厅	《党政领导干部职务任期暂行规定》	规范党政领导干部职务任期和任期管理工作，保持领导干部任期内的稳定，增强干部队伍活力
2006年	中共中央办公厅	《党政领导干部任职回避暂行规定》	加强对党政领导干部的管理和监督，保证领导干部公正履行职责
2010年	中共中央组织部	《党政领导干部选拔任用工作有关事项报告办法（试行）》	进一步规范干部选拔任用行为，防止和纠正用人上的不正之风
2013年	习近平	全国组织工作会议	要“建设一支广大的高素质干部队伍”的目标，以“信念坚定、为民服务、勤政务实、敢于担当、清正廉洁”为好干部标准
2014年	中共中央办公厅	《党政领导干部选拔任用工作条例》（修订版）	把20字好干部标准纳入总则第一条，从严把握破格提拔
2015年	中共中央组织部	《关于加强干部选拔任用纪实工作的若干意见》	通过纪实工作加强选人用人全程监督和倒查追责
2015年	中共中央办公厅	《关于推进领导干部能上能下的若干规定（试行）》	首次以中央党内法规的形式就领导干部能上能下作出专门规定
2016年	中共中央办公厅	《关于防止干部“带病提拔”的意见》	实行干部选拔任用动议纪实，建立健全“带病提拔”倒查机制
2017年	习近平	党的十九大报告	要坚持党管干部原则，坚持德才兼备、以德为先，坚持五湖四海、任人唯贤，坚持事业为上、公道正派，把好干部标准落到实处
2019年	中共中央	《党政领导干部选拔任用工作条例》（修订版）	干部选拔标准更改为“忠诚干净担当的高素质专业化党政领导干部队伍”，并将习近平新时代中国特色社会主义思想作为指导思想

（四）省长选任制度的历史脉络

中国是由各省、自治区、直辖市构成的单一制国家，治理国家首要在于治理省区。由于省份在中国治理中举足轻重的地位，作为各省行政首长的省长，担负着一省经济增长、社会发展与和谐稳定的重要职责，因此做好省长的选拔任用工作显得尤为重要。

新中国成立伊始，各省省长基本是由久经战争考验的革命家担任；党的十一届三中全会以来，随着“四化”方针的提出和一系列党政领导干部改革的文件密集出台，我国党政领导干部队伍建设逐步走上了规范化、制度化的轨道；20世纪八九十年代，为适应社会主义经济建设与市场化改革的需要，“工程师省长”开始崭露头角；20世纪90年代末21世纪初，随着党政领导干部选拔任用工作的日益完善与正规化，“文科省长”大规模走上政治舞台；2019年《党政领导干部选拔任用工作条例》重新修订，为新时代做好领导干部选拔任用工作提供了基本遵循，在此指导下，我国新一轮省长选任工作呈现出新的特征。

二、从新中国成立到新时代：大国省长选任的时代特征

本章将我国省长群体选拔任用的历史分成了六个阶段，通过资料收集与数据编码，分别对每一阶段的省长简历信息进行描述性统计，得出了不同阶段我国省长选拔任用的时代特征。

（一）新中国成立初期的省长选任特征：“政委治国”和“将军治国”

新中国成立伊始，百废待兴，旧政权全面瓦解，新政权需要大量的领导干部补充到各级政府中。在我党长时期的革命斗争和战争历程中，涌现出了一大批优秀的军事将领和政工干部，他们为革命作出了巨大贡献，缔造了新中国。因此，新中国成立初期我国各级政府的领导干部，自然是由经历过革命与战火考验的新中国缔造者担任。新中国成立初期的省长，大多就是这些革命者中的佼佼者。另外，在解放战争中，一些原国民政府高级领导干部弃暗投明，促进了革命的早日胜利，作出了突出贡献。为了扩大统一战线，广泛团结各方，一些省份继续由原国民政府的干部担任省长。新中国成

立初期的省长选任呈现出明显的"政委治国"和"将军治国"特征。

1. 近半数为原籍省长

由表4-2可知，新中国成立初期的40个省长样本中，回原籍任职者有19人，占比48%，接近总体样本数量的一半。他们是曾任河北省人民政府主席的杨秀峰、曾任山西省人民政府主席的程子华与裴丽生、曾任内蒙古自治区政府主席的乌兰夫、曾任辽宁省长的杜者蘅、曾任黑龙江省人民政府主席的于毅夫、曾任福建省人民政府主席的张鼎丞、曾任江西省人民政府主席的邵式平、曾任河南省人民政府主席的吴芝圃、曾任湖北省人民政府主席的李先念、曾任湖南省人民政府主席的王首道与程潜、曾任广东省人民政府主席的叶剑英、曾任西藏自治区政府主席的阿沛·阿旺晋美、曾任陕西省人民政府主席的马明方与省长赵寿山、曾任甘肃省长的邓宝珊及曾任新疆省人民政府主席的包尔汉等。

表4-2　新中国成立初期省长选任的基本特征

基本特征	N	频次	极小值	极大值	均值	标准差
任职年龄（岁）	40		33	71	47.95	7.282
任期时长（年）	40		1	20.5	5.37	4.90455
原籍任职（是1否0）	40	19	0	1	0.48	0.506
性别（男1女0）	40	40	1	1	1	0
党龄（年）	37		0	30	20.32	6.218
55式军衔（有1无0）	40	8	0	1	0.2	0.405
本省工作经历（有1无0）	40	28	0	1	0.7	0.464
国民大革命（是1否0）	40	23	0	1	0.58	0.501
土地革命（是1否0）	40	31	0	1	0.77	0.423
抗日战争（是1否0）	40	38	0	1	0.95	0.221
解放战争（是1否0）	40	38	0	1	0.95	0.221
新中国成立前地方局（是1否0）	40	18	0	1	0.45	0.504
来源（军队1干部0）	40	22	0	1	0.55	0.504

注：根据笔者数据库整理。

2. 七成具有本省工作经历

根据表4-2，新中国成立初期的省长具有本省任职经历者比例高达70%，他们或是长期在省内进行革命斗争，或是解放战争中随军南下留任并升任省长。他们担任一省之长，对本省情况较为熟悉，可尽快打开局面开展建设工作。

3. 过半数属于军事将领

分析表4-2可知，40个省长样本中有55%是军队将领出身，20%在1955年的授衔中获得军衔。其中，元帅军衔获得者包括曾任北平（北京）市长的聂荣臻、曾任上海市长的陈毅、曾任广东省人民政府主席的叶剑英；大将军衔获得者包括曾任云南省人民政府主席的陈赓、曾任广西省人民政府主席的张云逸；上将军衔获得者包括曾任贵州省人民政府主席的杨勇、曾任内蒙古自治区政府主席的乌兰夫；中将军衔获得者包括曾任西藏自治区政府主席的阿沛·阿旺晋美。

4. 革命经历丰富

由表4-2可知，在新中国成立初期40个省长样本中有37名共产党员，最早入党时间为1922年，担任省长时有30年党龄。在样本选定年份，任职平均党龄为20.32年。非共产党员有3名，1位是曾任西藏自治区政府主席的阿沛·阿旺晋美，属于无党派人士，另2位分别是曾任湖南省长的程潜与曾任甘肃省长的邓宝珊。至于革命经历，有近六成省长经历过国民大革命，近八成经历过土地革命，九成以上经历过抗日战争与解放战争；此外，45%的省长在新中国成立前具有地方局任职经历。

5. 任职时年富力强

根据表4-2，新中国成立初期40位省长中任职时最年轻的才33岁，最年老的为71岁，平均年龄为47.95岁。此时的省长整体而言较为年轻，年富力强，精力旺盛。任期方面，最短的为1年，时间最长的达到20.5年，不同省份之间差距较大。平均而言，新中国成立初期40名省长平均任期时长为5.37年。

6. 以汉族男性为主

表4-3　新中国成立初期省长的民族分布

民族类型	频次	百分比（%）
汉族	37	92.5
维吾尔族	1	2.5
蒙古族	1	2.5
藏族	1	2.5
合计	40	100

分析40位省长样本的性别可知，新中国成立初期所有省长皆为男性（见表4-2）。民族方面，其中37位为汉族，占比九成以上（见表4-3）；只有3位为少数民族，曾任内蒙古自治区政府主席的乌兰夫为蒙古族，曾任新疆省人民政府主席的包尔汉为维吾尔族，曾任西藏自治区政府主席的阿沛·阿旺晋美为藏族，3个省份皆为少数民族聚居地，并且先后成立了自治区。

7. 华中、西北、华东居多

表4-4　新中国成立初期省长的籍贯分布[①]

地区	合计（位）	省份（自治区）	频次	百分比（%）	累计百分比（%）
华中	10	湖南	8	20.0	20.0
		河南	1	2.5	22.5
		湖北	1	2.5	25.0
西北	8	陕西	5	12.5	37.5
		甘肃	2	5.0	42.5
		新疆	1	2.5	45.0

① 本章采用七大地理分区，分别为华东、华北、华中、华南、西南、西北、东北。

续表

地区	合计（位）	省份（自治区）	频次	百分比（%）	累计百分比（%）
华东	7	江西	3	7.5	52.5
		浙江	2	5.0	57.5
		福建	1	2.5	60.0
		山东	1	2.5	62.5
华北	6	山西	3	7.5	70.0
		河北	2	5.0	75.0
		内蒙古	1	2.5	77.5
东北	4	辽宁	3	7.5	85.0
		黑龙江	1	2.5	87.5
西南	3	四川	2	5.0	92.5
		西藏	1	2.5	95.0
华南	2	广东	2	5.0	100.0
合计	40		40	100.0	

由表4–4可知，在新中国成立初期的40个省长样本中，华中地区产出了10位省长，其中仅湖南一省就产出了8位省长，占据总样本数的1/5。西北地区紧随其后，产出了8位省长。接下来依次是华东（7位）、华北（6位）、东北（4位）、西南（3位）、华南（2位）。按省份排列，湖南（8位）、陕西（5位）两省成为新中国成立初期省长的高产地。

8. 学历水平参差不齐

考察新中国成立初期省长的学历水平，如图4–1所示，近四成具有大学学历，军校学历占比超过1/4，而中学及中学以下学历者占据三成左右。其中，有5人有中央党校学习经历；有9人具有国外留学经历，留学国家包括苏联、法国、德国和日本。（见表4–5）可见，新中国成立初期的省长中不乏高学历人才，但是也有不少低学历者，总体而言学历水平参差不齐。

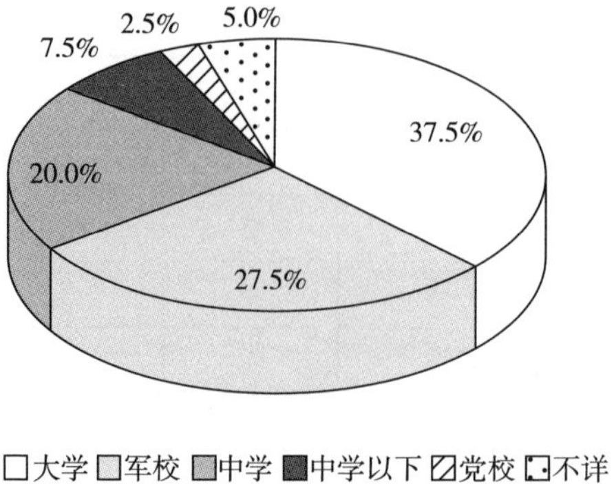

图4–1 新中国成立初期省长的学历分布

表4–5 新中国成立初期省长的党校、留学经历

经历	频次	明细		百分比（%）
中央党校学习经历	5	邵式平、康生、李井泉、张鼎丞、赵德尊		12.5
留学经历	9	聂荣臻	法国、苏联	22.5
		杨秀峰	法国	
		乌兰夫	苏联	
		陈毅	法国	
		叶剑英	苏联	
		马明方	苏联	
		潘自力	苏联	
		包尔汉	德国	
		程潜	日本	

9. 发展道路多元化

新中国成立初期，40位省长样本中成为中央委员（含候补委员）的有14人，占比35%；有12人为中共中央政治局委员，占比30%；有7人为各地方局委员，占比17.5%。新中国成立初期省长的后续发展道路也呈现出多样化、多渠道特征，发展路径包括中央部委、全国政协、中共中央、全国人大、军队、中央军委、高校、法院、检察院、驻外大使等。其中曾任湖北省人民政府主席的李先念后来做到了国家主席，曾任内蒙古自治区政府主席的乌兰夫做到了国家副主席，聂荣臻担任过国务院副总理的职位。（见表4–6）

表4-6　新中国成立初期省长的发展道路

发展道路	N	频次	百分比（%）
全国政协	40	15	38
中央委员（含候补委员）	40	14	35
中共中央	40	14	35
中央部委（是1否0）	40	14	35
中共中央政治局委员	40	12	30
全国人大	40	12	30
中央顾问委员会	40	9	23
新中国成立后地方局委员	40	7	18
军队	40	6	15
高校	40	5	13
中央军委	40	5	13
国务院副总理	40	2	5
国家（副）主席	40	2	5
检察院	40	1	3
法院	40	1	3
驻外大使	40	1	3

（二）20世纪五六十年代的省长选任特征：减少调动，连任居多

20世纪五六十年代，为适应经济发展和社会主义建设要求，改革党政领导干部选拔培养制度、提高领导干部队伍素质势在必行。1957年党中央颁发了《关于今后干部工作方法的通知》，要求领导干部工作专业化，避免不必要的调动，以便在相当长时期的工作中积累经验，增加知识。同时，中央提出了“又红又专”的党政领导干部选拔任用标准，一方面反对“空头政治家”，另一方面反对迷失方向的“实际家”，旨在实现政治建设与经济发展的协调统一。这一阶段的省长选拔任用也呈现出

新的特征。

1. 任职年龄增大，任职时间延长

由表4–7可知，20世纪五六十年代的省长样本中任职时最年轻的43岁，最年长的81岁，平均任职年龄为54.21岁，与新中国成立初期的47.95岁相比提高了6.26岁。任期时长最短的1.42年，最长的20.67年，平均任期时长为9.94年，与新中国成立初期相比延长了近5年。其中多人具有10年以上任职经历，比如曾任广西壮族自治区政府主席的韦国清、曾任内蒙古自治区政府主席的乌兰夫，两人任期均超过20年；此外曾任湖南省人民政府主席的程潜、曾任甘肃省长的邓宝珊、曾任江西省人民政府主席的邵式平、曾任吉林省长的栗又文、曾任北京市长的彭真、曾任河南省人民政府主席的吴芝圃、曾任安徽省长的黄岩、曾任新疆维吾尔自治区政府主席的赛福鼎·艾则孜、曾任四川省长的李大章、曾任江苏省长的惠浴宇、曾任广东省长的陈郁、曾任贵州省长的周林等均在省长岗位上工作了10年以上。

表4–7　20世纪五六十年代省长的基本特征

基本特征	N	极小值	极大值	均值	标准差
任职年龄（岁）	56	43	81	54.21	7.773
任期时长（年）	56	1.42	20.67	9.94	5.55129
原籍任职（是1否0）	56	0	1	0.59	0.496
性别（男1女0）	56	1	1	1.00	0.00
本省工作经历（有1无0）	56	0	1	0.73	0.447

注：根据笔者数据库整理。

2. 连任与本地晋升成为主要渠道

由表4–8可知，在这一时期的56个省长样本中，有44.6%的样本来源于连任，有1/3左右来源于本地晋升，二者成为省长主要晋升渠道，累计占比近八成。根据数据库统计资料，曾任北京市长的彭真、曾任甘肃省长的邓宝珊、曾任湖南省长的程潜、曾任吉林省长的栗又文、曾任江西省人

民政府主席的邵式平、曾任内蒙古自治区政府主席的乌兰夫均连任三届，曾任安徽省长的黄岩、曾任广东省长的陈郁、曾任广西壮族自治区政府主席的韦国清、曾任贵州省长的周林、曾任江苏省长的惠浴宇、曾任山西省长的卫恒、曾任四川省长的李大章、曾任新疆维吾尔自治区政府主席的赛福鼎·艾则孜、曾任浙江省长的霍士廉等人均连任了两届。除连任与本地晋升之外，“中央空降”、地方局调任、他省调任、援越顾问团等渠道也成为本时期的省长来源。

表4–8　20世纪五六十年代省长的晋升渠道

晋升渠道	频次	百分比（%）	累积百分比（%）
连任	25	44.6	44.6
省内晋升	19	33.9	78.6
“中央空降”	5	8.9	87.5
地方局调任	2	3.6	91.1
他省调任	3	5.4	96.4
援越顾问团	2	3.6	100.0
合计	56	100.0	

注：根据笔者数据库整理。

3. 革命经历与学历并重

由表4–9可知，56个省长样本中绝大多数具有丰富的革命经历，其中党龄最长者有41年党龄，平均29.61年。这一时期，36%的省长经历过国民大革命，八成以上经历过土地革命，九成以上有抗日战争与解放战争经历；此外，三成左右具有新中国成立前地方局工作经历。在学历方面，35.7%具有大学学历，约90%具有师范及中学以上学历。（见图4–2）其中超1/4具有国外留学经历，超1/6具有中央党校培训经历。（见表4–10）由此分析，本时期的省长选拔任用在重视革命经历的同时，对学历水平也提出了较高的要求。

表4-9　20世纪五六十年代省长的革命经历

革命经历	N	极小值	极大值	均值	标准差
党龄（年）	51	9	41	29.61	6.624
55式军衔（有1无0）	56	0	1	0.16	0.371
国民大革命（是1否0）	56	0	1	0.36	0.483
土地革命（是1否0）	56	0	1	0.84	0.371
抗日战争（是1否0）	56	0	1	0.96	0.187
解放战争（是1否0）	56	0	1	0.95	0.227
新中国成立前地方局（是1否0）	56	0	1	0.30	0.464

注：根据笔者数据库整理。

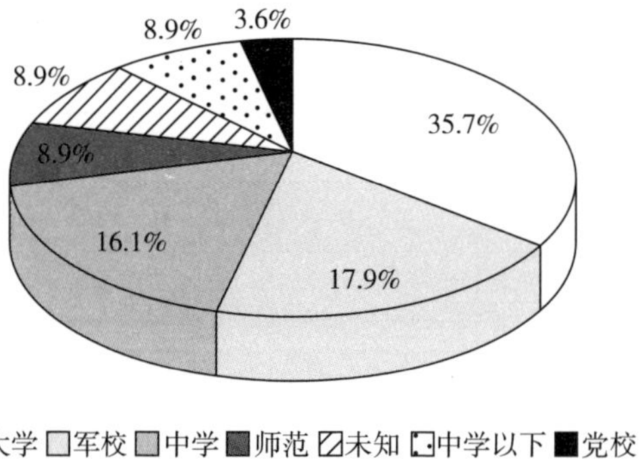

图4-2　20世纪五六十年代省长的学历分布

表4-10　20世纪五六十年代省长的党校与留学经历

经历	N	频次	百分比（%）
中央党校经历	56	10	17.9
留学经历	56	15	26.8

4. 重视多省份工作经历

由表4-11可知，本时期的56个省长样本中，在上任之前具有多省工作经验者占据整体的半数以上，整体而言具备较为丰富的多省任职经验。其中袁任远在上任青海省长之前具有5省工作经验，四川原省长李大章、宁夏回族自治区政府原主席刘格平、上海原市长柯庆施上任之前均在4个不同省份工作过，吉林原省长栗又文、辽宁原省长黄欧东、山东原省长谭启龙等均有3个省份工作经历。

表4–11 20世纪五六十年代省长的其他省份工作经历

省份数量	频次	百分比（%）	累积百分比（%）
1	14	25.0	25.0
2	7	12.5	37.5
3	4	7.1	44.6
4	4	7.1	51.7
5	1	1.8	53.6
0	26	46.4	100.0
合计	56	100.0	

5. 自治区主席首次全部由少数民族人员担任

内蒙古（1947年）、新疆（1955年）、广西（1958年）、宁夏（1958年）、西藏（1965年）5个少数民族自治区陆续成立，在20世纪五六十年代各自治区政府主席均由该自治区的少数民族人员担任。除5个自治区外的其他省份省长和直辖市市长均由汉族男性担任（见表4–12）。

表4–12 20世纪五六十年代省长（市长、自治区主席）的民族分布

民族类型	频次	百分比（%）	累积百分比（%）
汉族	47	83.9	83.9
回族	2	3.6	87.5
蒙古族	2	3.6	91.1
维吾尔族	2	3.6	94.6
壮族	2	3.6	98.2
藏族	1	1.8	100.0
合计	56	100.0	

（三）20世纪80年代的省长选任特征：干部“四化”，废除终身制

为选拔头脑灵活、视野开阔、年富力强的高素质人才，1980年中央工

作会议首次完整提出干部“革命化、年轻化、知识化、专业化”的选拔任用标准，并在《党和国家领导制度的改革》与《中共中央关于建立老干部退休制度的决定》等文件中提出逐步废除领导干部职务终身制，建立干部离退休制度。随后，党的十二大召开，干部队伍建设“四化”标准被载入党章，成为新时期党政领导干部队伍建设的总方针。这一时期的省长选任表现出新的特征，如表4–13所示。

表4–13　20世纪80年代省长的基本特征

基本特征	N	极小值	极大值	均值	标准差
任职年龄（岁）	58	44	69	56.36	6.181
任期时长（年）	58	1.08	12.42	5.05	2.88
党龄（年）	57	14	52	36.42	8.36
性别（男1女0）	58	0	1	0.97	0.184
本省籍贯（是1否0）	58	0	1	0.48	0.504
“文革”迫害（是1否0）	58	0	1	0.57	0.500
劳动锻炼（是1否0）	58	0	1	0.21	0.409
有无职称（是1否0）	58	0	1	0.21	0.409
本省经历（是1否0）	58	0	1	0.67	0.473
副部级干部年龄（岁）	57	34	61	48.86	6.805

注：根据笔者数据库整理。

1. 省长群体年轻化，“老中青”相结合

在这一阶段，时任省长群体任职年龄平均为56.36岁，成为副部级干部时平均年龄仅为48.86岁，呈现年轻化特征。（见表4–13）这一时期，最年轻的是1988年任辽宁省长的李长春和任广西壮族自治区政府主席的李兆焯，两人皆是44岁。此外，这一阶段的省长群体呈现出年龄结构梯级分布特征：50~59岁的省长数量最多，占比超过半数：40~49岁的省长占比15.5%：60岁以上的约占1/3。（见表4–14）省长群体年龄结构的“老中青”梯级分布有利于培养后备领导人才。

表4–14　20世纪80年代省长的年龄分布

年龄段	频次	百分比（%）
40~49岁	9	15.5
50~59岁	30	51.7
60岁以上	19	32.8
合计	58	100.0

2. 首次出现女省长

自新中国成立以来直到20世纪70年代末，我国所有的省长皆为男性，直到1983年江苏省长顾秀莲上任，我国才有了第一位女性省长。在这10年间，我国党政领导干部制度开始改革，尽管女省长的比例不高，但也意味着我国更加重视女性高级领导干部，党政领导干部选拔任用朝着更加科学化、正规化的道路前进。

3. 整体素质大幅度提高

由表4–15可知，这一时期的省长群体近七成为大专及以上学历，首次出现硕士学历省长，整体素质大幅度提高。其中拥有本科及以上学历者占比六成以上，有2位为硕士研究生学历，分别为江苏原省长顾秀莲与江西原省长吴官正，前者毕业于中央党校经济专业，后者是清华大学动力系热工测量及自动控制专业硕士。此外，3位省长有海外学习经历，均留学于苏联，分别为吉林原省长何竹康、四川原省长张皓若，以及甘肃原省长贾志杰，所学专业包括国民经济计划、石油化工机械制造等。

表4–15　20世纪80年代省长的学历分布

学历	频次	百分比（%）	累积百分比（%）
硕士研究生	2	3.5	5.2
本科	33	57.9	62.1
大专	4	7.0	69
高中	6	10.5	79.3
军校	2	3.5	82.7

续表

学历	频次	百分比（%）	累积百分比（%）
中学及以下	5	8.8	91.3
不详	5	8.8	100.0
合计	57	100.0	

4. 两成以上拥有技术职称

改革开放后，各项制度改革逐步走上正轨，“四化”之一的“专业化”要求使得技术职称成为领导干部选拔任用的重要影响因素。由表4–16可知，这一时期的省长群体中两成以上拥有技术职称，其中山西原省长王森浩、云南原省长和志强拥有教授级高级工程师职称，西藏自治区政府原主席多杰才旦为研究员、博士生导师，此外各有3人分别拥有高级工程师、工程师和高级经济师职称。

表4–16　20世纪80年代省长的职称统计

职称	频次	百分比（%）	累积百分比（%）
教授级高级工程师	2	4.9	4.9
高级工程师	1	4.9	14.7
工程师	1	4.9	19.6
高级经济师	1	4.9	9.8
研究员、博士生导师	1	1.6	21.3
无职称	48	78.7	100.0
合计	61	100.0	

5. 特色任职经历：秘书第一、国企第二、群团第三

秘书工作不仅涉及内容广泛，而且要求具备专业性，如高水平的政策理解、文字处理和理论应用能力；国企干部在激烈的市场竞争中，既有较强的效率、效益、效能意识，又有服务大局观念；共青团、青联、工会等组织密切联系青年、群众，是政府的后备力量。由表4–17可知，在这一阶段58个省长样本的特色任职经历中，约1/3做过秘书，三成以上有过国企

经历，两成以上来源于团委、工会、青联等群团组织。

表4–17　20世纪80年代省长的特色任职经历

任职经历	N	极小值	极大值	均值	标准差
秘书	58	0	1	0.33	0.473
国企	58	0	1	0.31	0.467
团委	58	0	1	0.19	0.395
工会	58	0	1	0.05	0.223
青联	58	0	1	0.03	0.184
组织部	58	0	1	0.10	0.307
高校	58	0	1	0.03	0.184
学生干部	58	0	1	0.03	0.184

6. 革命出身者过半

根据表4–18，新中国成立到改革开放之初的10年间，58个省长样本中超过半数省长是新中国成立前参加革命、新中国成立后在政府各级岗位上逐步锻炼起来的领导干部。新中国成立后经过选拔进入政府并逐步走上领导岗位的省长占比1/4左右。此外，超过两成的省长首任工作是国企技术人员和研究所技术员，分别占比19.0% 和1.7%。

表4–18　20世纪80年代省长的首任工作

首任工作	频次	百分比（%）	累积百分比（%）
参加革命	32	55.2	55.2
公务员	14	24.1	79.3
国企技术人员	11	19.0	98.3
研究所技术员	1	1.7	100.0
合计	58	100.0	

7. 六成以上为本省副职晋升

一般而言，政策具有渐进性，省长由省内副职晋升使政策长期贯彻执行得到有效保证。由表4–19可见，这一时期的58个省长样本中，六成以上的省长来源于本省省委副书记或副省长。其中，28人是由本省党委副书记晋升，占比48.3%；10人来源于本省副省长，占比17.2%，两者合计65.5%。此外，连任、“中央空降”、他省省委副书记晋升、他省副省长晋升、他省省长调任等途径也占一席之地。

表4–19　20世纪80年代省长的晋升渠道

晋升渠道	频次	百分比（%）	累积百分比（%）
本省省委副书记	28	48.3	48.3
本省副省长	10	17.2	65.5
连任	8	13.8	79.3
“中央空降”	6	10.3	89.7
他省省委副书记	2	3.4	93.1
本省第一省委书记兼任	1	1.7	94.8
他省副省长	1	1.7	96.6
他省顾问委员会副主任	1	1.7	98.3
他省省长调任	1	1.7	100.0
合计	58	100.0	

（四）20世纪90年代的省长选任特征：企业出身多，“工程师治国”

20世纪90年代，在建设社会主义市场经济体制的活跃氛围中，以党的十四届四中全会召开为标志，提出了“扩大民主，完善考核，推进交流，加强监管，逐步形成优秀人才能够脱颖而出、富有生机与活力的用人机制”的干部队伍建设总目标。在总结之前党政领导干部制度改革经验的基础上，党中央于1995年印发了《党政领导干部选拔任用工作暂行条例》，党政领导干部选拔任用工作开始走上规范化、制度化的轨道。党的十五大召开后，进一步明确要求加快党政领导干部制度改革步伐，促使各方面优秀人才脱颖而出。在这一阶段，省长选任表现出突出的时代特征。

1. 四成省长具有多省工作经验

多系统、多地域的任职经历能够使省长拥有更丰富的阅历和更广阔的思路。根据表4–20，这一阶段的61个省长样本中，将近四成具有1省以上的工作经历，有着较为丰富的多省任职经验。其中，陈士能在担任贵州省长之前，在上海、四川、陕西3个不同省份工作过；北京原市长贾庆林、江苏原省长郑斯林、安徽原省长回良玉、青海原省长田成平等5人任职之前均有2省不同工作经历；此外，18人任职之前至少有其他1省任职经历。

表4–20　20世纪90年代省长的多省工作经历

任职省数	频次	百分比（%）	累积百分比（%）
1	18	29.5	29.5
2	5	8.2	37.7
3	1	1.6	39.3
0	37	60.7	100.0
合计	61	100.0	

2. 少数民族省长比例提高

党政领导干部选拔任用制度改革之后，国家有意识地选拔一批少数民族人员担任高级领导干部。根据表4–21，这一时期的61个省长样本中，少数民族省长比例首次突破20%，相较前期比例有所提高。除新疆、西藏、内蒙古、广西、宁夏5个自治区政府主席均由少数民族人员担任外，安徽原省长回良玉（回族）、湖南原省长杨正午（土家族）、云南原省长和志强（纳西族）等均是少数民族干部。

表4–21　20世纪90年代省长的民族类型分布

民族类型	频次	百分比（%）	累积百分比（%）
少数民族省长	14	23.0	23.0
汉族省长	47	77.0	100.0
合计	61	100.0	

3. 九成以上省长拥有大专及以上学历

20世纪90年代“四化”改革进一步推进，省长群体的知识化、专业化程度进一步提高。由表4–22可知，在这一阶段，有5人拥有硕士研究生学历，如山西原省长胡富国取得中国矿业大学在职硕士学位，江西原省长吴官正、四川原省长宋宝瑞、广东原省长卢瑞华分别毕业于清华大学动力系热工测量及自动控制专业、清华大学冶金系、中山大学物理系分子光谱专业。3位省长均是本硕连读之后参加工作，后来官至一省之长。此外，这一时期的61个省长样本中，拥有大学本科学历者40人，占比65.6%；拥有大专学历者12人，占比近两成。整体而言，拥有硕士、本科、大专学历者合计占比九成以上。

表4–22　20世纪90年代省长的学历分布

学历	频次	百分比（%）	累积百分比（%）
硕士研究生	5	8.2	8.2
本科	40	65.6	73.8
大专	12	19.7	93.5
高中	1	1.6	95.1
不详	3	4.9	100.0
合计	61	100.0	

4. 名牌大学毕业生多

由表4–23可知，这一阶段61个省长样本，不仅学历水平进一步提高，而且四成以上毕业于名牌大学。其中，毕业于清华大学者最多，占比11.5%；此外各有3人毕业于上海交通大学和重庆大学，2人毕业于中央民族大学；毕业于北京航空航天大学、北京化工大学、北京师范大学、广西大学、哈尔滨工业大学、太原理工大学、天津大学、郑州大学、中国人民大学、中山大学等高校各有1名。

表4–23　20世纪90年代省长的毕业学校统计

毕业学校	频次	百分比（%）	累积百分比（%）
清华大学	7	11.5	11.5
上海交通大学	3	4.9	16.4
重庆大学	3	4.9	21.3
中央民族大学	2	3.3	24.6
北京航空航天大学	1	1.6	26.2
北京化工大学	1	1.6	27.8
北京师范大学	1	1.6	29.4
广西大学	1	1.6	31.0
哈尔滨工业大学	1	1.6	32.6
太原理工大学	1	1.6	34.2
天津大学	1	1.6	35.8
郑州大学	1	1.6	37.4
中国人民大学	1	1.6	39.0
中山大学	1	1.6	41.0
其他	36	59.0	100.0
合计	61	100.0	

5. 理工专业为主，工程师比重高

根据表4–24、4–25可知，这一阶段的省长群体中理工专业出身者居多，占据七成以上，所学专业包括船舶动力机械、动力系热工测量及自动控制、电机、冶金、地质等；历史、经济、管理等人文社科专业出身的省长较少，占比不到一成。根据可知，拥有技术职称者占比接近一半，26人拥有工程师及以上职称，其中黑龙江原省长邵奇惠、云南原省长和志强等拥有教授级高级工程师职称，11人拥有高级工程师职称。此外，这一阶段的省长群体中，教授、经济师、中国工程院院士等职称拥有者也占据一席之地。

表4–24　20世纪90年代省长的专业类型统计

专业类型	频次	百分比（%）	有效百分比（%）	累积百分比（%）
理工	43	70.5	70.5	70.5

续表

专业类型	频次	百分比（%）	有效百分比（%）	累积百分比（%）
人文社科	6	9.8	9.8	80.3
其他	12	19.7	19.7	100.0
合计	61	100.0	100.0	

表4–25　20世纪90年代省长的职称统计

职称	频次	百分比（%）	累积百分比（%）
工程师	12	19.7	19.7
高级工程师	11	18.0	36.1
教授级高级工程师	2	3.3	41.0
兼职教授	2	3.3	44.3
中国工程院院士、教授	1	1.6	45.9
高级工程师、教授	1	1.6	47.5
经济师	1	1.6	49.2
其他	31	50.8	100.0
合计	61	100.0	

6. 国企出身人才受到重用

党的十四大之后，我国确立了建设社会主义市场经济体制的目标，熟知市场运行规律的企业人才得到进一步重视。考察这一阶段省长群体的首任工作，37.7% 出身于国有企业，比重高于基层公务员（占比32.8%）。此外，这一阶段省长的成长路径也呈现出多样化特征，除国企和基层公务员外，部委公务员、军队、革命干部、教员、中学教师、小学教师等都有可能晋升成为省长。（见表4–26）

表4–26　20世纪90年代省长的首任工作

首任工作	频次	百分比（%）	累积百分比（%）
国企员工	23	37.7	37.7
基层公务员	20	32.8	70.5
研究员	5	8.2	78.7
高校教师	5	8.2	86.9

续表

首任工作	频次	百分比（%）	累积百分比（%）
教员	2	3.3	90.2
部委公务员	1	1.6	91.8
高校共青团	1	1.6	93.4
革命干部	1	1.6	95.0
军队人员	1	1.6	96.7
小学教师	1	1.6	98.4
中学教师	1	1.6	100.0
合计	61	100.0	

7. 特色任职经历：国企第一、团委第二、秘书第三

由表4-27可知，这一阶段有过国企任职经历的省长比例最高，占比54%，超过整体样本的一半。有过团委、秘书任职经历的省长，分别占比25%和23%位列第二、第三位。此外，这一时期有组织部任职经历的省长占比20%，有中央部委任职经历的省长占比15%，有高校或研究院任职经历的省长占比18%，有学生干部工作经历的省长也占据一定比例。

表4-27　20世纪90年代省长的特色任职经历

经历	N	极小值	极大值	均值	标准差
国企	61	0	1	0.54	0.502
团委	61	0	1	0.25	0.434
秘书	61	0	1	0.23	0.424
组织部	61	0	1	0.20	0.401
中央部委	61	0	1	0.15	0.358
高校 / 研究院	61	0	1	0.18	0.388
学生干部	61	0	1	0.02	0.128
本省工作	61	0	1	0.74	0.444
任前中央委员	61	0	1	0.80	0.401
增补中央委员	61	0	1	0.13	0.340
中共中央政治局	61	0	1	0.10	0.300

（五）21世纪初的省长选任特征：异地交流，优化结构

在重返世界贸易组织、全方位与国际接轨的背景下，党的十六大进一步明确党政领导干部制度改革目标，领导干部队伍建设朝着科学化、民主化、制度化的方向前进。与此同时，制定颁发了一系列具体条例与法规：《党政领导干部选拔任用工作条例》明确了选人用人机制，有利于挑选优秀人才；《中华人民共和国公务员法》以法律形式为公务员干部选拔任用工作提供了基本遵循；《党政领导干部交流工作规定》在推进干部交流工作，优化领导班子结构，提高领导干部的素质和能力等方面发挥了重要作用；《党政领导干部选拔任用工作有关事项报告办法（试行）》进一步规范了领导干部选拔任用行为，有利于防止和纠正选人用人的不正之风。这一时期的省长选任表现出不同以往的时代特征，具体包括以下7个方面。

1. 籍贯地任职比例减少，异地交流经历增加

1999年《党政领导干部交流工作暂行规定》颁发之后，领导干部在地区、部门之间的交流任职日益增加。由表4–28可知，这一时期的省长群体在籍贯地或出生地任职比例相较前期大幅度下降，本省籍贯占比37%，新中国成立以来首次跌破40%。另外，55%的省长在任职之前具有多省工作经历，与前一阶段相比大幅上升。追溯省长任职之前的二次来源，近两成是由他省调任，然后逐步晋升为省长。（见表4–29）

表4–28　21世纪初省长的基本特征

基本特征	N	极小值	极大值	均值	标准差
任职年龄（岁）	62	45	63	56.69	4.272
任期时长（年）	62	1.00	9.83	5.3424	2.01247
党龄（年）	62	20	43	31.08	5.357
性别（男1女0）	62	0	1	0.98	0.127
本省籍贯（是1否0）	62	0	1	0.37	0.487

续表

基本特征	N	极小值	极大值	均值	标准差
多省经验（有1无0）	62	0	1	0.55	0.502
副部年龄	62	34	56	46.44	4.755

注：根据笔者数据库整理。

表4-29　21世纪初省长的二次来源渠道

二次来源渠道	频次	百分比（%）	累积百分比（%）
他省调任	12	19.4	19.4
本省副书记、副省长	10	16.1	35.5
本省副省长	9	14.5	50.0
本省省委常委	9	14.5	64.5
本省副书记	8	12.9	77.4
中央部委	8	12.9	90.3
群团	5	8.1	98.4
中共中央	1	1.6	100.0
合计	62	100.0	

2. 特色任职经历：秘书第一、团委第二、国企第三

考察这一时期的省长群体样本（见表4-30），可以发现秘书、团委和国企为三大特色任职经历，分别占比53%、44%、39%。与前一阶段相比，有过国企任职经历的省长比例下降；有过秘书任职经历的省长比例提升，首次超过总体样本的一半，占比53%。

表4-30　21世纪初省长的特色任职经历

任职经历	N	极小值	极大值	均值	标准差
秘书	62	0	1	0.53	0.503
团委	62	0	1	0.44	0.500
国企	62	0	1	0.39	0.491
组织部	62	0	1	0.26	0.441
中央部委	62	0	1	0.16	0.371
中央党委	62	0	1	0.06	0.248

续表

任职经历	N	极小值	极大值	均值	标准差
高校 / 研究院	62	0	1	0.15	0.355
学生干部	62	0	1	0.03	0.178
本省经历	62	0	1	0.85	0.355
任前中央委员	62	0	1	0.73	0.450
候增补中央委员	62	0	1	0.21	0.410
政治局	62	0	1	0.15	0.355

3. 学历普遍提高，在职硕士过半

由表4–31和表4–32可知，进入21世纪，我国省长的整体素质进一步提高。在这一阶段的62个样本中，93.6% 的省长具有大专及以上学历，其中85.5% 省长的第一学历为大学，8.1% 第一学历为大专。这一阶段的省长在职继续教育日渐成风，据统计，50% 以上取得在职硕士学位，毕业学校以中央党校数量最多，其他高校包括中国社会科学院、华东师范大学、南开大学、中国政法大学、清华大学、西南政法大学、中国人民大学、中南大学等知名学府。

表4–31　21世纪初省长的第一学历分布

第一学历	频次	百分比（%）	累积百分比（%）
大学	53	85.5	85.5
大专	5	8.1	93.6
不详	4	6.5	100.0
合计	62	100.0	

表4–32　21世纪初省长的硕士院校分布

硕士院校	频次	百分比（%）	累积百分比（%）
中央党校	19	30.6	30.6
中国社会科学院	3	4.8	35.4
华东师范大学	2	3.2	38.6
南开大学	2	3.2	41.8

续表

硕士院校	频次	百分比（%）	累积百分比（%）
中国政法大学	2	3.2	45.0
地方省委党校	1	1.6	46.6
清华大学	1	1.6	48.2
西南政法大学	1	1.6	49.8
中国人民大学	1	1.6	51.4
中南大学	1	1.6	53.0
无硕士学历	29	46.8	100.0
合计	62	100.0	

4. 理工专业减少，文科专业增多

由表4–33可知，随着我国党政领导干部制度日益规范化、专业化，这一阶段的省长人文社科专业出身者比例大幅增加，占据总体样本的50%，数量超过理工背景的省长。这一时期，中文、历史学、汉语言文学、哲学、管理学、经济学、政治学专业出身者得到青睐，“工程师治国”逐步转变为“文科治国”。

表4–33　21世纪初省长的专业分布

专业类型	频次	百分比（%）	累积百分比（%）
人文社科	31	50.0	50.0
理工	27	43.5	93.5
不详	4	6.5	100.0
合计	62	100.0	

5. 先代理后上任现象盛行

根据表4–34，考察这一阶段我国省长的晋升路径可以发现，超过七成的省长在上任之前都有过长短不一的代省长任职经历，“先代理后上任”现象盛行。此外，这一阶段，本省副职晋升、连任等路径也占据较大比例。

表4-34 21世纪初省长的晋升来源

晋升来源	频次	百分比（%）	累积百分比（%）
本省代省长	44	71.0	71.0
本省副书记、副省长	7	11.3	82.3
连任	6	9.7	91.9
本省副书记	2	3.2	95.2
他省省委书记	2	3.2	98.4
中国人民银行行长	1	1.6	100.0
合计	62	100.0	

6. 恢复高考后的大学生开始崭露头角

统计这一时期62个省长样本的学习经历可以发现，恢复高考之后入学的大学生开始在政坛上崭露头角。其中1978年入学的大学生占比最高，为17.7%，内蒙古自治区政府原主席巴特尔、山东原省长姜大明、湖北原省长李鸿忠、湖南原省长周强、广西壮族自治区政府原主席马飚、四川原省长张中伟和蒋巨峰、陕西原省长贾治邦、宁夏回族自治区政府原主席王正伟、新疆维吾尔自治区政府原主席努尔·白克力、海南原省长罗保铭等都是1978年进入大学。此外，陕西原省长袁纯清、青海原省长赵乐际等1977年就进入大学。这些人中有很大比例后来继续升迁，在更高职位上施展抱负、建功立业。（见表4-35）

表4-35 21世纪初省长的大学入学年份

入学年份	频次	百分比（%）	累积百分比（%）
1978	11	17.7	17.7
1977	3	4.8	22.5
1983	3	4.8	27.3
1979	2	3.2	30.5
1980	2	3.2	33.7
1982	1	1.6	35.3
1985	1	1.6	37.1
其他	39	62.9	100.0
合计	62	100.0	

7. 省委书记和全国人大任职去向近半

由表4–36可知，考察这一阶段省长群体的任职去向，发现晋升为本省省委书记仍是很多省长的政治追求，比例接近整体样本的1/4。与前期不同的是，进入中央部委的省长比例减少，由前一阶段的接近两成降到这一时期的12.9%，而进入全国人大的任职比例大幅上升，比例与本省省委书记相同，皆为24.2%。

表4–36　21世纪初省长的任职去向统计

任职去向	频次	百分比（%）	累积百分比（%）
本省省委书记	15	24.2	24.2
全国人大	15	24.2	48.4
中央部委	8	12.9	61.3
连任	6	9.7	71.0
他省省委书记	5	8.1	79.0
全国政协	4	6.5	85.5
国务院直属机构	3	4.8	90.3
中共中央	2	3.2	93.5
本省人大	1	1.6	95.2
国务院副总理	1	1.6	96.8
国务院直属事业单位	1	1.6	98.4
全国妇联	1	1.6	100.0
合计	62	100.0	

（六）党的十八大以来的省长选任特征：五湖四海，任人唯贤

为建设一支高素质的干部队伍，实现国家治理体系和治理能力现代化，党的十八大以来继续深化领导干部制度改革，重新修订《党政领导干部选拔任用工作条例》，着力打破体制壁垒，扫除身份障碍，完善党政机关、企事业单位、社会各方面人才顺畅流动的制度体系，五湖四海、任人唯贤，全方位拓宽选人用人视野和渠道。在这样的背景下，党的十八大以

来的省长选任表现出以下特征。

1. 八成省长非籍贯地任职

由表4–37可知，党的十八大以来在籍贯地任职的省长比例大幅减少，只占据总样本的21%，是新中国成立以来省长群体在本籍贯地任职最少的阶段。深入分析样本数据可知，在这一时期，5个自治区政府主席尽管是由本区内人数最多的少数民族人员担任，但是很大比例不是本籍贯地任职，例如2013年任内蒙古自治区政府主席的巴特尔来自辽宁、2018年任西藏自治区政府主席的齐扎拉来自云南、2018年任宁夏回族自治区政府主席的咸辉来自甘肃。此外，在这一时期，4个直辖市（北京、上海、天津、重庆）和一些经济大省（广东、山东、福建等省份）的省长均是由省外人士担任。

表4–37　党的十八大以来省长的基本特征

基本特征	N	极小值	极大值	均值	标准差
任职年龄（岁）	62	46	65	57.63	3.374
任期时长（年）	31	1.67	8.75	4.2955	1.62861
党龄（年）	61	21	43	34.05	5.005
副部年龄（岁）	62	33	56	46.26	4.848
性别（男1女0）	62	0	1	0.94	0.248
民族（汉1少0）	62	0	1	0.82	0.385
本省籍贯（是1否0）	62	0	1	0.21	0.410
国企领导（是1否0）	62	0	1	0.24	0.432
国企（是1否0）	62	0	1	0.42	0.497

注：根据笔者数据库整理。

2. 企业型、学者型省长占比高

党的十八大以来省长群体一大突出特征是企业型省长占比高，省长群体超过四成有企业工作经历，其中1/4左右的省长之前担任过大型央企、国企的董事长或总经理，有着丰富的企业管理经验。出身企业的省长在从政之后善于从经济视角考虑行政事务，有利于全面提升政府的行政效率和效能。例如，2013年任河北省长的张庆伟曾是中国航天科技集团公司总经理、党组书记，2013年任山西省长的李小鹏是中国华能集团公司总经理，2013年任上海市长的杨雄曾担任过上海联和投资有限公司总经理、上海市信息投资股份有限公司董事长、上海航空公司董事长。（见表4-38）

表4-38　党的十八大以来有国企领导任职经历的省长统计

省份	任职年份	省长 / 市长	央企、国企任职经历
北京	2013年	王安顺	吉林松辽天然气勘探开发总公司总经理、党委书记
河北	2013年	张庆伟	中国航天科技集团公司总经理、党组书记
山西	2013年	李小鹏	中国华能集团公司总经理、党组书记兼华能国际电力开发公司董事长
上海	2013年	杨雄	上海联和投资有限公司总经理、上海市信息投资股份有限公司董事长、上海航空公司董事长
山东	2013年	郭树清	中国建设银行董事长
陕西	2013年	娄勤俭	电子工业部第十五研究所所长兼太极计算机公司总经理、董事长
青海	2013年	郝鹏	中航工业兰州飞控仪器总厂厂长
重庆	2013年	黄奇帆	上海焦化厂副厂长
天津	2018年	张国清	中国北方工业公司党委书记、副总裁，中国兵器工业集团公司总经理、党组副书记
浙江	2018年	袁家军	中国航天科技集团副总经理
福建	2018年	唐登杰	中国兵器装备集团公司董事长
江西	2018年	刘奇	浙江省巨化集团公司董事长、党委书记
湖南	2018年	许达哲	中国航天科技集团公司董事长
广东	2018年	马兴瑞	中国航天科技集团公司总经理、党组书记

3. 学者型省长增多

党的十八大以来，省长群体的另一突出特征是学者型省长增多。根据表4-39和表4-40，这一阶段拥有各类职称的省长占据总体样本的50%，其中不仅包括高级工程师、高级经济师等技术类职称，还有接近20%的学术型职称，包括研究员、教授、博士生导师等。例如，2013年任河南省长的谢伏瞻是研究员职称、博士生导师，享受国务院政府特殊津贴。

表 4–39 党的十八大以来省长的职称统计

职称	频次	百分比（%）	累积百分比（%）
研究员	6	9.7	9.7
研究员、博士生导师	1	1.6	11.3
教授	2	3.2	14.5
教授、博士生导师	1	1.6	16.1
研究员、教授	1	1.6	17.7
副教授	1	1.6	19.3
教授级高级工程师	3	4.8	24.1
研究员级高级工程师	1	1.6	25.7
高级工程师	4	6.5	32.2
高级经济师、高级政工师	1	1.6	33.8
高级经济师	5	8.1	41.9
工程师	4	6.5	48.4
经济师	1	1.6	50.0
无职称	31	50.0	100.0
合计	62	100.0	

表 4–40 党的十八大以来部分省长的职称信息

省份	任职年份	姓名	职称
河南	2013年	谢伏瞻	研究员、博士生导师
广西	2013年	陈武	研究员
重庆	2013年	黄奇帆	研究员
北京	2018年	陈吉宁	教授
吉林	2018年	景俊海	教授
黑龙江	2018年	王文涛	副教授
浙江	2018年	袁家军	研究员
湖南	2018年	许达哲	研究员
广东	2018年	马兴瑞	教授、博士生导师
广西	2018年	陈武	研究员
贵州	2018年	谌贻琴	研究员
海南	2018年	沈晓明	研究员、教授

4.1/3为博士省长

由表4–41和表4–42可知，党的十八大以来的省长群体学历非常齐整，知识素质大幅度提高，最高学历全部为本科及以上水平。在62个省长样本中，93.6%的省长拥有硕士及以上学位，32.3%拥有博士学位。其中2013年5位省长（市长、自治区主席）有博士学位，分别为河北省长张庆伟、山东省长郭树清、云南省长李纪恒、陕西省长娄勤俭等；2018年拥有博士学位的省长进一步增加至15人，分别为北京市长陈吉宁、天津市长张国清、河北省长许勤、内蒙古自治区政府主席布小林、浙江省长袁家军、安徽省长李国英、江西省长刘奇、山东省长龚正、广东省长马兴瑞、四川省长尹力、云南省长阮成发、甘肃省长唐仁健、宁夏回族自治区政府主席咸辉、海南省长沈晓明、重庆市长唐良智等。其中，2018年任北京市长的陈吉宁学历最高，拥有英国帝国理工医学院博士后工作经历。此外，2013年任河南省长的谢伏瞻、2018年任北京市长的陈吉宁和任四川省长的尹力3人具有海外留学经历，留学院校分别为美国普林斯顿大学、英国帝国理工医学院、以及俄罗斯医学科学院。另外，这一时期16.1%的省长具有海外培训经历。

表4–41 党的十八大以来省长的最高学位分布

最高学位	频率	百分比（%）	累积百分比（%）
博士	20	32.3	32.3
硕士	38	61.3	93.6
学士	4	6.5	100.0
合计	62	100.0	

表4–42 党的十八大以来省长的海外学习经历

海外经历	N	频率	百分比（%）
海外留学经历	62	3	4.8
海外培训经历	62	10	16.1

5. 文科出身省长居多

根据表4–43，这一时期的省长群体所学专业以人文社科居多，在学士、硕士、博士不同层级的学位中，文科专业背景的省长均超过理工专业省长。其中，学士学位拥有者中，超过半数是人文社科专业出身，占比51.7%；理工专业不足一半，占比48.3%；硕士学位拥有者中，接近3/4的省长是人文社科专业出身，只有约1/4是理工专业背景；在博士学位拥有者中，七成省长所学专业是人文社科专业，只有三成学习的是理工专业。同时可以发现，相较大学的文理专业比例分布，省长在攻读硕士研究生时学习人文社科专业的比例更高，在攻读博士研究生时学习文科专业者比例同样高于大学阶段。

表4–43　党的十八大以来省长的专业分布

学位	频次 / 占比	人文社科	理工	合计
学士	频次	30	28	58
	百分比（%）	51.7	48.3	100.0
硕士	频次	40	14	54
	百分比（%）	74.1	25.9	100.0
博士	频次	14	6	20
	百分比（%）	70.0	30.0	100.0

6. 七成具有多省工作经验

根据表4–44，在这一阶段，省长上任之前有过其他省份工作经历的比例高达69.4%，接近整体样本的七成。在62个样本中，有1个省份的他省工作经历者最多，占比43.5%；有2个省份的他省工作经历者占比17.7%；有5人具有3到4个的他省工作经验。其中2018年任黑龙江省长的王文涛上任之前具有4省工作经验，此外2013年任江苏省长的李学勇，2018年任山西省长的楼阳生、任陕西省长的刘国中、任重庆市长的唐良智等4人上任之前均在3个不同省份工作过。

表4-44 党的十八大以来省长的多省工作经历

工作省数	频率	百分比（%）	累积百分比（%）
1	27	43.5	43.5
2	11	17.7	61.2
3	4	6.5	67.7
4	1	1.6	69.4
0	19	30.6	100.0
合计	62	100.0	

7. 交流任职比例较高

考察这一阶段的省长群体任职路径，由表4-45可知，85.6%的省长直接来源于本省省委副书记或常务副省长，他省调任或“中央空降”的省长比例均不足10%。但是追溯省长的二次来源可以发现，只有22.6%的省长是从省内副职晋升的，其余77.4%的省长均是从其他系统或地区调任的，其中“中央空降”占比三成左右，他省调任占据四成以上，此外还有4.8%的省长是从央企、国企的领导岗位上交流到地方政府任职的。可见，这一届的省长群体交流任职比例较高，多系统多部门工作经验丰富。引人注目的是，在他省调任的省长群体中，1.6%直接来源于东部沿海省份，深追二次来源可以发现，17.7%是从东部沿海省份交流任职到中西部地区的。

表4-45 党的十八大以来省长的晋升来源

直接来源	直接来源百分比（%）	二次来源	二次来源百分比（%）
本省副职晋升	85.6	“中央空降”	30.6
连任	4.8	本省副职晋升	22.6
他省调任	8.0	他省调任	42.0
东部沿海调任	1.6	东部沿海调任	17.7
“中央空降”	1.6	央企、国企领导调任	4.8
合计	100.0	合计	100.0

三、新中国成立70年来省长选任的变迁逻辑

在前一部分探究分析我国不同阶段省长选任的时代特征基础上，本部分纵向梳理了新中国成立70年来省长选任的变迁逻辑，并通过图表详细呈现。

（一）新中国成立后的前30年平均任职年龄逐步升高，后40年年轻化并趋于稳定

由图4–3和表4–46可知，我国省长的平均任职年龄在不同时代表现出明显差异，新中国成立70年以来的变迁逻辑明显：前30年省长的平均任职年龄逐步升高，后40年省长任职年龄年轻化并趋于稳定，并且集中在56~60岁。开国省长大多由革命干部或部队将领担任，时代背景特殊，任职时年富力强，平均年龄仅为47.17岁，是新中国历届省长中最年轻的一代。20世纪五六十年代，由于稳定领导干部的方针，部分省长长期连任，年纪最大者甚至达到81岁（1963年的时任湖南省长程潜）。“文化大革命”结束初期，一批老干部重返省长领导岗位时已经严重老龄化，平均年龄达到63.45岁。在这30年间，随着时间推移，省长群体任职年龄呈不断增长之势。改革开放后，《中共中央关于建立老干部退休制度的决定》出台，规定担任省政府省长的，一般不超过65岁，并将干部“四化”方针写入党章，我国省长群体开始逐步年轻化。1988年平均任职年龄降到55.47岁，之后平均任职年龄稳定在57岁左右。详细分析改革开放后40年间省长的年龄分布可以发现，大多数省长的年龄区间为56~60岁，几乎没有45岁以下的青年群体和65岁以上的老年群体。究其原因，可以从理论和实践两个层面进行分析。在理论层面，T–A理论解释了年龄与领导才能和社会期望两个因素之间的关系，程雄（1993）在研究中发现，年龄与领导才能正相

关，与社会期望反相关，领导干部的中年时期是领导才能社会期望的最佳结合点。在实践层面，原因主要包括三点：一是生活水平提升。随着我国居民寿命延长，以及延迟退休政策的出台，领导干部有效任职年龄增大。二是省长综合素质要求越来越高。工作经验与知识积累均需要时间，并且省长这一重要职务需要能够履行职责的良好身体素质，这就要求省长人选既不能过于年轻又不能严重老龄化。① 三是“破格提拔”愈趋严格。在领导干部后备人才严重不足的特殊时期，“破格提拔”是满足经济建设需要的时代产物，如今领导干部晋升逐步制度化、规范化，50岁以下走上省长岗位已经非常困难。

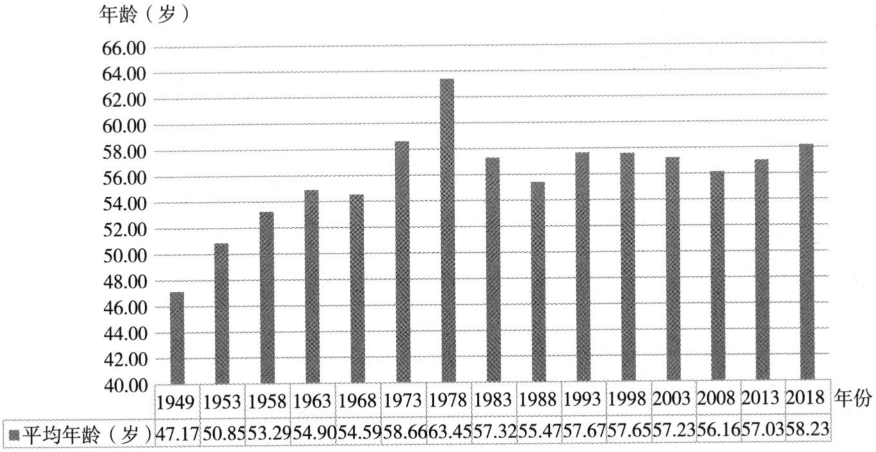

图4–3　新中国成立70年来省长的平均年龄分布图

① 祁凡骅，卢湘枚 . 地级市市长任用规律：从“十五大”到“十九大”：基于 GDP 百强市市长相关数据的研究 [J]. 国家行政学院学报，2018（5）：69–75，189.

表 4-46　新中国成立 70 年来省长的年龄段分布占比

（%）

年龄	1949年	1953年	1958年	1963年	1968年	1973年	1978年	1983年	1988年	1993年	1998年	2003年	2008年	2013年	2018年
40岁及以下	14	11	0	0	0	0	0	0	0	0	0	0	0	0	0
41~45岁	28	15	14	3	0	0	3	0	7	0	0	0	3	0	0
46~50岁	24	22	29	31	17	0	0	17	17	3	0	10	6	3	0
51~55岁	24	26	14	28	48	17	3	28	27	33	32	13	32	23	23
56~60岁	10	19	32	10	24	62	3	10	30	37	35	58	35	61	52
61~65岁	0	4	7	21	10	17	59	31	13	23	32	19	23	13	26
65岁以上	0	4	4	7	0	3	31	10	7	3	0	0	0	0	0
未知	0	0	0	0	0	0	0	3	0	0	0	0	0	0	0
合计	100	100	100	100	100	100	100	100	100	100	100	100	100	100	100

注：任职年龄为选定年份的省长年龄。

（二）新中国成立后的前30年省长平均党龄逐步升高，后40年规范化并趋于集中

党龄在很大程度上体现了一个人的党内资历和政治觉悟，是衡量党政领导干部革命化的重要指标。新中国成立以来，我国省长群体的平均党龄在不同阶段有所不同，表现出一定的变化趋势。观察图4–4可以发现，新中国成立70年来不同时代的省长群体平均党龄变化趋势与任职年龄变化趋势大体保持一致，前30年平均党龄逐步升高，后40年平均党龄有所下降并稳定在30至35年，趋于规范化。由图4–4可知，新中国成立初期的省长群体大多是党成立初期最早入党的一批革命家，担任省长时平均党龄介于20到25年。之后随着时间推移，早期入党的优秀领导人才陆续走上省长岗位，他们的平均党龄也随之增大。从新中国成立伊始平均党龄21.54年到“文化大革命”结束初期平均党龄43.59年，我国省长群体的平均党龄呈现出稳步增长的势头，30年间平均党龄增长了一倍。改革开放初期，党中央提出干部队伍建设“四化”方针，领导干部选拔任用在重视革命化的同时

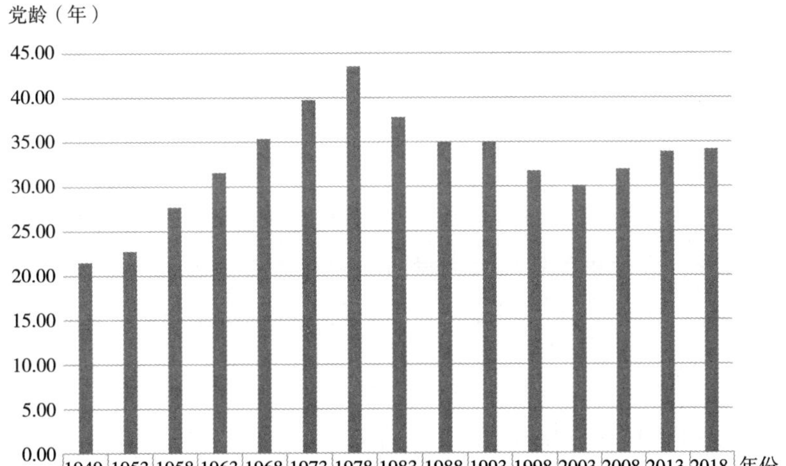

	1949	1953	1958	1963	1968	1973	1978	1983	1988	1993	1998	2003	2008	2013	2018
■ 平均党龄（年）	21.54	22.80	27.69	31.60	35.45	39.83	43.59	37.82	35.07	35.00	31.81	30.16	32.00	33.90	34.19

图4–4　新中国成立70年来省长的平均党龄分布

强调年轻化。这一阶段的省长群体平均年龄下降，平均党龄也同步下降，下降趋势一直延续到21世纪初，2003年以30.16年达到新时期省长群体平均党龄的最低点。之后随着领导干部选拔任用工作逐步规范化、制度化，省长群体平均党龄虽然有所反弹但基本稳定在33年左右，与1963年省长群体的平均党龄大体持平。

（三）知识化水平持续提升，硕士、博士比重增加

根据图4-5，综观新中国成立70多年来省长群体的学历水平可以发现，我国省长知识水平呈现逐步提高趋势，1998年之后所有省长全部达到大专及以上学历水平。分阶段来看，新中国成立初期到20世纪五六十年代的20年间，大专及本科学历者占比稳定在40%左右，军校出身的省长也占据一席之地，最高占到省长整体的1/3。改革开放后，随着干部队伍建设"四化"方针的提出，中央对省长队伍知识化、专业化的要求越来越高，省长群体学历水平大幅度提高，"军人省长"逐渐退出政治舞台，硕士、博士省长日益增多。1983年首次出现硕士省长，2008年硕士省长比例突破了整体的一半，达到61.3%；2013年首次出现博士学历省长，2018年博士省长已经占到整体的48.4%。省长群体知识水平大幅提升，究其原因，首先得益于改革开放后恢复高考，高校大幅度扩招，民众受教育程度普遍提高。其次归因于党中央大力推进的干部培训制度，例如《1983年—1990年全国干部培训规划》明确要求，在专业知识方面，到1985年，党政机关省部级领导班子成员要有一半以上具有大专水平；到1999年，省部级领导班子成员一般应具有大专以上文化水平。如图4-5所示，1983年的省长群体中48.2%具有大专及以上学历，1998年的省长群体中100%具有大专及以上学历，实现了《1983年—1990年全国干部培训规划》提出的要求。最后，得益于党政领导干部选拔任用制度改革，使省长录用的门槛不断提升。2002年7月，党中央印发的《党政领

导干部选拔任用工作条例》对领导干部的学历作出明确规定，提拔担任党政领导职务的，一般应当具有大学专科以上文化程度，其中地（厅）、司（局）级以上领导干部一般应当具有大学本科以上文化程度。2014年1月，重新修订的《党政领导干部选拔任用工作条例》延续了2002年的标准。由图4-5可知，2013年之后我国省长知识水平全部达到本科及以上，完全满足了《党政领导干部选拔任用工作条例》对省长群体提出的学历要求。

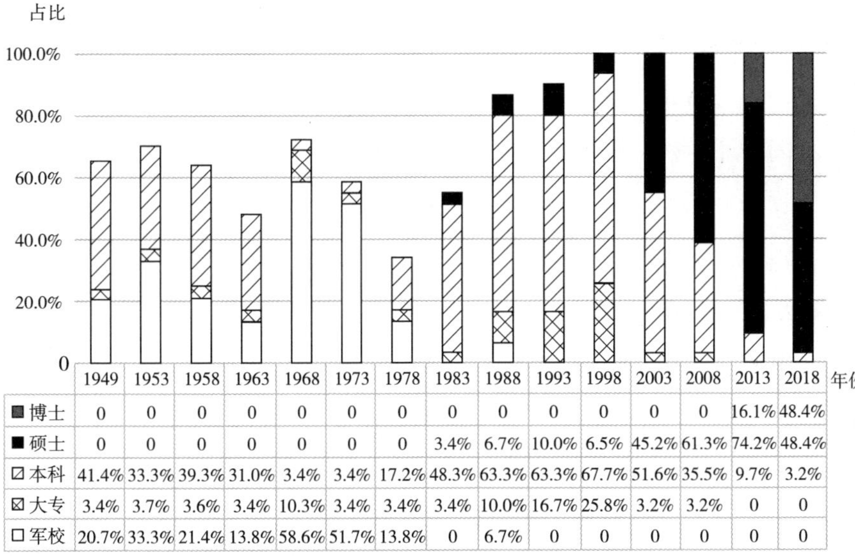

年份	1949	1953	1958	1963	1968	1973	1978	1983	1988	1993	1998	2003	2008	2013	2018
■ 博士	0	0	0	0	0	0	0	0	0	0	0	0	0	16.1%	48.4%
■ 硕士	0	0	0	0	0	0	0	3.4%	6.7%	10.0%	6.5%	45.2%	61.3%	74.2%	48.4%
▨ 本科	41.4%	33.3%	39.3%	31.0%	3.4%	3.4%	17.2%	48.3%	63.3%	63.3%	67.7%	51.6%	35.5%	9.7%	3.2%
⊠ 大专	3.4%	3.7%	3.6%	3.4%	10.3%	3.4%	3.4%	3.4%	10.0%	16.7%	25.8%	3.2%	3.2%	0	0
□ 军校	20.7%	33.3%	21.4%	13.8%	58.6%	51.7%	13.8%	0	6.7%	0	0	0	0	0	0

图4-5　新中国成立70年来省长的学历分布

（四）“革命家治国”到“工程师治国”再到“文人治国”

根据表4-47和图4-6，综观新中国成立以来省长的专业背景，可以发现，新中国成立后的前30年绝大多数省长是革命家出身；改革开放后到21世纪初，理工专业背景的省长占据较大比例，“工程师治国”现象凸显；党的十七大之后，文科专业背景的省长比例增加，“文人治国”逐渐盛行。“革命家治国”到“工程师治国”再到“文人治国”，我国省长群体的治国理政水平逐步专业化。省长专业背景变迁的背后，有着深厚的时代背景和社会发展因素。新中国成立后，参加革命的领导人陆续走上省级领导岗位，这些省长大多经历过国民大革命、土地革命、抗日战争和解放战争等重大事件，其中很大比例在1955年首次授勋时获得军衔，新中国成立初期1/5的省长获得少将及以上军衔，20世纪五六十年代少将及以上军衔获得者占比16%。这一阶段，由于特殊的时代背景，表现为突出的“革命家治国”特征。改革开放后，国策转变为以经济建设为中心，大力发展工业经济，工程师等技术人员在整个社会中的地位举足轻重，因此这段时间我国政坛上“工程师治国”现象凸显。进入21世纪之后，信息化时代逐步降临，加之我国重返世界贸易组织，国内外事务错综复杂，此时大批熟悉制度建设和经济管理的经管类、政法类等人文社科出身的省长登上政治舞台。尤其是党的十九大之后，在加快经济社会发展转型升级的背景下，“创新、协调、绿色、开放、共享”成为新时代的发展理念。

表4–47　新中国成立后的前30年间省长革命经历占比　（%）

时期	新中国成立初期	20世纪五六十年代
国民大革命	58	36
土地革命	77	84
抗日战争	95	96
解放战争	95	95
55式军衔	20	16

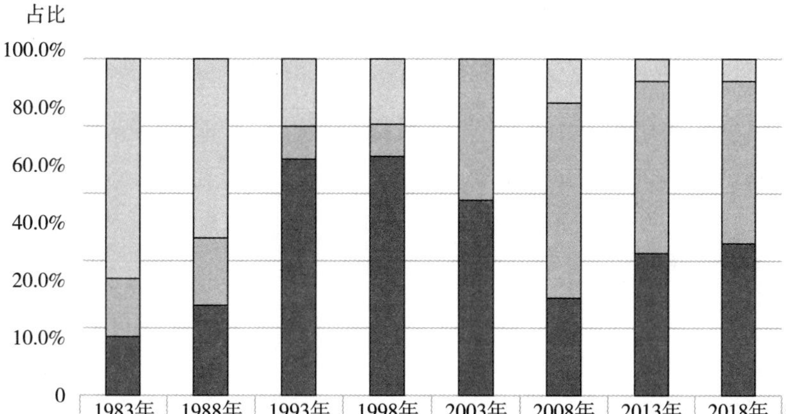

	1983年	1988年	1993年	1998年	2003年	2008年	2013年	2018年 年份
□不详	66%	53%	20%	19%	0	13%	6%	6%
■人文社科	17%	20%	10%	10%	42%	58%	52%	48%
■理工	17%	27%	70%	71%	58%	29%	42%	45%

图4–6　新中国成立70年来省长的第一专业分布

（五）新中国成立后的前30年偏好长期连任，后40年任期趋于制度化

根据图4–7可以发现，不同时代省长的平均任期有所不同，以改革开放为分水岭，前后平均任期时长差异明显，总体趋势是前30年偏好长期连任，后40年趋于5年任期，任期逐步制度化。此外，由表4–48可知，统计样本中最短的省长任期时长不到1年，任期最长的达到20年以上。究其原因，可以结合我国的时代背景进行分析。新中国成立伊始，各省省长的选拔任用方式主要是迅速地培养和提拔革命干部。20世纪五六十年代后，快速提拔导致同一岗位工作时间较短，难以积累工作经验，部分领导干部的领导能力和专业素质不能满足经济社会发展的需要。针对这一问题，1957年党中央提出了稳定领导干部的方针，使之能够在同一岗位上积累经验，学习知识。因此在新中国成立后到“文化大革命”之前的这段时期，省长的平均任期时长一直是稳步增加的，从开国省长平均任期的4.99年延长

到1963年的10.16年，其中最长任期达20年以上。改革开放后，我国省长任期逐步步入制度化、规范化的轨道，在实践中平均任期为5年左右，与2006年发布的《党政领导干部职务任期暂行规定》中提出的“党政领导职务每个任期为5年”的要求相符合。

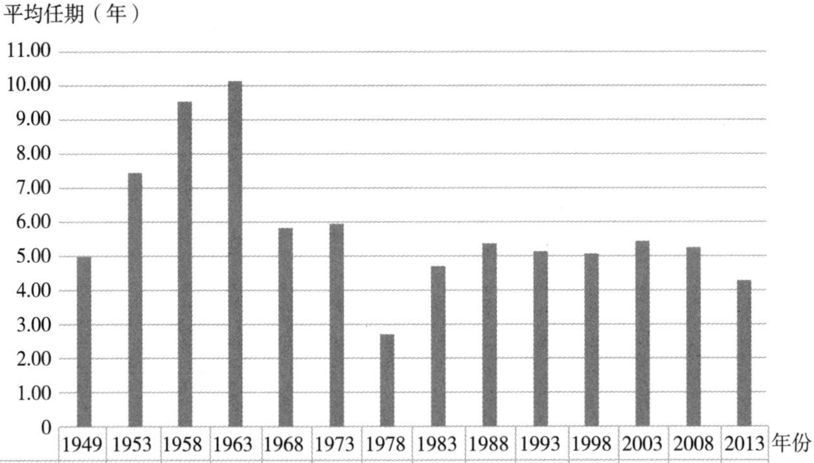

	1949	1953	1958	1963	1968	1973	1978	1983	1988	1993	1998	2003	2008	2013
■均值（年）	4.99	7.44	9.56	10.16	5.84	5.95	2.72	4.72	5.39	5.16	5.09	5.44	5.24	4.30

图4-7　新中国成立70年来省长的任期时长分布

表4-48　新中国成立70年来省长的任期时长分析表　　　　**单位：年**

年份	最小值	最大值	均值	标准差
1949年	1	20.5	4.99	4.25
1953年	1	20.5	7.44	5.84
1958年	1.42	20.67	9.56	6.02
1963年	2.92	20.67	10.16	5.11
1968年	1.42	10.75	5.84	2.77
1973年	1.33	10.75	5.95	2.79
1978年	0.67	6.33	2.72	1.29
1983年	2.17	10.42	4.72	2.48
1988年	1.08	12.42	5.39	3.21
1993年	0.67	12.42	5.16	2.58
1998年	2.25	12.42	5.09	2.39

续表

年份	最小值	最大值	均值	标准差
2003年	2.17	9.83	5.44	1.87
2008年	1	9.83	5.24	2.17
2013年	1.67	8.75	4.30	1.63

（六）籍贯地任职比例减少，异地交流日益增多

匹配新中国省长群体的籍贯地与任职地可以发现，在不同阶段的省长籍贯地任职比例差异明显，总体趋势是本省任职比例降低。由图4–8可知，新中国成立初期到20世纪五六十年代，省长籍贯地任职比例介于44%和61%之间，大约维持在50%左右。新中国成立伊始，省长在籍贯地或出生地任职有着明显优势，这是因为他们了解本地历史文化、熟悉本地风土人情，容易获得本省人民的信任和拥戴，有利于巩固新生的人民政权。改革开放后，随着干部队伍建设工作逐步规范化、制度化、科学化，在籍贯地或出生地担任省长的比例缩小，从1983年的46%大幅下降到2018年的19%，降幅接近60%。同时，根据图4–9，改革开放后，具有多省任职经验的省长比例稳步提升，40年来呈现螺旋上升趋势。任职前具有多省工作经验的省长在1983年时比例不到30%，1988年时小幅下降，1993年有所反弹并一直稳步上升，1998年时占比接近一半。之后的2003年小幅下降，2008年大幅上升，2013年小幅下降，2018年大幅上升，如此循环，多省工作经验的省长比例螺旋式提高。尤其是2006年8月党中央颁布的《党政领导干部交流工作规定》，要求因工作需要交流的、需要通过交流锻炼提高领导能力的、在一个地方或者部门工作时间较长的、按照规定需要回避的以及其他原因需要交流的领导干部进行异地交流任职。此后，任前具有多省工作经验的省长比例大幅提高，在接下来的2008、2013和2018年分别占比67.8%、61.3%和77.4%。其中，任前具有2个以上他省工作经验的省长比

例在改革开放40多年来也呈现出上升的趋势。

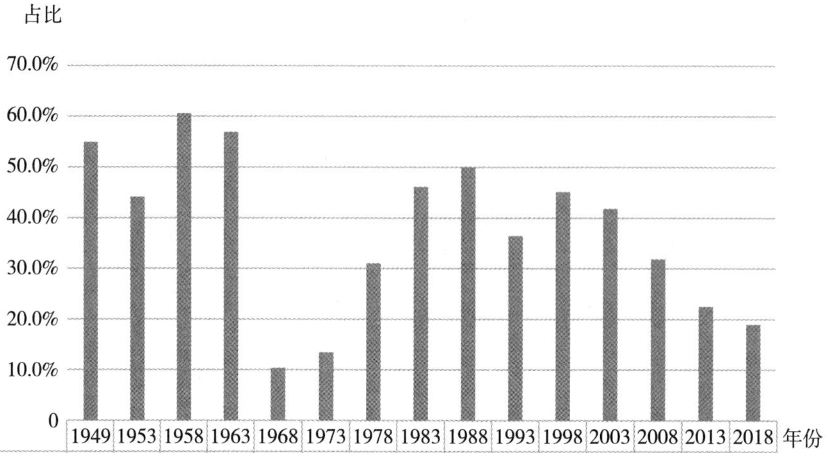

	1949	1953	1958	1963	1968	1973	1978	1983	1988	1993	1998	2003	2008	2013	2018
■百分比	55%	44%	61%	57%	10%	14%	31%	46%	50%	37%	45%	42%	32%	23%	19%

图4–8　新中国成立70年来籍贯地任职的省长比例分布

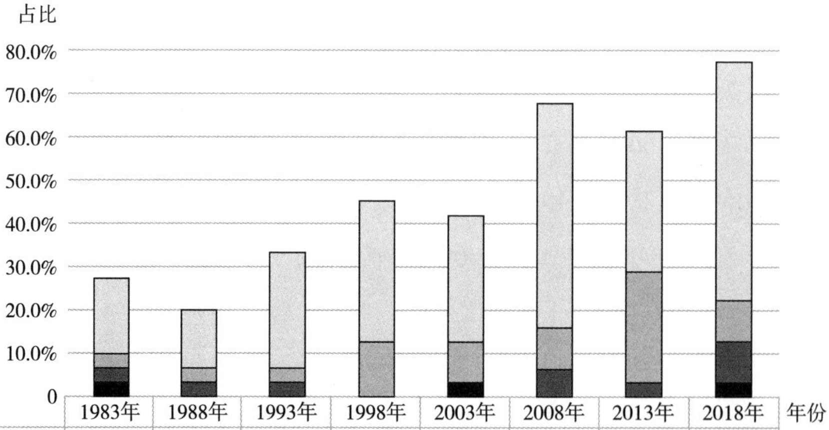

	1983年	1988年	1993年	1998年	2003年	2008年	2013年	2018年
□1省	17.2%	13.3%	26.7%	32.3%	29.0%	51.6%	32.3%	54.8%
■2省	3.4%	3.3%	3.3%	12.9%	9.7%	9.7%	25.8%	9.7%
■3省	3.4%	3.3%	3.3%	0	0	6.5%	3.2%	9.7%
■4省	3.4%	0	0	0	3.2%	0	0	3.2%

图4–9　新中国成立70年来省长的多省工作经验分布

（七）男省长优势明显，女省长数量有所提升

观察新中国成立70年来省长的性别分布，由图4–10可知，男省长优势明显，女省长数量有所增加，但仍然占比低。具体到不同阶段分析，改革开放前的30年间，我国各个省份的省长全部由男性担任；改革开放后，领导干部选拔任用制度深度改革，20世纪80年代首次出现女省长；20世纪90年代至21世纪初，女省长暂时退出政治舞台；2001年中共中央组织部发布的《关于进一步做好培养选拔女干部、发展女党员工作的意见》要求省、自治区、直辖市政府领导班子要配1名以上女干部，首次针对女性领导干部作出制度化规定。2008年女省长再次登上政治舞台，2018年同时有3位女省长在任。虽然近年来女省长数量有所增多，但是与男性相比，女省长还是处于绝对弱势。这一现象可以从中国传统政治文化和西方“社会性别理论”两个角度来解读。从传统政治文化方面来看，尽管新中国成立后，女性得到了极大解放，“能顶半边天”，但是我国2000多年来一直是男权社会，在政治领域对女性领导干部的接纳度、认可度和宽容度有限，女性担任一省之长更是难上加难。美国人类学家盖尔·卢宾（Gayle Rubin）的“社会性别理论”对此也有独到见解，其中提出的社会性别概念是指社会基于生理差异对两性的期望、要求和限制。基于“社会性别理论”，女省长的任职“天花板”可以从两个方面解释：一是传统的性别观念。社会对女性的价值定位、女性角色的固化、女性对自己的认知和政治追求等因素均与女性担任高级领导干部相冲突。二是基于对两性的不同期望而建立的相关制度。女性领导干部培养制度不健全、选拔任用标准高、退休年龄早等因素也在不同程度上阻碍了女性领导干部晋升到更高的职位。

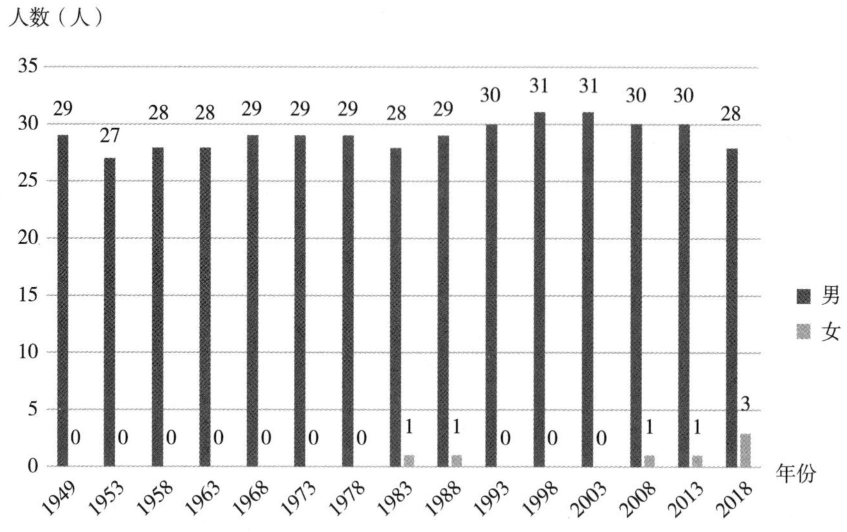

图4–10　新中国成立70年来省长的性别分布

（八）汉族省长优势明显，少数民族省长比例稳中有升

我国是多民族的国家，尽管汉族省长占据绝大比例，多数时期保持在80%以上，但是新中国历来重视少数民族领导干部的培养和选拔工作，70年来在不同年代少数民族省长都占据一席之地。根据图4–11，分阶段来看，除去“文化大革命”的特殊时期，新中国成立后我国少数民族省长比例稳中有升。1984年颁布实施的《中华人民共和国民族区域自治法》明确规定：我国实行民族区域自治制度，“自治区主席、自治州州长、自治县县长由实行区域自治的民族的公民担任”。20世纪90年代少数民族省长数量达到顶峰。1998年在我国大陆31个省、自治区、直辖市政府“一把手”中有8个少数民族干部，少数民族省长比例首次超过整体样本的1/4。进入21世纪，2001年重新修订《中华人民共和国民族区域自治法》，这一时期少数民族省长数量增长趋缓，保持在5个左右，进入稳定阶段。与《中华人民共和国民族区域自治法》规定相吻合，少数民族省长的任职地区大多遵循籍贯地任职原则，5个自治区政府主席基本是由当地人数最多的少数

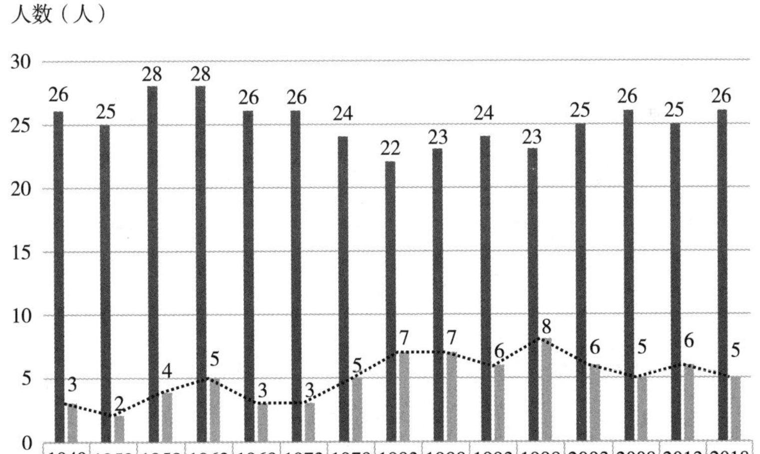

	1949	1953	1958	1963	1968	1973	1978	1983	1988	1993	1998	2003	2008	2013	2018	年份
■汉族	26	25	24	23	26	26	24	22	23	24	23	25	26	25	26	
■少数民族	3	2	4	5	3	3	5	7	7	6	8	6	5	6	5	

（a）

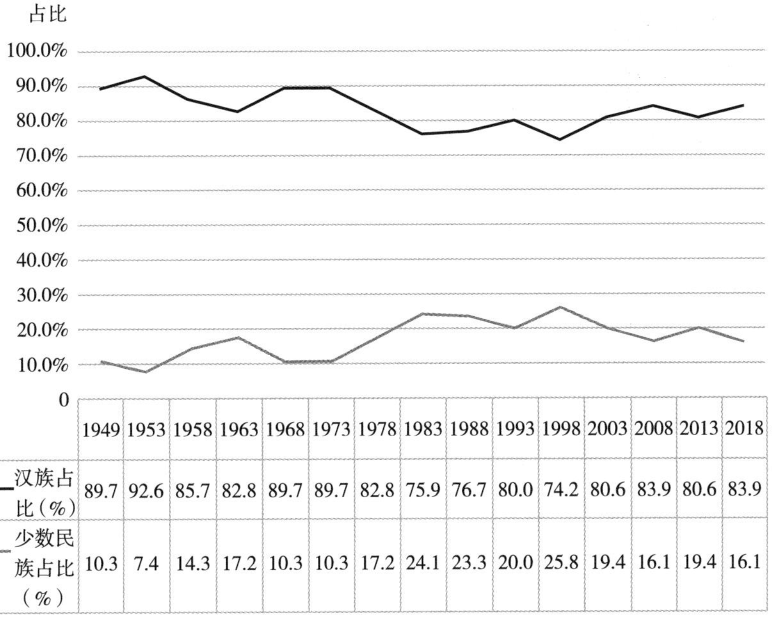

	1949	1953	1958	1963	1968	1973	1978	1983	1988	1993	1998	2003	2008	2013	2018	年份
汉族占比（%）	89.7	92.6	85.7	82.8	89.7	89.7	82.8	75.9	76.7	80.0	74.2	80.6	83.9	80.6	83.9	
少数民族占比（%）	10.3	7.4	14.3	17.2	10.3	10.3	17.2	24.1	23.3	20.0	25.8	19.4	16.1	19.4	16.1	

（b）

图4-11　新中国成立70年来省长的民族分布

民族人员担任，回族、藏族、蒙古族、壮族、维吾尔族占据较大比例。由于少数民族领导干部了解本民族历史文化、通晓本民族语言文字、熟悉本民族风俗习惯，同本民族人民群众有着天然的联系，由他们担任本民族地区行政首长可以发挥其他民族领导干部不可替代的作用。《2019—2023年全国党政领导班子建设规划纲要》再次强调要合理配备少数民族干部，相信我国少数民族省长队伍建设在未来还会有进一步的发展。

（九）华东省长稳居高位，华中省长特定时代占比高

整合新中国成立70年来不同阶段的所有省长样本，由图4–12可知，华东地区为我国省长的高产区，华北地区和华中地区紧随其后，西北地区位列第四，出生于西南、东北和华南地区的省长数量较少。就省份而言，由图4–13可知，山东、河北、湖南三省位列省长产出数量前三，分别占据总体样本的9.3%、8.6%、6.8%。分析不同时代的省长籍贯分布，根据图4–12可以发现，新中国成立70年来出生于华东地区的省长数量一直处于高位；华中地区在不同阶段差异较大，出生于此地的省长数量时高时低；其他地区基本保持稳定，变化不甚明显。华中地区特定时代较高的省长产出量可以归因为革命年代的精英集群，新中国成立初期的省长群体中来自湖南、湖北等华中地区的比例较高；“文化大革命”时期实行军管，省革委会主任大多由部队将领担任，其中较大部分籍贯是华中地区。而在其他年代，随着时间的推移和领导干部选拔任用逐步制度化、规范化，来自华中地区的省长比例缓慢降低。出生于华东地区的省长数量一直处于高位并且有逐步增多趋势，究其原因可以归结为3个方面：一是华东地区省份较多，人口基数本身就大，省长数量较多不足为奇；二是华东地区大多省份经济发达，重视教育，尤其是在干部“四化”方针和异地交流制度实施之后，来自江浙等华东地区的省长在中国政治舞台上日益增多；三是受传统文化影响，尤其是山东省作为孔孟之乡，为官思想深厚，入仕从政更容易被亲朋好友

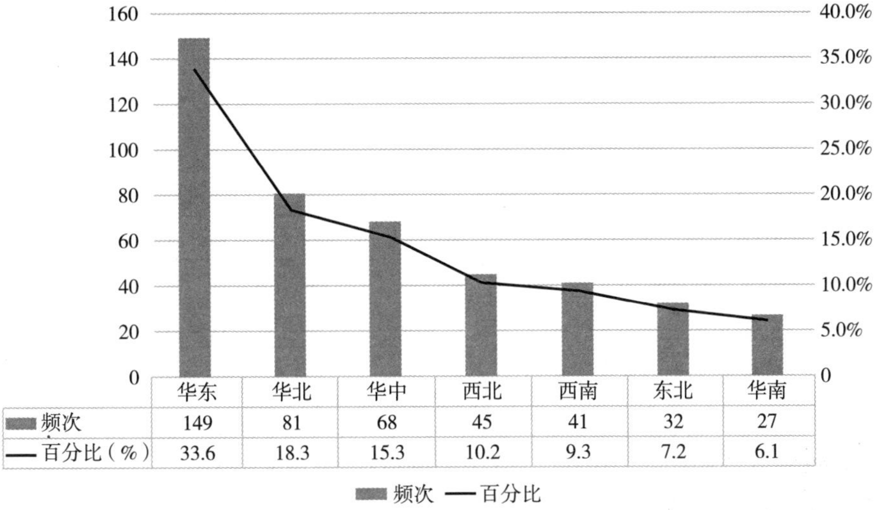

（a）①

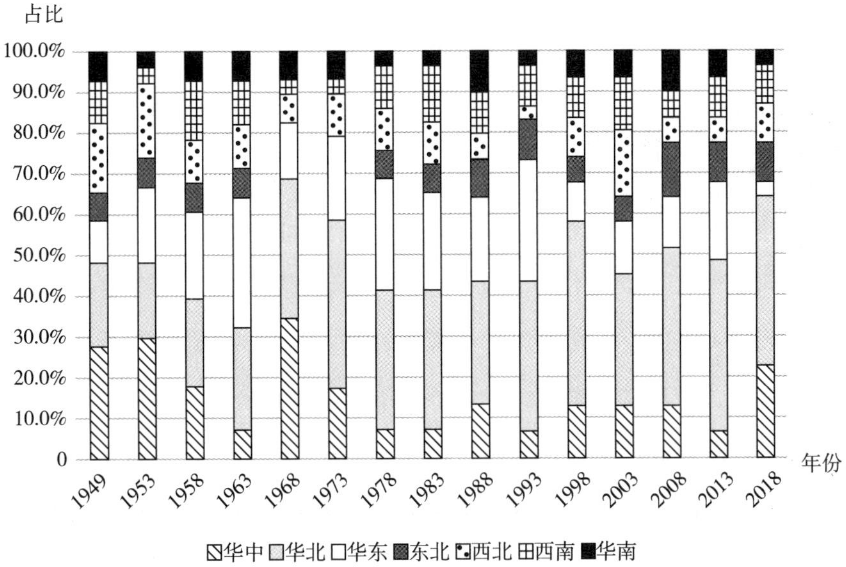

（b）

图4-12　新中国成立70年来省长的出生地区分布

① 本章采用七大地理分区，分别为华东、华北、华中、华南、西南、西北、东北。

认可和接受。而西南、东北和华南地区受风俗文化和地域特征等因素的影响，出产省长的数量较少。

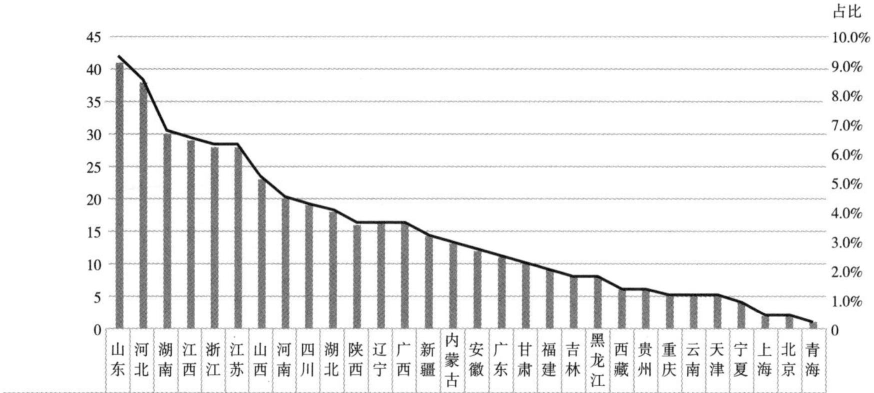

	山东	河北	湖南	江西	浙江	江苏	山西	河南	四川	湖北	陕西	辽宁	广西	新疆	内蒙古	安徽	广东	甘肃	福建	吉林	黑龙江	西藏	贵州	重庆	云南	天津	宁夏	上海	北京	青海
频次	41	38	30	29	28	28	23	20	19	18	16	16	16	14	13	12	11	10	9	8	8	6	6	5	5	5	4	2	2	1
百分比（%）	9.3	8.6	6.8	6.5	6.3	6.3	5.2	4.5	4.3	4.1	3.6	3.6	3.6	3.2	2.9	2.7	2.5	2.3	2.0	1.8	1.8	1.4	1.4	1.1	1.1	1.1	0.9	0.5	0.5	0.2

频次 百分比

图4–13　新中国成立70年来省长的出生省份分布

（十）选人用人渠道逐步拓宽，省长来源日益多元化

观察表4–49可知，70年来我国不同时代的省长群体有着不同的特色经历，包括部队、共青团、企业、秘书、高校院所及中央部委等不同系统，选人用人渠道逐步拓宽，省长来源日益多元化。在革命年代，枪杆子里面出政权，军政联系紧密，我党领导干部基本都有从军经历，新中国成立后较长时期内省长群体大多是部队出身。如表4–49所示，从新中国成立到“文化大革命”结束，有过部队经历的省长一直占据较大比例，其中在1968年时高达90%的省长来自部队。改革开放后，随着省长来源渠道逐步正规化、制度化、多样化，不再有部队出身的省长，而有共青团、企业、秘书、高校院所、中央部委等工作经历的省长比例逐步升高。企业尤其是国企与政府的关系密不可分，时至今日政企之间仍然可以交流任职。从改革开放初期直到今天，有过企业任职经历的省长占比一直处于高位，最

多的年份超过半数省长曾在企业任职，比例达到55%；最少的年份也占到17%，接近整体的两成。共青团是我党的后备组织，为党培养、输送了大批新生力量和工作骨干。由于共青团与我党的紧密联系以及任职群体突出的年龄优势，在干部队伍年轻化的背景下，相当比例的省长出身于共青团系统。党政秘书群体一般具有良好的文字功底与机敏的办事能力，加之与领导朝夕相处，可以学习培养领导能力与战略格局，在晋升机会上自然拥有得天独厚的优势。长期以来，高校与科研院所承担着为政府输送人才与提供咨询服务的功能，新中国成立后，高校院所一直是党政领导的重要来源。尤其是改革开放之后，随着干部队伍建设知识化、专业化的要求，高校院所出身的省长比例逐步提升。此外，我国向来重视央地干部交流，中央部委工作经历可以培养领导干部的大局意识与战略思维，有利于避免地方主义与部门主义，因此来源于中央部委的省长一直占有一席之地。正如法国社会学家皮埃尔·布迪厄所言，社会资本通过一种体制化的网络使某团体的会员相互联系，并利用这一网络为会员们提供支持。共青团、企业、秘书、高校院所及中央部委等岗位都涉及潜在的上层权力资本，拥有此类岗位经历的领导干部通过层层交织的社会关系网，可以更容易获得晋升的优势资源与稀缺机会。

表4-49　新中国成立70年来省长的特色任职经历占比　（单位：%）

特色经历	1949年	1953年	1958年	1963年	1968年	1973年	1978年	1983年
部队	59	67	50	48	90	79	14	0
共青团	0	0	0	0	0	0	3	17
企业	0	0	0	0	0	0	0	17
秘书	0	0	0	0	0	0	0	38
高校院所	0	15	14	10	0	0	0	3
中央部委	0	30	36	31	0	0	21	28

续表

特色经历	1988年	1993年	1998年	2003年	2008年	2013年	2018年
部队	0	0	0	0	0	0	0
共青团	20	27	23	52	35	52	35
企业	43	53	55	55	23	55	23
秘书	27	23	23	58	48	58	48
高校院所	3	23	13	6	23	6	23
中央部委	20	10	19	26	6	26	6

四、省长选任制度优化空间

尽管新中国成立70多年来省长选任工作得到了长足发展，但仍然存在不少问题与不足。本部分针对当前我国省长选任中存在的突出问题，并结合当前党政领导干部选拔任用制度，提出我国新时代省长选拔任用的政策建议。

（一）“原籍省长”比例有待进一步降低

新中国成立初期，由于本籍干部熟悉本省文化习俗与风土人情，容易获得乡亲的信任和拥戴，有利于巩固新生的人民政权。在特殊的时代背景下，中央大量任用本籍干部担任省长，比例一度高达61%。但新政权巩固之后，受传统文化的深刻影响，原籍任职也爆发出了一系列问题：一是容易导致腐败。在个别地区和部门，领导干部任人唯亲，利用职权为亲朋好友谋取私利。以权谋私行为在侵害社会公平正义的同时，也降低了政府公信力，造成恶劣的社会影响。二是缺乏良好的工作环境。干部在籍贯地担任职务，容易导致裙带关系、非组织活动盛行，受乡土社会中人情关系羁绊，可能造成行政效率低下或者难以秉公办事。三是削弱中央权威。干部在本籍任职，容易谋求政治资本与社会资本，为结党营私、大搞“团团伙伙”提供了便利。长此以往，会导致地方主义盛行，有损中央政府的形象与权威。

（二）女省长存在职位晋升“天花板”

新中国成立以来，我国女省长数量稀少，在省长选拔任用过程中长期存在性别失衡问题。统计数据表明，改革开放前，我国的省长一职完全由男性担任，没有出现女性担任省长的情况。改革开放后，随着领导干部队伍选拔任用制度的深度改革，80年代之后才开始出现女性省长。自女省长在我国政坛出现以来，在省长群体中通常象征性地占据一席；即使党的十九大以来女省长比例有所提升，但数量依旧有限，占比不足整体的1/10。女性领导干部晋升受限，可以从以下两方面来解释：一是中国传统政治文化方面，我国2000多年的封建社会中男性一直占主导地位，尽管新中国成立以来女性得到极大解放，但是在政治领域女性领导干部仍然不占优势。社会对女性的价值定位、女性角色的固化、女性对自己的认知和政治追求等因素均与女性担任高级领导干部相冲突。二是基于对两性的不同期望而建立的相关制度。女性领导干部培养制度不健全、选拔任用标准高、退休年龄早等因素也在不同程度上阻碍了女性领导干部晋升到更高的职位。

（三）省长专业水平与知识结构存在不足

新中国成立70多年来，尤其是改革开放后，随着经济社会的发展进步，担任省长一职所需的学历水平与专业素养持续提升。进入新时代，随着国家治理体系和治理能力现代化的深入推进，我国省级地方治理的复杂程度与专业化水平进一步提升，对省长的学历层次、专业水平和知识结构提出了更高要求。在现实政治实践中，省长人选大多是从政治资历丰富、从政经验充足的领导干部中选拔，然而省长的受教育程度与省的现代化治理的需要不一定完全匹配。统计数据表明，很多领导干部走上领导岗位之后，为提高领导能力，增强专业素养，多次参加课程培训或在职攻读硕士、博士研究生。详细分析，省长专业水平与知识结构方面仍存在的不足：一是省长大多不是管理、经济等相关专业“科班”出身，而是为了适应领导岗位的需要，在短期内参加专题培训，以便补齐专业知识方面的短板；二是即便参加培训，培训内容与培训质量也不一定能够得到保障，难以实现培训目标与达到理想效果。

（四）“火箭式提拔”饱受社会诟病

改革开放以来的一段时期，共青团与领导秘书是年轻干部晋升的两条捷径，很多省长都有相关任职经历。在领导干部队伍建设“四化”方针背景下，由于学历高、年纪轻、政治清白的特殊优势，共青团系统为我党培养了一批优秀的后备人才与领导干部，有些后来走上更加重要的领导岗位，为我国改革开放与社会主义现代化建设作出了突出贡献。而秘书与领导朝夕相处，容易培养大局观念、战略思维及处理复杂问题的能力，加之具备较强的社会资本，晋升优势明显。随着社会时代的发展，年轻化、知识化、专业化的人才日益普及，干部队伍建设逐步走上正规化、制度化的轨道，在此背景下，年轻干部的“火箭式提拔”引发不少舆论质疑，饱受社会诟病。同时，在实践过程中，个别领导干部心态浮躁、投机取巧，热衷于“自我设计”晋升路线图，产生了较坏的社会影响。

（五）领导干部选拔视野不够开阔

受公务员身份限制以及资历、学历、专业、职称、党派等因素影响，省级领导干部在选人用人过程中视野不够开阔，存在进出渠道不畅等问题。在实践过程中，来源比较单一、经历比较简单、素质结构不尽合理等问题依旧比较突出。具体表现为：一是省长大多从党政机关内部选拔，外部系统来源较少。尽管近年来省长来源日益多元化，企业、高校与科研机构出身的省长比例有所提高，但是总体而言数量仍然偏少。二是过于重视特定系统任职经历。统计数据表明，团口、秘书、组织部门等系统出身的领导干部，在晋升过程中具有比较优势，更容易获得提拔与重用。三是在省级领导干部中无党派或民主党派人士占比较低。我国是人民民主专政的社会主义国家，中国共产党是我国的执政党。在省级领导干部选拔任用过程中，选人用人视野大多集中在我党内部，没有充分吸纳无党派或民主党派人士进入省级领导班子，对党外优秀领导人才的重视程度有待进一步提高。

五、优化省长选任制度的政策建议

（一）进一步降低“原籍省长”比例

中国干部回避制度源远流长，其历史可以追溯到2000多年前的汉代。西汉武帝时首创于部回避本籍的临时性措施；东汉桓帝时颁布第一个成文法规《三互法》；隋末唐初，形成了科场考官回避制度；至宋代，任官回避制度发展为亲属回避；明朝规定“南人官北，北人官南”，南北更调，定为常例；清朝继承并发扬光大，规定干部任职必须“回避本省”。在封建时代，任职回避制度在澄清吏治、稳定政权、防止干部结党营私、抑制地方势力等方面发挥了重大作用。正是由于籍贯地任职的种种弊端，改革开放后，中央先后出台了一系列文件和政策法规，对领导干部原籍回避作出了明确规定。例如，2006年《党政领导干部任职回避暂行规定》第五条规定：“领导干部不得在本人成长地担任县（市）党委、政府以及纪检机关、组织部门、人民法院、人民检察院、公安部门正职领导成员。”在实践中，“原籍省长”比例确实在逐步减少，从党的十二大以来的占比46%下降到党的十九大之后的19%左右，但仍然接近两成，还有进一步下降空间。在未来，为消除原籍任职的种种弊端，中央可考虑出台规定明确限制省级领导干部在籍贯地或出生地任职，进一步降低“原籍省长”任职比例。

（二）破除女性干部晋升“天花板”

当前，随着政治民主化的发展以及女性受教育程度的提高，女性参政议政与公平竞争的意愿越来越强烈，必须重视女性的职位晋升空间需求，破除隐性“天花板”，提升女性担任党政高级领导干部的比例。在具体政策制定中，一是要转变思想观念，消除对女性的刻板印象，认识到女性参政的比较优势，树立男女平等的政治文化，鼓励两性之间相互合作，互利共赢。二是要进一步完善省长选任的相关制度和规定，对女省长给予政策支持。如制定省级领导班子中女性任职比例的硬性规定；有计划安排优秀女性出任政府领导正职；重视女性领导干部的后备队伍建设等。三是要加大对女性领导干部的培训力度，增强领导能力与专业素质，提高女性领导干部的综合竞争力，为女性领导干部职位晋升提供更多机会。

（三）着力打造高素质复合型省长队伍

鉴于省长对我国省域治理的关键作用，在当前推进国家治理体系和治理能力现代化的背景下，建设一支高素质专业化党政领导干部队伍势在必行。同时，为顺利完成2035年基本实现现代化的目标，需要继续提升省长的履职能力，加大职业培训力度，着力培养复合型省长。从短期来看，建议高质量贯彻执行《2018—2022年全国干部教育培训规划》的总体要求，在加强党的基本理论教育和党性教育的同时，增大省长专业化能力培训和知识培训的力度。在专业能力培训方面，突出问题导向和实践导向，组织开展紧密结合时政热点的专题培训，丰富省长的专业知识和专业能力；在知识培训方面，组织开展互联网、大数据、人工智能等技能学习，设计管理案例、城市规划、应急处理等相关课程，培养造就一批“又博又专”的复合型领导干部。从长期来看，组织部门可以有计划地培养一批党政领导干部的后备人选，探索优化当前的“选调生”项目培养模式，以便适应国家治理提出的新要求。

（四）增加基层干部晋升机会

党的执政基础在基层，工作重心在基层，基层干部是领导干部队伍的基石，是党和政府联系群众的桥梁和纽带。基层干部身处执政一线，与广大群众接触最多，是党情国情民情的直接亲历者；同时，基层工作最繁重，晋升渠道比较窄。鉴于基层干部在我国国家治理中的重要作用，习近平总书记在不同场合多次强调要关心关爱基层干部，重视基层用人导向，把基层领导干部选出来、用起来。中央应该进一步完善党政领导干部选拔任用工作，给予基层出身的干部更多政策倾斜，拓宽基层干部晋升渠道，打造一支来源多样、结构合理的高素质专业化领导干部队伍。

（五）拓宽领导干部外部引才渠道

党的十八大以来，中央在选人用人方面着力打破体制壁垒，扫除身份障碍，完善党政机关、企事业单位、社会各方面人才顺畅流动的制度体系，坚持党管干部原则，坚持德才兼备、以德为先，五湖四海、任人唯贤。2019年重新修订《党政领导干部选拔任用工作条例》，其中第十条明确规定：“拓宽选人视野和渠道，党政领导干部可以从党政机关选拔任用，也可以从党政机关以外选拔任用，注意从企业、高等学校、科研院所等单位以及社会组织中发现选拔。”为新时期从外部引进党政领导干部提供了政策依据和基本遵循。因此，省长选拔任用工作应进一步拓宽选人视野，在坚持内部培育的基础上，畅通人才流动机制，开放外部引才渠道，积极吸纳外部领导人才。建议重点考察选任高校党委书记或校长、研究机构负责人、大型企业高层管理者、群团组织领导人等到政府任职，激发全社会各领域优秀人才参政议政的积极性，塑造全方位多元领导干部选拔任用体系，共同致力于社会主义事业现代化建设。

（六）有计划选拔无党派或民主党派人士出任省长

中国共产党领导的多党合作与政治协商制度是我国的基本政治制度之一，在过去革命、建设与改革过程中发挥了独特优势，并且在现在与未来会继续承担更大的作用。尽管除新中国成立初期之外，其他时期所有省长全部由共产党员担任，但民主党派负责人在政府中也会占据一席之地，通常会担任副省长职位。党的十八大报告首次提出了社会主义协商民主的概念，指出社会主义协商民主是我国人民民主的重要形式，要求健全社会主义民主协商制度，推进协商民主广泛、多层、制度化发展。我党历来重视党外干部培养工作，进入新时代，2019年重新修订的《党政领导干部选拔任用工作条例》中第三条明确规定："统筹做好培养选拔女干部、少数民族干部和党外干部工作。"为推进社会主义协商民主进一步发展，可以考虑在加强党的统一领导、维护党的权威的同时，有计划选拔无党派或民主党派人士出任特定省份的省长，担任省政府领导正职。希望通过这样的人事安排，能够更广泛地团结各方力量，建设更加牢固的统一战线组织，为国家治理体系和治理能力现代化建设汇集更多人才、发挥更大作用、贡献更多智慧。

第五章

大国人事之福利：保障还是激励？

05

CHAPTER

党政干部作为国家各项方针政策的参与者和执行者，在社会政治经济发展中发挥着不可替代的作用。建立一支清正廉洁、有干劲的党政干部队伍是我国社会主义事业蓬勃发展的基础。党政干部福利制度作为干部激励体系的重要组成部分，是工资制度的重要补充，也是提升党政干部工作积极性的制度安排。

中国共产党成立以来，党政干部福利制度经历数次变迁，在形成科学的收入分配制度和提高干部积极性方面发挥了重要作用。生活福利体现的是凝聚人心的人文关怀，工作福利彰显的是“福利养廉”的治理智慧，节日福利赓续的是情感共鸣的文化传统。然而随着时代的发展不少福利项目成为奢靡之风甚至贪污腐败的挡箭牌，引发舆论声伐。党的十八大后中央重拳出击，推出强有力的反腐治腐举措，严厉打击违法违规的福利待遇，但这个过程中亦不乏矫枉过正、“一刀切”干部正常福利的现象发生。因此如何建立符合国情、科学合理的党政干部福利制度，是深化党和国家体制改革，提高行政效率亟须思考的问题。

本章梳理自建党以来党政干部福利制度的百年变迁史，探索制度变迁规律，并在此基础上首次引入历史制度主义的分析范式，从“结构 · 历史 · 行为”三个视角对干部福利制度的变迁逻辑进行深入剖析，进而结合制度的现实困境和运行逻辑提出未来改革的思考。

一、干部福利：大国队伍的“保障网”

（一）党政干部及福利制度

党政干部是党和国家各项事业平稳有序发展的中坚力量。在我国话语体系中党政干部一般与党政领导干部概念画等号，但实质上，党政干部队伍中处于非领导职位的干部占比高达九成左右，因而党政干部并不能直接等同于党政领导干部。在《中国共产党组织工作辞典》中，“党政干部”是指在党和国家的各级工作机构及其机关中从事党政工作的干部。因此，本章认为党政干部应指在我国党政机关任职，其职级处于科员及以上的公务人员。此外还应注意党政干部与公务员之间的联系与区别，依据公务员法规定，“我国的公务员是指依法履行公职、纳入国家行政编制、由国家财政负担工资福利的工作人员”。虽然二者都供职于党政机关，但在我国拥有公务员身份的人员还必须“纳入国家行政编制”。换言之，公务员则是党政机关里具备干部身份的那部分人员中，又具有行政编制的那部分人员，因此党政干部的概念范围和权责范围在某些层面上比公务员覆盖面更广。

习近平总书记在全国组织工作会议上指出，实现中华民族伟大复兴，坚持和发展中国特色社会主义，关键在党，关键在人。创造有利于优秀干部成长发展的时代环境，是社会主义现代化事业持续发展、国家繁荣稳定、人民安居乐业的重要保障。而党政干部队伍的发展、对优秀人才的吸引力则与福利水平密不可分。此外，党政干部福利制度也是社会其他行业福利制度的参照标准。

（二）党政干部福利制度发展脉络

新中国成立前，党政干部福利事业尚未成体系，主要以战时的实物供给为主。新中国成立初期，为巩固新生政权，激励广大干部干事创业，干部福利制度初步建立，属于典型的救济性福利，在保障干部生产生活需求、探索社会主义干部福利制度方面发挥了基础性作用。历经了“大跃进”和“文化大革命”的停滞，改革开放后干部福利制度建设重回正轨。2005年4月颁布的《中华人民共和国公务员法》规定：“公务员按照国家规定享受福利待遇。国家根据经济社会发展水平提高公务员的福利待遇。”这标志着我国干部福利制度在法治化进程上迈出关键一步。然而由于公务员法作为一部宏观性的法律，缺乏对福利制度的具体内容的说明，仅仅为干部福利制度合法化提供了初步法律框架。改革开放和市场经济的深入发展对干部福利制度提出了新要求，2006年5月，中共中央政治局将干部收入分配安排列为规范收入分配制度的重点研究对象。2006年全国两会上，全国政协委员温克刚正式提出“福利腐败”问题，点明新时代干部福利制度发展的新困境。随后，党的十七届四中全会将反腐倡廉工作作为重要任务，党的十八大后更是“重拳出击”，在全面从严治党中深入推进反腐败斗争，着力形成“不敢腐、不能腐、不想腐”的清明局面。在治理福利腐败深入推进过程中，党政干部的正常福利也在一定程度上受损，《人民日报》等新闻媒体先后发出《反腐不应该反职工福利》《规范干部福利不是零福利》等评论，加之党的十八届三中、四中全会提出要逐步实现干部薪酬福利分配制度与市场接轨，一方面说明适应市场经济体制改革的党政干部福利制度改革亟待探索，另一方面则说明当下制度环境为改革创造了有利时机。

习近平总书记强调，要充分调动广大干部的积极性。提升党政干部的积极性，是建立高素质队伍的关键，也是切实解决干部队伍突出问题的内在要求。激励党员干部的积极性，除注重党员干部的政治素质教育之外，还应不断完善党员干部的福利待遇制度，让党员干部能够获得与工作量相匹配的待遇。2018年5月，中共中央办公厅印发《关于进一步激励广大干部新时代新担当新作为的意见》指出，要满怀热心热情关爱干部，健全干部待遇激励保障制度体系，保证正常福利、保障合法权益，让他们安心、安身、安业，更好履职奉献。

二、研究视角与分析框架

（一）研究视角：历史制度主义

历史制度主义回答了在制度变迁过程中，制度和行为是如何呈现双向互动状态的。参照豪尔和泰勒对历史制度主义的阐述，该理论的主要观点包括：

第一，立足宏观背景，剖析深层逻辑。该观点强调研究制度变迁必须基于制度所处的宏观背景，任何脱离制度背景只关注制度行为的研究都缺乏说服力，应挖掘出深层的内在运作逻辑。

第二，权力更迭与制度变迁。历史制度主义认为制度产生和运作过程中权力存在非对称性，多方力量的此消彼长是推动制度发展和变迁的重大动力。

第三，制度与行为的互动关系。制度可以作为自变量，也可以作为因变量。在制度发展变迁中，既能对处于其中的行动者、环境、结构产生影响，也同样受到这些因素的反作用。因此，二者形成并非单向而是互动关系。

第四，历史脉络的“蝴蝶效应”。历史制度主义强调时间因素的重要性，即先前发生的事会对之后产生影响，这种路径依赖是使得制度存续稳定的关键因素之一。这与历史唯物主义观不谋而合。马克思曾说过，人们自己创造自己的历史，但是他们并不是随心所欲地创造，并不是在他们自己选定的条件下创造，而是在直接碰到的、既定的、从过去继承下来的条件下创造。

（二）研究资料：125份制度文本

本章以中国共产党成立以来我国国家层面发布的与党政干部福利制度有关的国家文件作为研究样本，包括法律、法规、通知、意见等在内的制度文件。文件的来源包括政府官网、制度汇编、档案史料等。特别需要说明的是，本章研究的“党政干部”是指在党和国家的各级工作机构及其机关中从事党政工作的所有干部，包括但不限于党政领导干部。2005年公务员法颁布之前，我国的党政机关工作人员统称为“党政干部”，公务员法颁布之后，学界常用公务员福利代指所有党政干部的福利。在搜集制度文件过程中，综合学者（如苏海南、杨燕绥，2008）对干部福利的研究，对相关制度信息进行比对和增补，以此提高制度文件选取的科学性。在此基础上，本章共筛选出125份制度文件作为分析样本，部分文件如表5-1所示。

表5-1　所选制度文件类型统计表（节选）

类型	年份	文件名称	数量
法律类	2005年	《中华人民共和国公务员法》	1
法规类	1943年	《中央干部保健实施办法》	59
	1955年	《国家机关工作人员退休处理暂行办法》	
	1958年	《国务院关于工人、职员回家探亲的假期和工资待遇的暂行规定》	
	1979年	《关于高级干部生活待遇的若干规定》	
	1981年	《国家机关工作人员病假期间生活待遇的规定》	
	1984年	《卫生部关于中央国家机关在京单位司局长以上干部和专家医疗照顾的补充规定》	
	1993年	《国家公务员暂行条例》	
	2003年	《公务员医疗补助资金和离休干部医药费会计处理规定》	
	2013年	《违规发放津贴补贴行为处分规定》	
	2013年	《党政机关厉行节约反对浪费条例》	
	2014年	《中央和国家机关公务用车制度改革方案》	
	……	……	

续表

类型	年份	文件名称	数量
通知类	1937年	《中华苏维埃中央政府西北办事处财政部关于减少办公费的通知》	43
	1953年	《关于统一掌管多子女补助与家属福利等问题的联合通知》	
	1954年	《关于各级人民政府工作人员福利费掌管使用办法的通知》	
	1978年	《关于建立职工上下班交通费补贴制度的通知》	
	1983年	《中组部关于省、市、自治区负责同志来京治病问题的通知》	
	1985年	《国务院机关事务管理局关于调整会议、出差和夜餐补助标准的通知》	
	2006年	《关于县（处）级以上领导干部严格执行住房制度改革有关政策规定的通知》	
	2010年	《关于规范在京中央和国家机关职工住房补贴发放工作有关问题的通知》	
	2013年	《国务院批转发展改革委等部门关于深化收入分配制度改革若干意见的通知》	
	2018年	《关于严禁自行出台政策发放方式进行补贴有关问题的通知》	
	……	……	
意见类	1987年	《关于做好中央国家机关老干部、老专家医疗预防保健工作的几点意见》	22
	1993年	《关于党政机关改革方案的实施意见》	
	1994年	《关于职工医疗制度改革的试点意见》	
	2000年	《关于实行国家公务员医疗补助的意见》	
	2000年	《在京中央和国家机关部级干部住房制度改革实施意见》	
	2014年	《关于全面推进公务用车制度改革的指导意见》	
	2018年	《关于进一步激励广大干部新时代新担当新作为的意见》	
	……	……	

（三）三维分析框架：结构·历史·行为

基于上文论述，历史制度主义在融合理性制度主义和社会制度主义的基础上，吸收了规则、程序、利益等内容，同时强调环境、时间、行为等多方因素的综合性影响。历史制度主义不仅关注特定时空背景下行为者制度选择，同时还关注长时间维度下行为的变迁，强调推动制度发生变迁的外在动力与内在动力。从理论框架来看，历史制度主义将宏观制度背景、历史时间变量及行动者的价值偏好整合成“结构·历史·行为”三维分析框架，它基于“森林”来看待“树木”，为制度变迁研究提供了全观性和历时性的全新视野。

1. 历史制度主义的结构观

历史制度主义在反思传统制度主义和吸纳新制度主义其他流派精华思想的基础上，构建了自己独特的分析范式。在整合吸纳各类影响因素的过程中，历史制度主义提出其理论框架的第一级维度——结构观，即强调制度变迁中内外部多元变量的关联互动，这里的变量包括政治、经济、社会文化、意识形态结构等，研究这些宏观结构性差异对政治结果及制度变迁的影响。该观点超越传统的线性因果观，探究多重因果链下的结构变化。

2. 历史制度主义的历史观

历史制度主义将时间因素引入分析范式中。历史制度主义者认为，制度系统有其独特的时间维度，如果不对历史性的制度现象进行具体研究，这些维度就常常显得不那么明显。重大的结果也许就不会被观察到，因果关系也有可能被曲解。因此，历史制度主义的历史观将制度变迁置于历时长、跨度大的时间脉络中，研究前一时段对后续时段的影响。此种历史观被历史制度主义用来解释制度的存续或变更。具体而言，一方面，某个国家一旦选择了某种发展路径，在此后的发展中无论环境结构如何变化，其行为过程仍会表现出对之前的依赖甚至强化，即“路径依赖”，这是制度具有稳定性和存续性的原因解释；另一方面，历史制度主义认为在制度演进的过程中，存在某些“关键节点”，在这个时间节点内发生的重大事件会影响制度走向，打破制度稳定，形成制度变迁。

3. 历史制度主义的行为观

历史制度主义认为制度及其行动者呈现双向互动关系。历史制度主义中的行动主体包括制度设计者、施行者及作用者。历史制度主义在研究制度与行为的互动关系时整合算计路径和文化路径进行分析，在算计路径下，行动者会综合考虑各种行为方案，以实现自身利益最大化；而制度则反过来通过呈现他者行为选择、订立施行标准等方式改变个体行为。在

“文化路径”下，行动者作出的行为受个体世界观的影响，会选择符合自身世界观的方案，而制度为解释和行动提供了道德或认知的模板，行动者据此对行动情景和自身的解释进行过滤，如图5-1所示。

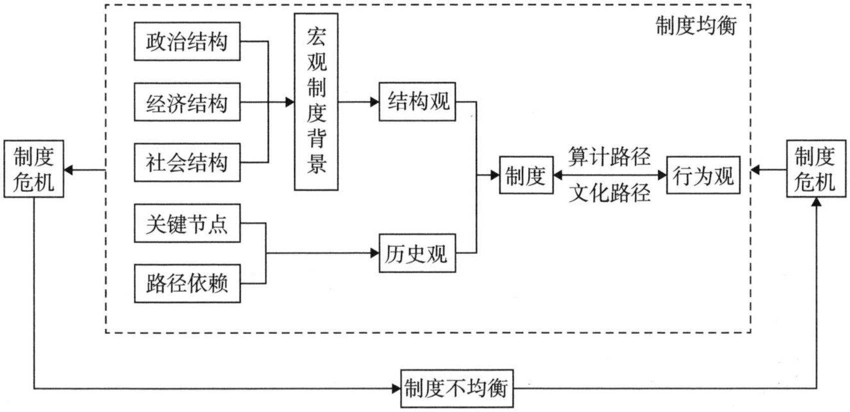

图5-1 历史制度主义三维分析架构逻辑

三、历史逻辑：党政干部福利制度的历史沿革

基于制度文本分析，本章以党政干部薪酬制度改革及影响福利变迁的重大事项为划分依据，将建党100年来党政干部福利制度变迁历程分为具有明显特征的7个阶段，并将各阶段的规律特征及其变迁总体逻辑总结如下（见图5-2）。对应的阶段特征分别为建党初期的“微量零散供给”、新中国成立初期的“实物供给、稳定供给”、“大跃进”时期的“脱离实际、超常跃升”、“文化大革命”时期的“逆向发展、停滞倒退”、改革开放初期的“低工资、多补贴、泛福利”、公务员制度探索时期的“阳光工资、福利入法”以及新时代的“腐败治理、福利收缩”。下文将进一步探索党政干部福利制度变迁的逻辑，探寻导致干部福利制度变迁的动因所在。

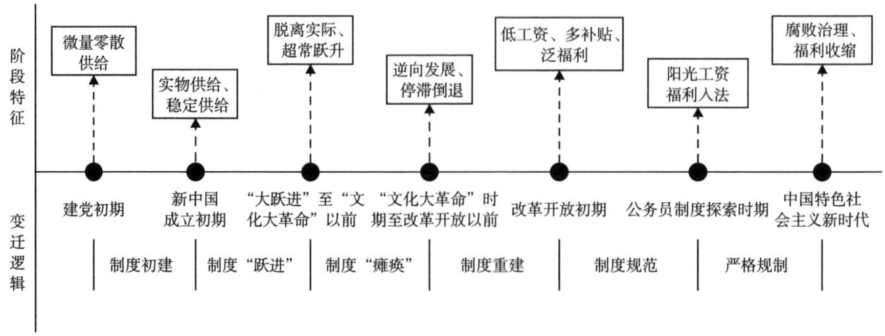

图5-2　建党100年来党政干部福利制度变迁

每项制度都存在于其相关制度安排所构成的结构中，而这些结构成为形塑该制度的制度环境，制度环境的变化则造成制度设计的结构性变迁。[①]这里的宏观制度背景指各阶段塑造政治活动的政治、经济、社会等基本制度安排。处于不同时间段的宏观结构差异对制度变迁发挥着至关重要的作用。因此，通过梳理建党以来的党政干部福利制度，我们可以发现干部福利制度的缘起、初创、停滞、重建、发展这一系列演进过程都与宏观制度背景密不可分，当制度背景发生变化时，党政干部福利制度即会作出相应调整来适应该变动。

（一）中国共产党早期的党政干部福利制度（1921—1948年）

中国共产党发展早期涵盖中华苏维埃时期、中国共产党领导的抗战时期和解放战争时期。这一阶段的干部福利表现出“概念萌芽、微量供给”的特点。自建党初期至新中国成立，我党带领全国人民浴血奋战，经历了长久的战争时期。在战争背景下，党政干部的福利制度有如下特点：第一，党内各级组织必须时刻保持军事化状态，遵循统一、平均的补给标准，为全体人员提供生活资料，是一种战时的适应性举措。第二，中国共

① 何俊志：《结构、历史与行为——历史制度主义的分析范式》，《国外社会科学》2002年第5期，第25—33页。

产党建立后历经20余年的革命斗争，为摸索战斗经验、制定正确的路线方针政策，在不断发展前进的同时也走了不少弯路。从党的指导思想和主要领导人的变更到革命根据地和中央指挥中心的数次迁移，缺乏稳定的政治环境制定执行统一、连续的干部福利制度。第三，法律制度不健全，缺乏明文规定，许多有关干部福利的相关政策仅仅停留于口头许可。军事化管理政治背景下的干部福利制度整体性、体系化程度弱。

苏维埃时期（1931年11月至1937年9月）。在战争环境下，中华苏维埃政权未能出台系统的干部福利规章，因此该时期干部福利的概念尚未形成，也没有成形的福利制度。苏维埃政府没有对工作人员发放薪酬，只有各级政府常驻人员才享有少量伙食费，且未能稳定供给。

抗日战争时期到解放战争时期（1937年9月至1948年），在抗日革命根据地，边区各级政府的干部由民政部门管理。此时各级干部虽仍不发薪酬，少数津贴补助和干部家属照拂在部分解放区推广。党中央开始对干部及干部家属的生活需求实行适当保障。如抗战时期为保证干部身体健康，党中央成立中央干部保健委员会，1941年6月在陕甘宁边区出台《干部保健条例》《中央对某些老伤病弱同志保险费决定》，1943年的《中央干部保健实施办法》等文件，对干部保健覆盖范围、适用条件和待遇标准作出具体规定，极大提高了抗战时期干部的身体素质。

抗日战争到解放战争期间，由于战时条件艰苦及物资供应困难，生产生活环境长期不稳定，物资配备供应和全党全军的战时消耗极其不对等。这一时期实行供给制的收入分配政策。朱德同志曾强调："供给制是一直伴随我党打仗的制度，可以说革命最终取得成功也靠的它。"[①] 因地区差异，供给制多实行实物配给，且发放标准难以统一。但在经济水平低、分配总量小的前提下，革命地区的党政干部、普通战士、职工等不同群体之间所

① 中国人民解放军历史资料丛书编审委员会编《后勤工作文献》第3册，解放军出版社1997年版，第594—595页。

实行的供给制标准差距很小，最多不过3~4倍。即使是在1947年因国共争夺延安地区导致福利差距最大的背景下，把中共中央最高级别干部可以享受的特别保健费算在其中，供给制因干部级别所带来的物质生活方面的差距还是十分有限的。这种制度使公私之间紧密联结，很大程度上可以确保党的纪律和干部的清正廉洁，反过来可以强化党的政治制度设计、巩固党的路线方针。因此，以微量实物供给为主要特色的经济背景导致党政干部福利制度内部差距小，呈现平均主义的倾向。

（二）新中国成立初期的党政干部福利制度（1949—1957年）

新中国成立初期，国家百废待兴，迫切需要大量资金用于战后恢复和经济重建，给公共财政造成巨大负担。因此党中央延续战时“供给”思路，对党政干部实行“供给制与津贴相结合”的薪酬制度。供给制是战争时期的产物，沿袭到1952年前后。普遍意义上对供给制下工资形式的理解是，党政干部可以在工作、生活等方面享受国家供给。

所谓供给制工资指向干部免费供给工作、生活所需的分配形式，是革命战争年代形成的一种分配制度，新中国成立后沿用至1952年。1952年3月，政务院连发两份关于调整供给制下津贴标准的法令，在“工资分制”基础上，扩展了费用给付程度和标准。改革后供给制仍存在，个体所需要的生活生产资料仍可在国家的分配下享受。所谓“大包干”就是这一阶段的干部分配方式。随着时代的发展，党政干部供给制待遇办法已不符合社会主义建设时期的分配需求。1955年，国家决定将党政干部待遇改为职务工资制，党政干部及家属开始自行负责日常开支，同时废除包干制、工资分制。至此干部工资和福利制度进入“初步统一”阶段。1956年初社会主义建设逐渐成为国家工作重点，此时苏联模式的局限性越发凸显，我国全盘照搬的做法也屡屡出现失误。1956年4月毛泽东在《论十大关系》中提道：“学习一定要同中国的实际相结合。”标志着探索符合国情、发展有中国特色的社会主义模式的确立。在政治发展模式调整后，一系列原有的制度设计相应作出调整，同时随着各机关部门的相继成立，所分管的业务内容日益完备清晰，制度设计也日益精细化、全面化。

新中国成立初期的党政干部薪酬制度从供给、包干制向工资制逐渐过渡完成。为适应这种供给工资制度和等级工资制度，我国也形成了由“统包过渡”向“制度初建”变化的干部福利格局。在“统包”制度下，国家对干部及其家属的生活，诸如医疗、住房、养老、子女教育等需一包到底，通过一系列行政程序转为国家无限“兜底”的责任。1950年颁布的《中央级直属机关暂行供给标准》规定免费供给的项目包括公家住房、水电支出、公共教育等。此外，政府还向党政干部发放伙食费和少量生活费，津贴标准分为大中小三类，由个人包干使用，亦称“小包干”。1952年6月，为更好地保障党政干部生活需求，我国始建福利费制度。此前的福利费来源主要为财政部从各级政府供给标准中按供给人数提取，存在补助标准不科学、执行混乱等问题。1954年3月政务院提出实行机关工作人员福利费，并制定统一的支出渠道、项目内容、适用范围、补助标准和原则等内容。在等级工资制度下，为提升党政干部积极性、解决其后顾之忧的福利制度设计提上日程，逐步建立起包括劳动保险、补贴、休假、退休、退职在内的各项福利制度，配套设施也陆续添置，新中国干部的福利事业开始建立，并有了较快的发展。1957年1月，国务院发文对党政机关和事业单位的干部职工各项生活福利作出具体规定，同年2月党中央作出关于增产节约运动的指示。随后各地区各级政府对干部福利制度进行相应整顿。第一，1957年党中央作出两个大幅整顿举措。一是住房补助和差旅补助的发放延迟；二是津补贴等福利制度标准被重新设计安排。第二，福利费提取标准下降。全国按照政府级别的不同，降低各自从工资总额中所需提取的福利费标准。第三，党政干部在公在私的住房补贴凡与规定相违背者一并撤销。干部住公家宿舍取消房贴，由个人缴纳房租；住私人房屋享受房贴者，保留房贴但不再扩大享有对象的范围。

较新中国成立前而言，此阶段我国党政干部的福利待遇总体得到明显改善，一些具体的福利项目和制度也相继建立。具体如表5-2所示。

表5-2　新中国成立初期代表性干部福利类型、文件和内容

<table>
<tr><th>福利类型</th><th>福利项目</th><th>施行年份</th><th>政策文件</th><th>具体内容</th></tr>
<tr><td rowspan="14">货币型福利</td><td rowspan="4">医疗补助</td><td rowspan="2">1952年</td><td>《关于全国各级人民政府、党派、团体及所属事业单位的国家工作人员实行公费医疗预防的指示》</td><td rowspan="4">①确立干部公费医疗制度；
②各级人民政府相继设立公费医疗管理委员会，领导公费医疗工作；
③公费医疗经费由国家预算拨交给卫生部门统筹使用，从各单位“公费医疗经费”项目中列支</td></tr>
<tr><td>《国家工作人员公费医疗预防实施办法》</td></tr>
<tr><td>1955年</td><td>《关于国家机关工作人员子女医疗问题的通知》</td></tr>
<tr><td>1957年</td><td>《关于职工生活方面若干问题的指示》</td></tr>
<tr><td rowspan="3">退休养老补助</td><td rowspan="3">1955年</td><td>《国家机关工作人员退休处理暂行办法》</td><td rowspan="3">①确立党政干部专门的退休制度，正式规定离退休干部的待遇标准；
②党政干部退休养老经费来源于国家财政，列入国家财政年度预算，实行现收现付模式</td></tr>
<tr><td>《国家机关工作人员退职处理暂行办法》</td></tr>
<tr><td>《关于处理国家机关工作人员退职、退休时计算工作年限的暂行规定》</td></tr>
<tr><td rowspan="2">生育补助</td><td>1954年</td><td>《关于国家机关工作人员生产产假的规定》</td><td rowspan="2">从产假时间、待遇等方面规定了党政干部及其家属的生育待遇</td></tr>
<tr><td>1955年</td><td>《关于女工作人员生育假期的通知》</td></tr>
<tr><td rowspan="2">伤亡抚恤</td><td>1950年</td><td>《革命工作人员伤亡褒恤暂行条例》</td><td rowspan="2">从抚恤费、生活费、荣誉表彰及家属待遇等方面对因公伤残和死亡的国家革命工作人员作出规定</td></tr>
<tr><td>1954年</td><td>《关于军队供养人员移交地方安置的联合通知》</td></tr>
<tr><td>家庭津贴</td><td>1953年</td><td>《关于统一掌管多子女补助与家属福利等问题的联合通知》</td><td>确立面向城镇居民家庭的津贴制度</td></tr>
<tr><td>探亲福利</td><td>1954年</td><td>《关于各级人民政府工作人员福利费掌管使用办法的通知》</td><td>规定党政干部的家属生活困难及家属往返机关探亲路费的相关补助</td></tr>
</table>

续表

福利类型	福利项目	施行年份	政策文件	具体内容
货币型福利	生活福利	1956年	《关于国家机关和事业、企业单位1956年职工冬季宿舍取暖补贴的通知》	规定党政干部关于生活困难、冬季取暖、上下班交通、生活必需品供应等生活方面的补助
		1957年	《关于职工生活方面若干问题的指示》	
非货币型福利	休假福利	1952年	《关于各级人民政府工作人员在患病期间待遇暂行办法》	对各级党政干部的病假待遇进行了规定
		1957年	《国务院关于工人、职工回家探亲的假期和工资待遇的暂行规定》	解决新中国成立初期为支援祖国建设、离别父母和家庭的职工干部与家属的团聚问题
	子女教育	1956年	《关于托儿所、幼儿园几个问题的联合通知》	规定托儿所、幼儿园应当贯彻以工矿、企业、机关、团体、群众自办为主的举办方针。为机关事业单位提供照料服务提供了依据
	住房福利	1957年	《关于职工生活方面若干问题的指示》	党政干部住房建设统一按国家的基本建设投资计划安排，纳入政府固定资产投资范畴，由国家负责维修

总体来看，新中国成立初期干部工资和福利制度初步建立并进入“初步统一”阶段。党政干部的福利待遇得到了改善，逐步建立起包括休假、医疗补助、退休养老、子女教育、生活保障在内的各项福利制度，配套福利设施也相继添置。极大激发了党政干部的工作积极性以及对社会主义新生政权的拥护，对此后推动社会主义生产意义非凡。

（三）“大跃进”至“文化大革命”以前的党政干部福利制度（1958—1965年）

在国家对干部工资和福利制度进行整顿之时，“大跃进”运动于1958年在全国悄然兴起，这一场关于生产的脱离现实的大跨步前进，极大影响了干部福利制度发展的进程。“高指标”下的社会生产急需充足的劳动力，为提高社会各行各业的生产积极性，员工各方面的福利水平也随即提高。具体表现为，在“大跃进”号召下，大批女性劳动力积极参与生产劳动。女性在家庭中一般比男性要承担更多的家务劳动，涉及做饭、照顾老人、小孩等烦琐的活动，很大程度上是女性职工外出进行生产活动的顾虑。在此背景下，城市增设大量公共食堂、托儿所、幼儿园。

此外，1956年后中央高度集权的经济体制无法充分发挥社会活力、有效调动社会生产力。毛泽东指出央地共同实现发展是同等重要的，必须改变之前不适应中国实际情况的经济体制，给地方下放更多的权力，随后毛泽东用《论十大关系》对央地分权提出理论指导。然而在执行过程中，中央快速且盲目的放权非但没有很好地贯彻分权初衷，反而加剧了管理的分散无序和国民经济的失衡。这一时期地方管理部属事业单位在短时间内成为热潮，财税权也大幅下放。此外，将地方在社会建设各项事业方面的管理权限不断放宽扩大，还允许地方自行解释中央规定的生产指标，甚至增加额度无须提请审批。过快过多过重的决策管理权在短时间内下放地方，必然造成地方权力极速扩张，盲目随意、缺乏制约的财政分配和生产建设也在很大程度上超额膨胀。

因此，这一时期的经济分权使得地方获得极大的财政自主支配权，而党政干部福利经费的主要来源即公共财政，地方非理性的经济扩张，自定预算、自主支出趋势的强化也使各地干部的福利水平极速膨胀，加之“大跃进”的催化，党政干部福利制度在原有基础上大踏步前进，所设计的制度和内容脱离实际，超越政治经济发展水平，对制度本身造成了一定的破坏。从1963年到1965年，党政干部福利费标准从1%上调到2.5%。1959年到1961年，3年的时间我国经济受到了大幅度的冲击，社会各方面事业一蹶不振。1961年，经济领域接受整顿。经过一段时间的经济重新调整，我国膨胀飞涨的物价得到了控制，收支出现赤字的情况也重回正轨，在此背景下人们的生活也重新恢复正常。与此同时，社会福利事业和党政干部福利制度也同步进行调整。就干部福利而言，1965年福利费制度首先受到了调整，体现在支出标准的规定上，干部本身及其家属若确有生活困难，则福利费是首当其冲的解决途径。若在此基础上有所剩余，则可以酌情用于解决医疗、教育等方面的需求。此外，调整了干部福利费的提取份额和公费医疗的自理标准。同年末，卫生部和财政部从挂号费和营养药品收费等方面对党政干部的医疗补助作出调整。这阶段，社会总体福利水平膨胀，党政干部所享有的福利待遇也呈现扩张趋势，此后在国家的积极调整下，干部福利制度逐渐走上正轨，缩减取缔了一些非必要福利，规范完善福利制度，因此后期的制度设计有了长足的进展。

（四）“文化大革命”至改革开放以前的党政干部福利制度（1966—1977年）

1966年至1976年我国经历了10年动乱，涉及民生的各个方面都被严重地挫伤和损毁，我国党政干部工资福利制度亦未能幸免。在工资制度领域，反革命集团将按劳分配批判为资本主义残余、将计件工资和奖励制度批判为修正主义产物，如《劳动保险条例》这一重要的制度文件在此期间遭到根本否定。在福利制度方面，党政干部福利制度也受到严重干扰，反革命集团将干部福利事业污蔑为福利主义，是培养修正主义的温床。“文化大革命”期间党政干部福利初建的规章制度被废弃，负责福利工作的领导部门陷入瘫痪，不少基层的福利机构被勒令停止工作甚至是裁撤。许多从事职工福利事业的干部、积极分子、优秀保育人员受到迫害。许多干部和工人到了法定退休年龄，却不能正常办理退休手续。主管干部福利事业的领导机构被裁撤或陷入瘫痪，许多基层单位的福利机构被解散，进入全面停滞期。此外，生产建设大规模停摆，经济管理体制陷入无序状态、国民经济结构严重失调，经济水平大跌使得福利支出来源受制，实物供应短缺使得福利制度中占据较大比例的非货币型物质保障缩减，甚至直接取消，以上都使得初建的福利制度在探索期遭遇动荡的制度环境，无疑“雪上加霜”。具体而言表现为以下3个方面。

第一，有法不依、有章不循。在错误思潮的影响下，关于党政干部福利的政策文件、法令无法得到有效执行，在没有法律约束的情况下，肆意提高福利发放标准、放宽享受条件，造成福利秩序的混乱。

第二，管理机构瘫痪。1969年1月，中央负责干部保险管理的专职机构——内务部被裁撤。1970年6月“文化大革命”进入斗批改阶段，劳动部被撤销，此时在中央宏观管理层面上福利体系出现“真空”，干部福利同样也陷入无人管理的局面。

第三，福利项目被损毁。福利场所（如工人文化馆、俱乐部等）和福利设备（如图书、教具等）被抢占、损毁。在此阶段，党政干部的薪酬福利制度全面停摆，干部生产积极性受到严重挫伤，也给后续的薪酬福利制度恢复重建造成巨大阻碍。

经过上述两个时期，党政干部福利制度遭受重创，部分福利事项虽有发展，但总体制度架构及其配套政策都陷入困境。给改革开放后的恢复重建造成巨大阻碍。

（五）改革开放初期的党政干部福利制度（1978—1992年）

改革开放后，中央集权的“单极结构”向社会分权的“多极结构”转变，以经济建设为中心成为党和国家乃至全社会的共识，党政干部的福利事业经过恢复调整，逐步回到正轨。实行了二十几年的等级工资制度在发展演进过程中逐渐凸显其局限性，如不合时宜的平均至上等。“职级不符”“劳酬脱节”“提职不提薪”等矛盾突出，党政干部的干劲受到了极大的挫伤。1985年5月，党政干部工资制度改革再次被提上日程，规定党政干部均改行结构工资制。

与社会转轨的大环境及结构工资制度相适应，中国党政干部福利制度在20世纪七八十年代也发生了新的变化，这一阶段的福利主要表现为货币形式，干部福利意识显著增强，但传统福利制度仍在延续，呈现由“恢复重建”向“发展膨胀”转变的状况。

1. 恢复重建阶段

1978年5月民政部成立，其职能与原内务部基本相同，党政干部的工资、福利同样也囊括其中。1979年国家劳动总局增设保险福利司，与之相对应的是各地的福利处，各级工会的筹备再建工作也同步进行。1981年，关于处理退伍军人相关事务的干部安置局成立。1982年，掌管干部福利事务的保险福利局归入劳动人事部，这个部门是党中央在整合多个相关部门的基础上成立的。1985年9月，“七五计划”首提社会保障的概念，社会保障制度在我国正式确立，在运行机制、项目构成和模式设置方面有了较成熟的设计。1986年，民政部对福利主体进行了重新明确，提出应当拓展福利来源的主体，即社会福利不能仅由国家来负担，而应当发挥集体和个人的重要作用，为改革开放初期的党政干部福利制度调整指明方向：干部在获得工资性收入的基础上，同时享受一系列福利及福利设施，包括分配房、医疗服务与保险、休假等，与工作相关联的福利制度不再停留在维持社会救助的低水平状态，而是切实改善并提高了干部的生活质量。1986年12月干部福利费制度也完成恢复重建。

2. 发展膨胀阶段

改革开放初期各项法律规章和监督机制尚未健全，政府体制改革滞后，换言之，放权所带来的负面效应规避力度弱。在制度约束力不强的背景下，诸多游走在制度边缘的非法行为屡见不鲜，干部们往往通过巧立形式进行实质的福利支出，货币型和非货币型福利总和甚至远超干部工资额，工资外补贴高昂，不同部门的福利补贴差距悬殊，且热衷于各自的创收、收费等部门利益，很大程度上导致干部薪酬福利制度的无序和混乱，同时增加其“设租”和“寻私”的动机。因此，恢复重建后的党政干部福利体系不久便进入发展膨胀阶段。“单位包办福利”是改革开放向市场经济过渡时期公共部门福利制度的显著特征，即以单位为干部福利的发放主体。美国学者魏昂德（2002）重点探讨了公共部门中的福利设计与分配制度，在其专著《再分配经济中的产权和社会分层》中指出，党政干部的福利水平与其所在单位的级别、规模呈正相关关系，干部个人所在部门的主管单位级别越高、规模越大，所提供的食堂浴室、交通补贴、子女入托、医疗退休等福利的规格也就越高。与其他行业相比，公共部门特别是党政机关为其员工所提供的福利相对更高。[①] 值得关注的是，随着计划经济逐步向市场经济过渡，党政干部的生活福利设施和文化福利设施的资产专用性逐步降低，开始探索部分福利设施对外出租的新路径，同时也开始探索实物福利向货币化福利改革的路径。其余关于党政干部福利制度的具体内容见表5-3。

表5-3　改革开放初期代表性干部福利类型、文件和内容

福利类型	福利项目	施行年份	政策文件	具体内容
货币型福利	医疗补助	1978年	《关于行政、事业单位职工因公负伤住院治疗期间伙食费报销三分之二的通知》	①干部身份的公职人员享受公费医疗，工人身份的公职人员享受劳保医疗； ②对不同级别干部规定对应级别的公费医疗标准； ③启动医疗保障制度改革，应对持续攀升的公费医疗费用
		1982年	《关于重申不得用公费医疗、劳保医疗经费报销自费药品和非治疗性商品的规定》	
		1983年	《中组部关于省、市、自治区负责同志来京治病问题的通知》	
		1984年	《卫生部关于中央国家机关在京单位司局长以上干部和专家医疗照顾的补充规定》	
			《关于进一步加强公费医疗管理的通知》	

① 边燕杰主编《市场转型与社会分层：美国社会学者分析中国》，生活·读书·新知三联书店2002年版，第133、139页。

续表

福利类型	福利项目	施行年份	政策文件	具体内容
货币型福利	医疗补助	1987年	《关于做好中央国家机关老干部、老专家医疗预防保健工作的几点意见》	——
	退休养老补助	1978年	《关于安置老弱病残干部的暂行办法》	重新整顿党政干部的退休、退职、离休的福利制度，对1949年前参加工作的老干部给予更优厚待遇
		1980年	《关于老干部离职休养的暂行规定》	
	探亲福利	1981年	《关于职工探亲待遇的规定》	从享受探亲的权利主体范围、条件、时长、路费报销流程及标准进行说明。奠定现行党政干部探亲休假制度的基础
			《关于职工探亲路费的规定》	
		1985年	《国务院机关事务管理局关于中央国家机关工作人员探亲路费报销问题的通知》	
	差旅补助	1978年	《关于建立职工上下班交通费补贴制度的通知》	建立党政干部出差费用开支的补助制度。按照干部级别、出差地点、出差时间不同对出差期间的交通费、住宿费、伙食费进行相应补助
		1985年	《关于国家机关、企业、事业单位工作人员差旅费开支的规定》	
		1986年	《中央国家机关工作人员差旅费开支的补充规定》	
	生活福利	1979年	《关于高级干部生活待遇的若干规定》	对高级干部的工资待遇、汽车配备、秘书配备、宿舍和医疗等生活方面的待遇
		1983年	《关于新任副部长、副省长以上干部生活待遇的几项暂行规定》	
	伙食补助	1985年	《财政部关于提高出差伙食补助标准的通知》	提高党政干部的会议伙食补助、出差补助和夜餐补助标准
		1985年	《国务院机关事务管理局关于调整会议、出差和夜餐补助标准的通知》	
非货币型福利	休假福利	1981年	《国家机关工作人员病假期间生活待遇的规定》	根据按劳分配原则，对国家机关工作人员按工作年限、级别和病假时间给予不同的休假待遇
	住房福利	党政机关按照干部工龄、级别、家庭人口等标准向党政干部分配住房，只收取象征性的房租并承担日常维修责任，没分到住房的干部则享有房租补贴		

续表

福利类型	福利项目	施行年份	政策文件	具体内容
非货币型福利	集体福利设施	各级党政机关相继设立食堂、浴室、理发室、疗养院、图书馆、托儿所、幼儿园等集体福利设施		
	实物福利	每月或逢年过节向干部发放鸡蛋、粮油、洗浴用品、电影票等大量实物福利		

改革开放后，我国党政干部的福利制度初步成型。在恢复先前被损毁的福利制度的基础上作出符合社会主义初级阶段的制度探索，福利制度覆盖面的扩大，一方面保障了党政干部的生产生活需求，增强了广大干部的积极性和凝聚力；另一方面极大地助推了社会主义事业发展。然而由于转型期社会结构变动频繁，薪酬制度未能随经济发展及时地作出调整，导致福利所占的比重越来越大，对公共财政造成巨大压力。

（六）公务员制度探索时期的党政干部福利制度（1993—2011年）

随着社会主义市场经济体制的持续发展，政府的管理体制、运作效率都亟待转型提升。党的十四大报告指出，机构臃肿，效率低下，亟须进行彻底改革。随后于1993年到2008年分别进行了4次机构改革。其中，1998年将机关行政编制缩减50%，其力度位列历次机构改革之首。2003年的机构改革进一步强调要提高行政效率，减低行政成本，打造公正透明、廉洁高效的行政管理体制。2008年开始探索职能统一的大部制改革。从改革频率、改革主旋律和改革力度都可以看出，这一阶段，党政机关力图通过机构的缩减合并，降低长期维持在高水平状态的行政成本，从而实现效率的提升。对于党政干部福利制度来说，公共财政是福利支出的主要来源，控制成本必然会牵涉到公共预算的控制，因此这一阶段的干部福利总体受到制度收紧的影响。

此外，1997年“建立社会主义法治国家”在党的十五大报告中首次提出。2002年党的十六大正式提出依法治国基本方略。这表明在这一时期法治化、规范化成为一切制度施行的指导思想。在此背景下，《国家公务员暂行条例》和《中华人民共和国公务员法》的相继颁布。相关法律法规的颁布一方面契合了规范福利制度、降低成本、提升干部管理效能的改革趋势；另一方面用法治的形式使干部身份实现职业化转变，也使干部福利制度前期膨胀无序的乱象得到整治，开始探索法治约束下的干部福利制度变迁。

在市场经济发展及职务职级结合的工资制度变革背景下，我国党政干部的福利制度也随即进行调整转变。1994年、1996年、1998年我国陆续在城镇推行职工养老、住房、医疗等一系列保险福利制度改革，党政干部的福利制度也随即进行优化和完善，基本执行了与全国其他行业统一的标准。《国家公务员暂行条例》第六十九条规定，“国家公务员按照国家规定享受保险和福利待遇”。同时配套13个暂行规定和13个实施办法，并在党的机关和人大、政协、群团、民主党派推行参照管理。2004年，北京市率先实施“阳光工资”改革，将公务员工资待遇公开透明化，并统一标准不一的福利性津补贴。2005年《中华人民共和国公务员法》出台，包括公务员依照规定享受福利待遇；享受住房、医疗等补贴；根据社会经济发展水平提高公务员的福利待遇等相关细则。此外，一些福利项目如机关住房改革，部分福利社会化有序推进。以上的法律和改革不仅标志着我国党政干部福利制度进入有法可依阶段，更说明干部福利制度摆脱各行其政、标准不一的困境，以国家经济社会发展情况为基础，迈出法治化、规范化的关键步伐。（见表5-4）

表5-4 公务员制度探索时期代表性干部福利类型、文件和内容

福利类型	福利项目	施行年份	政策文件	具体内容
货币型福利	医疗补助	1994年	《关于职工医疗制度改革的试点意见》	①建立国家公务员医疗补助制度。在城镇职工基本医疗保险制度的基础上，对公务员的补充医疗保障，保证国家公务员原有医疗待遇水平不降低；②医疗补助经费主要用于基本医疗保险统筹基金最高支付限额以上，符合基本医疗保险用药、诊疗范围和医疗服务设施标准的医疗费用补助。在基本医疗保险支付范围内，个人自付超过一定数额的医疗费用补助
		1998年	《国务院关于建立城镇职工基本医疗保险制度的决定》	
		2000年	《关于实行国家公务员医疗补助的意见》	
		2003年	《公务员医疗补助资金和离休干部医药费会计处理规定》	
	取暖补贴	2003年	《关于城镇供热体制改革试点工作的指导意见》	实行党政干部取暖补贴“热商品化”：停止实行由所在单位统包的用热制度（福利供热），由政府、单位、个人共同负担采暖费，单位用于职工供热采暖的费用作为供热采暖补贴由单位直接向职工和离退休人员发放，变“暗补”为“明补”
	住房补贴	1994年	《建立住房公积金制度的暂行规定》	①建立党政干部住房公积金制度；②逐步停止住房实物分配，实行住房分配货币化；③规定干部购房主要资金来源为：职工工资、住房公积金、个人住房贷款。且财政、单位原有住房建设资金可转化为住房补贴的地区，可以对无房和住房面积未达到规定标准的干部实行住房补贴
			《国务院关于深化城镇住房制度改革的决定》	
		1998年	《关于进一步深化城镇住房制度改革加快住房建设的通知》	
			《财政部关于认真做好住房补贴实施工作的通知》	
		1999年	《住房公积金管理条例》	
			《在京中央和国家机关进一步深化住房制度改革实施方案》	
			《关于实行住房货币化分配发放职工住房补贴若干问题的意见》	

续表

福利类型	福利项目	施行年份	政策文件	具体内容
货币型福利	住房补贴	2000年	《在京中央和国家机关部级干部住房制度改革实施意见》	
		2001年	《关于抓紧落实机关事业单位住房补贴资金有关问题的通知》	
		2002年	《国务院关于修改〈住房公积金管理条例〉的决定》	
		2003年	《关于易地调动干部住房管理暂行规定》	
		2005年	《关于完善在京中央和国家机关住房制度的若干意见》	①按建筑面积确定了各级干部购房补贴标准； ②对干部购房数量、购房面积和购房价格作出限制
			《关于清理纠正领导干部多占多购住房的规定》	
		2006年	《关于县（处）级以上领导干部严格执行住房制度改革有关政策规定的通知》	
非货币型福利	休假福利	1993年	《关于职工休假问题的通知》	规定党政干部的休假天数和休假方式等内容。在年休假天数确定的前提下，根据工作任务和不同干部的级别、工龄等进行区分，休假时间最长不能超过两周
		2007年	《职工带薪年休假条例》	规定党政干部连续工作1年以上的，享受带薪年休假。干部在年休假期间享受与正常工作期间相同的工资收入
	工时福利	1995年	《国务院关于职工工作时间的规定》	规定党政干部工时制度：每日工作8小时，每周工作40小时。为合理安排职工的工作时间和休息时间，维护职工休息权利，调动职工积极性作出贡献
		2005年	《中华人民共和国公务员法》	

续表

<table>
<tr><th>福利类型</th><th>福利项目</th><th>施行年份</th><th>政策文件</th><th>具体内容</th></tr>
<tr><td rowspan="3">非货币型福利</td><td rowspan="3">集体福利设施</td><td rowspan="3">1993年</td><td>《关于党政机关改革方案的实施意见》</td><td rowspan="3">①集体福利经办开始引入市场经营机制；
②将与干部福利相关的集体项目划入机关后勤服务职能中（如机关食堂、医务室、疗养院、副食品基地、洗衣房、锅炉房等）；
③将机关后勤服务职能从行政序列分离出来，设立专项服务机构，承担各项服务职能，逐步向自收自支和企业化管理方式过渡</td></tr>
<tr><td>《国务院各部门后勤机构改革实施意见》</td></tr>
<tr><td>《关于机关和事业单位工作人员工资制度改革问题的通知》</td></tr>
</table>

（七）中国特色社会主义新时代党政干部福利制度（2012年至今）

进入新时代，国家治理体系和治理能力显著提升。新发展阶段对党和政府的角色提出更高要求。党政干部作为党科学执政和政府高效行政的主力军，肩负着实现中华民族伟大复兴的历史重任。党政干部重要性的凸显带来了对其配套工作生活保障的关注。在《国家公务员暂行条例》《中华人民共和国公务员法》的指导下和市场经济的要求下，党政干部福利制度开始进入有法可依阶段，但具体的执行标准和监管力量仍未明确。

这一时期我国的经济社会发展也进入快车道，从全世界的平均水平看，2012年以来我国经济水平远超其上，从经济贡献率上来看也同样稳居首位。经济奇迹的造就伴随的是人均收入差距的扩大和社会心态的波动，如贫富差距扩大制约我国内需的扩大，影响了经济的发展；机会不公导致社会不同群体间、群体内部的收入差距也在加大；职工工作积极性降低，拜金、仇富等不健康心理发酵，社会稳定受到威胁等。

由于缺乏具体执行标准和监管力量，加之经济快速发展的催化，高昂的福利支出给公共财政造成巨大负担。进入新时代，得益于先前积攒的福利红利及社会发展红利，党政干部的福利项目数、内容、经费支出和覆盖面呈现不断扩大的态势。

在这一时期，有些福利项目看似被明文取消，但其落实程度或替代性项目的受惠力度更甚其上。进入新时代，从先前开始积累到现在，公务员所享有的福利规模已经十分庞大，且实质上已经远超法律规定的范围。具体而言有以下几个方面。

一是违规发放高额福利现象层出不穷、种类繁多。据中央纪委党风政风监督室公布的数据（见图5-2），自2015年1月至2020年2月，中央纪委查处违规发放津补贴或福利的问题数高达6.4万起，占同期查处的26.2万件享乐主义、奢靡之风问题的24.4%，占比居第一位。①

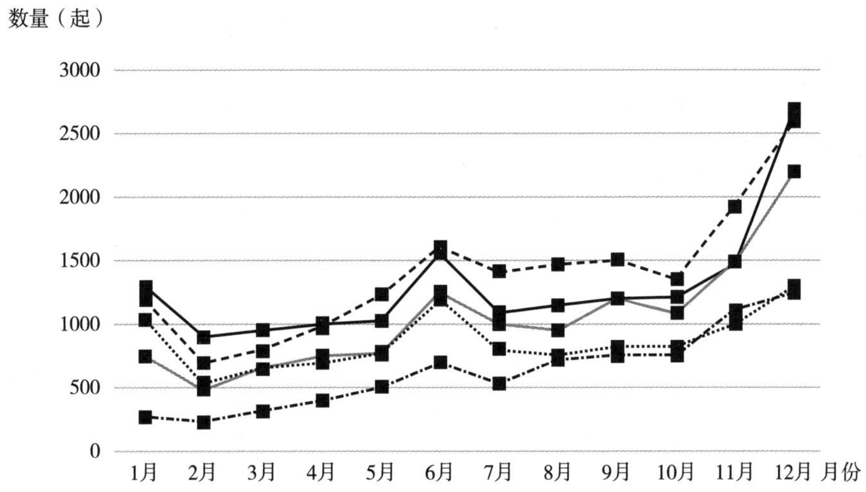

图5-2　2015—2019年每月查处违规发放津补贴或福利问题数量

二是隐性职务消费屡禁不止。违反中央八项规定精神的“隐性职务消费”如公款私用、违规发放福利等被查处的案例近年来不断增多。图5-3

① 数据来源：《中国纪检监察》2020年第8期。

表明，2015—2019年，查处的违规问题不断增多，其中2018—2019年增速最为明显。这并不代表“违规”风气日益加重，而是在一定程度上表明我国政府反腐败力度的加强。

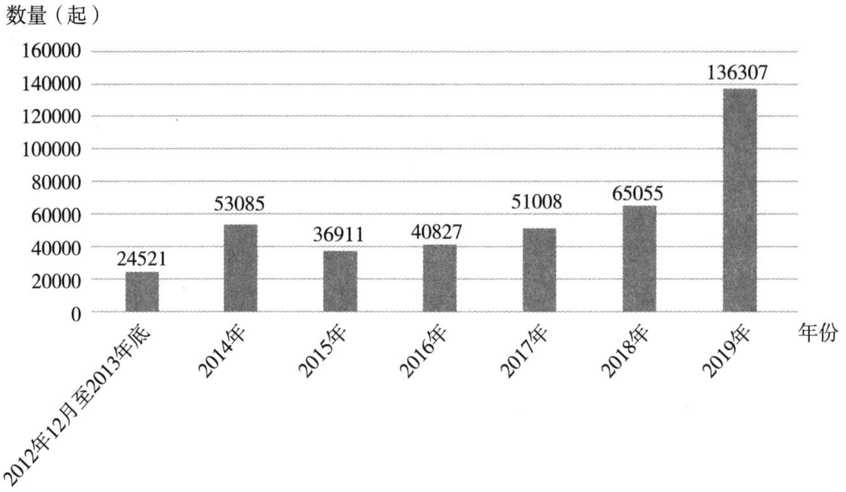

图5-3　2012—2019年全国查处违反中央八项规定精神问题数据

三是单位私设“金库”等非法行为仍屡禁不止。在一定的历史背景下，部分行政机关仍然保留了形成单位自有财产的习惯，在特定时期发挥了弥补公务员福利不足的重要作用，但随着公务员福利制度的调整与改善，原有的“金库”已经不适应新型的薪酬福利制度体系，而成为福利腐败的重要来源。近年来，国家对相关问题重视程度加强，但仍有部分地区、部门存在相关现象，亟须受到进一步重视。

基于此，规范党政干部收入分配制度已刻不容缓，新时代党政干部福利制度呈现出“依法规制、缩减规模”的特征。党的十八大以来，以习近平同志为核心的党中央高度重视治理腐败问题。党和国家不断加强腐败治理的法律和制度建设，从中央到地方，“反腐”浪潮深入人心，极大增强了党政干部福利腐败治理的法治建设。代表性法律规章见表5–5。

表5–5　新时代代表性干部福利腐败治理法律规章建设成果

颁布时间	法律法规	主要内容
2013年2月	《国务院批转发展改革委等部门关于深化收入分配制度改革若干意见的通知》	明确规定党政干部应享有的津贴
2013年6月	《违规发放津贴补贴行为处分规定》	提出违规发放津贴补贴应接受的处分
2013年11月	《党政机关厉行节约反对浪费条例》	对党政机关经费管理、国内差旅、因公临时出国（境）、公务接待、公务用车、会议活动、办公用房、资源节约等作出全面具体的规范
2015年8月	《中国共产党巡视工作条例》	强调落实全面从严治党要求，严肃党内政治生活，净化党内政治生态，加强党内监督，规范巡视工作
2015年10月	《中国共产党廉洁自律准则》	对违反规定取得、持有或实际使用各种会员卡、消费券，利用职权为亲属、身边工作人员谋利益，接受、提供可能影响公正执行公务的宴请或者旅游、健身、娱乐等活动安排等违反廉洁纪律行为的处分作详细规定，极大增强约束力和威慑力
	《中国共产党纪律处分条例》	
2019年9月	《中国共产党问责条例》	指出对推进党风廉政建设和反腐败斗争不坚决、不扎实，对政治问题和经济问题交织的腐败案件放任不管，造成恶劣影响的党组织和干部行为予以问责

在制度建设方面，2012年，中共中央政治局通过“八项规定”，对违规收受礼金、发放津贴、公费旅游接待等福利腐败问题进行明确规定。2013年党中央颁布“六项禁令”，主要从使用公款进行礼品收受、违反规定发放福利、参与违法违规行为等方面作出规定。此外，关于治理福利腐败方面制度建设的代表性成果，如表5–6所示。

表5-6　新时代代表性干部福利腐败治理制度建设成果

福利类型	福利项目	施行年份	政策文件	具体内容
货币型福利	住房补助	2017年	《关于贯彻落实“放管服”改革精神做好住房公积金缴存有关工作的通知》	贯彻落实国务院“放管服”改革精神，推进“互联网 + 住房公积金”建设，规范干部住房公积金缴存标准
	交通补助	2014年	《中央和国家机关差旅费管理办法》	规定干部不得向接待单位提出正常公务活动以外的要求，不得在出差期间接受违反规定用公款支付的宴请、游览和非工作需要的参观，不得接受礼品、礼金和土特产品等
			《关于全面推进公务用车制度改革的指导意见》	对党政干部公务用车的保障方式、交通补贴标准、车辆处置、资金使用等问题作出具体规定
			《中央和国家机关公务用车制度改革方案》	规定公务交通补贴属于改革性补贴，列入财政预算，在交通费中列支，用于保障公务人员普通公务出行。适时适度调整公务交通补贴标准
	伤亡补助	2012年	《关于调整中央国家机关工作人员遗属生活困难补助标准的通知》	对中央国家机关工作人员死亡后遗属生活困难补助标准进行调整
非货币型福利	休假福利	2012年	《女职工劳动保护特别规定》	对女性干部的产假制度作出规定
		2013年	《全国年节及纪念日放假办法》	对包括党政干部在内的全体或部分公民的公共节假日进行了规定
	女性劳动保护福利	2012年	《女职工劳动保护特别规定》	从各个可能导致女性工作苦难的方面入手，减少和解决女性干部在工作中因生理特点造成的特殊困难，保护女性干部的身体健康

经过党的十八大以来的一系列福利治理行动，党政干部队伍基本上形成“不敢腐、不能腐、不想腐”的局面，随着福利腐败立案数和被查处人数的增多，反福利腐败举措取得可喜成绩。进入新时代，在艰巨复杂的改革攻坚和社会发展背景下，社会主义现代化事业的发展对党政干部提出了

更复杂多元的要求，深化改革开放带来的机遇与诱惑对党政干部形成了巨大考验。放眼当下，一系列旨在推进党政干部福利事业法治化、规范化、人性化的制度措施正在有序推进。一方面保证干部享有正常福利，提高其干事创业的积极性和创造性；另一方面有力防治福利腐败，打造清正廉洁的干部队伍。

四、存续逻辑：党政干部福利制度变迁的间断与延续

历史制度主义将“历史”二字置于位首，是其有别于其他学派的突出特征，站在历史观的视角思考制度变迁，即考虑时间维度对制度变迁的影响。皮尔逊认为有7个影响时间机制的因素，其中，按照关键因素与时间长短，关键节点与路径依赖是历史制度主义认为最能代表历史逻辑维度的两大因素。

历史制度主义认为一项制度有其自身的延续性，打破这种延续性的转折事件就成为关键节点。历史制度主义学者克里尔夫妇认为，关键节点的发生事项对制度变迁产生深刻影响。制度发展过程中的路径变迁往往离不开一些重要的关键节点，常表现为短暂时期的重大事件，其前后均为制度稳定发展的较长阶段，由此串联起制度的间断均衡变迁。克拉斯勒认为，关键节点的产生机制是制度在长久稳定后，在某时刻会被某种危机干预，进而演化成突发性制度变迁。而其发挥的作用为关键节点打破原有制度的延续性，在经历突发变迁后，制度发展进入新一轮的稳定阶段。

经济学家道格拉斯·诺思最早在其著作中提出“路径依赖”的重要观点，此观点可类比物理惯性，只要某种既定状态开始运行之后，事物就会保持此状态向前发展。原因是相同的报酬递增和自我强化的机制。历史制度主义中的路径依赖指若一个组织已预选了一种发展路径，即便同时存在其他可选择的路径，但已建立的制度会给颠覆初始选择的改变施加巨大阻

力，因此要改变原始路径极其困难。此外，路径依赖还有两类不同属性，分别对制度变迁有不同的作用效果：一类是良性路径依赖。原始制度执行过程中既能实现报酬递增，又能使配套制度协调有序发展，从而呈现经济社会向好演进的趋势。另一类是恶性路径依赖。原始制度执行过程中导致报酬递减，配套制度混乱无序发展，偏离正轨违背制度初衷，社会呈现“僵化”状态。因此，历史制度主义中的路径依赖的形成主要是依靠制度的自我强化机制。以下基于路径依赖的基础概念，从“历史观”的视角出发，探索不同阶段的干部福利的变化。

（一）关键节点：党政干部福利制度变迁中的关键事件

按照时间顺序和突出特征，可将党政干部福利制度分为建党早期（1921—1948年）、新中国成立初期（1949—1957年）、“大跃进”至“文化大革命”以前（1958—1965年）、“文化大革命”至改革开放以前（1966—1977年）、改革开放初期（1978—1992年）、公务员制度探索时期（1993—2011年）及中国特色社会主义新时代（2012年至今）7个阶段。阶段的划分以影响干部福利制度的重大历史事件为依据，包括新中国的成立、“大跃进”运动、“文化大革命”、对内改革对外开放国策的确立、公务员法颁布、党的十八大召开等，均为中国党政干部福利制度变迁带来重大影响并使其改变明显轨道的关键节点。

新中国成立是第一个具有标志意义的历史节点，使得我国从帝国主义、封建主义、资本主义等压迫中实现解脱，中华民族获得解放，人民从此当家作主，为党政干部福利制度的建立奠定了根基，拥有了和平发展的制度环境和强有力的制度制定主体。为巩固新生政权，我国借鉴苏联发展模式，建立起“统包统配”式的干部福利模式，并陆续设立相应的主管部门，新中国干部的福利事业开始建立。“大跃进”运动使得各行各业脱离现实、盲目求快，我国干部福利制度的有序建设也出现了混乱，实行“大办全民福利”，这一时期干部福利的项目内容极速膨胀，盲目脱离实际地一味扩张，严重浪费国家财政，也严重影响了制度建设。与“大跃进”运动的急躁冒进截然相反，“文化大革命”背景下的阶级斗争运动使经济社会发展呈现断崖式下滑，干部福利制度也从之前阶段的全面膨胀迅速冷却缩减，具体体现为主管机构瘫痪、规章制度被废、物资供应短缺，紧缺的福利资源成为少数高级干部才能享受的“特供”，初建的福利制度经历这种一“胀”一“缩”，更加溃损不堪。改革开放后，中央进行了一系列拨乱反正工作，各项事业逐步回归正轨。改革开放实行简政放权，地方各级政府、各部门享有福利资金的所有权和使用权，“单位包办福利”使预算外福利支出大大增加，干部福利制度在有序地恢复重建之后规模日趋增大。此后，党政干部的福利制度一直较为平稳地渐进发展，但仍然缺乏法律支撑，不成体系。公务员法的颁布标志着我国党政干部福利制度变迁进入了有法可依、依法完善的阶段。然而，虽有法律规定，但仅为一般性规定，无具体执行标准和说明，补充性法规也不完善，干部福利的膨胀之势未能被很好地遏制。进入中国特色社会主义新时代以来，我国的经济、政治、文化等进入了新的历史发展阶段，干部福利更是“水涨船高”，之前种种积弊造成了一些福利腐败问题。在此背景下，党的十八大召开，党和国家在反腐败斗争中重拳出击，对党政干部的正常福利进行了严格规定，健全针对福利腐败的法律法规，加强反腐制度建设，使得党政干部福利制度在法律制度规制下科学合理有序发展。

（二）路径依赖：党政干部福利制度变迁的历史延续与自我强化

1. 党政干部福利制度变迁的历史延续

在对党政干部福利制度的路径依赖特征进行分析时，本章主要采用扎根理论，对所选制度文件进行开放式、主轴式和选择式的逐级编码。通过三级编码，从原始文件样本中层层提取存在明显类属的表述，并逐级将其抽象化、概念化，从而构建一个反映现象本质和意义的新理论。

第一，呈现“国家主导”路径的依赖。从中国共产党成立至今，100多年的干部福利制度变迁历史始终离不开国家的主导力量。究其原因有三：首先，我国实行的是单一制的国家结构形式，与联邦制不同，单一制实行中央统一集权，地方政府的权力由中央政府授予，接受中央政府的统一领导，整个政府实行层级控制，对地方政府不适当的行政行为，中央政府有权撤销。这就决定了国家制度设计基本是由自上而下的力量推动发展的，党政干部福利制度的发展变迁亦是遵循了这一特征。其次，就党政干部的身份定位来说，党政干部是国家党政机关的主体成员，其工作生活的相关事项都处于国家的统一安排中，因此涉及薪酬福利等待遇问题自然也体现国家主导的路径。最后，福利支出资金主要从预算内福利支出，即国家的公共财政支出。无论是战时服从军人优先的微量供给、新中国成立初期高度集权下的“统包统配”、“大跃进”时期超越历史阶段的冒进式发展、“文化大革命”时期“以阶级斗争为纲”的停滞倒退、改革开放的简政放权下的极速膨胀，还是新时代“打虎拍蝇”的福利腐败治理，无不因国家主导动态而产生制度变迁。

第二，呈现“半公开、不公开”福利安排路径的依赖。改革开放前，由于国家经济实力相对薄弱、社会发展速度较缓慢，所以党政干部的薪酬也较低，作为工资基础上的福利保障也只是少量供给。总量不足加之未建立公开意识，因此当时的党政干部薪酬福利大部分不对外公开。改革开放后，随着法律体系的完善和法治国家的建设，政务公开普遍推行，党政干部的薪酬待遇逐步公开化，然而在福利方面，“半公开”或“不公开”的项目仍占多数。究其原因是各级政府、部门的福利项目、内容不一致，加之国家层面缺乏对“合法福利”范围、执行标准、违法处置的规定和统一，因而给各执行单位和部门留足了充分的操作空间，各地福利差距大，混乱无序的福利制度，在应对政府内部组织及社会外部行业的比较和审视中显得漏洞百出。

随着经济社会的发展，不同群体的收入差距拉大：改革开放前夕，全国基尼系数约为0.30，到2011年已经高达0.48，超过0.4的警戒线。中国社会科学院数据显示，2011年我国收入最高的10%群体与收入最低的10%群体的收入比已由1988年的7.3上升至2011年的23。发展机会多元，社会阶层分化，矛盾冲突凸显。与此同时，官本位传统下党政干部的身份价值和社会地位优越，加之良好的福利待遇（住房、医疗、养老等）和转型期人们追求“铁饭碗”的心理，使党政干部群体备受关注。人们争先恐后地想进入干部队伍，吃上“公家福利”，由于招录名额有限，未能如愿进入的群体或处于社会底层的群体就会产生不平衡心理。贫富差距的拉大使得职工工作积极性降低，拜金、仇富等不健康心理发酵，社会稳定受到威胁。因此，社会大众认为干部享有过多普通人未有的福利，理应进行缩减。同时，党政干部的工作性质及承担的工作任务决定其回报需与付出相匹配，为确保工作积极性也必须实行有限度的差异化薪酬。这种主观上的“官民平等”和客观上的群体收入差异不可避免地产生冲突，因此，党政干部福利的半公开、不公开也是调和这一矛盾的应对举措之一。

第三，呈现制度渐进和“刚性福利”路径的依赖。分析我国党政干部福利制度的变迁历程不难看出，即便是在制度变革期，其发生的改变也是渐进式的。在政策的修订完善中，注重和上一阶段政策的衔接。究其原因，对于党政干部福利这类保障性制度而言，相比起政治体制、经济体制等宏观制度设计，不属于直接影响国家命脉走向的关键决策。因此，实行有政策延续性的福利制度有利于稳定民心、创造平稳的制度环境，也有利于避免剧烈变迁带来的内部受众阻力和外部环境压力。如新中国成立初期的干部福利制度，面对千疮百孔的中国社会，如何保住革命的果实，巩固新生政权，在社会性质转型的过程中保持稳定、有序都是值得思考和重点关注的问题。在政治制度、法律体系不尽完善的前提下，延续解放前长久性的、成效佳的政策制度（供给福利制）显得尤为明智。

但这种政策的延续和渐进性也同样易导致制度的改进完善，见效缓慢，甚至引发“刚性福利”后果。自我国开始实行党政干部福利制度以来，除去“文化大革命”时期短暂的停滞，福利的项目和内容几乎只增不减。即使屡次工资制度改革都强调精简非必要福利，如1993年强调“在调资的同时，对相关补贴进行冲销”，仍然收效甚微。日积月累的福利项目最终造成了新世纪“泛福利”的局面。从心理层面上看，刚性依赖使得干部因既得公共福利水平下降而产生不满，甚至导致负面行为。从制度层面上看，“福利刚性”导致对公共福利制度的路径依赖以及制度刚性，表现为福利制度的碎片化和相关利益集团尾大不掉等。

第四，呈现待遇差异化路径依赖。综观党政干部福利制度变迁史，同一项福利项目的分配标准往往因干部级别、类别不同而产生差异。究其原因，既有基于宏观制度背景下的现实选择，如建党初期，为满足战时需求的“前后分置”福利设计；也有基于满足不同类型干部因工作性质不同存在的差异化需要；同时还有以差别化的待遇吸引或留住某些人才、激发其工作积极性的特殊考量。但这种福利设计一旦没有控制好等级差距程度，任由鸿沟扩大，容易造成权力集中的等级制与高工资、高待遇结合，不可避免地会使整个社会重新回复到传统的官本位的孵化器中，进而导致政治渐趋官僚化。

2. 党政干部福利制度变迁的自我强化

从理性经济人的维度看，制度主体坐拥现有制度执行产出的红利，抵制因选择转变产生的风险，退出动力缺乏。具体到干部福利制度，如新中国成立初期实行的以供给制为主的福利制度是为了在新生政权尚处脆弱期之时，延续之前的福利政策，以求平稳过渡；又如改革开放后，仍然延续并巩固先前单位包办福利的制度模式，主要为了恢复、调整先前受损的制度。

从制度发展的周期性和复杂性维度看，制度的发展变迁是渐进的，其缺陷或偏轨也往往因其缓慢的发展而无法使政治行动者在短期内觉察，同时也缺乏及时的纠错机制。因此，政治行动者偏好于沿用先前的经验办事，遇到一些偏离制度轨道的因素，倾向于忽略或剔除，而这些因素往往是引发制度变迁的关键节点。因此，这种思维和行动模式客观上使既有的制度得到了巩固和保护。例如，党政干部福利制度一直没有出台明确具体的法律标准规定，即便是公务员法中也只是笼统提及。这就体现出制度实行的百年历程中，多基于过去经验对福利制度的结构、内容等方面进行小幅度完善，并未作出大规模变动。

从权力的非对称维度看，制度变迁和政治变革有多元利益群体及利益关系。处于上风的强势主体会借助权力巩固自己的既得利益，即强化某种已然选定的制度保证其不被变更。面对低工资、多补贴、泛福利的长期非健康福利制度安排的存在，党和国家颁布了一系列法律法规试图改变这一局面，但在实际执行过程中制度效力大打折扣，收效甚微，原因就是无论制度施行者还是作用对象都享受着既有福利制度带来的利益，而且往往各级行政机构的执行主体为较高级别的干部，其享有的福利待遇更为丰厚。因此，这些政治行动者为了维护自身的利益不被削弱，就会千方百计地隐藏福利所得，甚至阻碍制度的实施，造成制度变迁的失败，即路径依赖的延续。

综上，我国党政干部福利制度的历史性变迁规律包括：

一是与西方情境不同，在我国影响党政干部福利制度变迁的关键节点一般表现为自上而下的重大政治、经济事件。二是干部福利制度变迁的路径依赖主要表现为国家占主导力量、“半公开、不公开”的福利表现形式以及“刚性福利”。主要原因为理性经济人的风险规避意识、制度发展的渐进性与复杂性带来的渐进式变迁，以及制度主体为维护既得利益产生的内部阻力等。

五、行为逻辑：党政干部福利制度与行为的双向互动

历史制度主义的第三个关注重点即制度与行动者之间的双向互动关系。行动者的行为影响制度发展，推动制度变迁，而制度反过来也会作用于行动者。第一，在行为对制度影响方面，历史制度主义认为，行动主体（个人或集体）均是参与和影响制度运行的重要因素，他们的行为可能牵一发而动全身。制度的发展变迁受其行为者的影响，主要包括制度设计者、制度执行者以及制度的被执行者等。在党政干部福利制度变迁过程中，行为主体主要包括负责总体制度制定的中央、负责具体执行的地方各级部门以及制度作用对象党政干部群体。第二，在制度对行为的反作用方面，历史制度主义偏好突出部分主体处于弱势而部分主体处于上风，即权力和权力游戏中的非对称性关系。换言之，制度赋予制度设计主体和作用主体之间的权力非对称关系，而制度的变迁会导致其中一方更接近或获取某些利益，另一方远离或丧失某些利益。在党政干部福利制度的情境中，干部福利制度的变迁会影响福利设计主体（中央、地方各级部门）工作运行顺利或不畅，福利作用对象（党政干部）会因此作出行为反应。

在此基础上，历史制度主义者为制度与行为的互动提出了两种路径，分别是算计路径和文化路径，算计路径强调人们以自我利益为中心，会考虑每一种方案以实现自身利益最大化，当某一行动者作出某种行动后，制度会改变其理想状态下其他行动者对此反应的期望。算计路径下的制度存续是因为行动者一旦偏离某种特定的行为模式会使自身的利益受损。文化路径则强调个体的世界观，即外部制度对行动者个人的行为提供标准，重视客观环境层面对个人的影响及个人对行为模式的再建构。文化路径下的制度存续强调与社会制度相联的惯例会使行动者的选择不可能有现成的清晰的目标。以上两种路径都对行动者如何行动、制度在其中所起的作用、

制度在时间变化中如何存续三个问题作出了解答。由此可见，制度变迁过程中制度与行为的互动关系是双向的，行为影响制度变迁，而制度约束行为选择。

（一）行为选择推动党政干部福利制度的变迁

1. 基于算计路径

在制度变迁的算计路径中，行动者一切行为的出发点都是为了满足自身利益最大化，因此他们会进行策略性算计，优中择优。在党政干部福利制度变革过程中，与福利制度相关的主体会结合每个时期的特征，综合考虑自身的目标和需求，充分研究可行的每种方案，从而作出最可能达到目标预期和利益需求的决策。

就福利制度的设计者——中央人事部门而言，在构建各阶段的干部福利制度时，主要利益需求为：一是加强党的领导，保持政权稳定，巩固良好的政治生态。因此，无论是中国共产党成立初期的“军人优先”“实物供给为主”、新中国成立初期借鉴苏联模式巩固中央集权的统包统配，还是改革开放之后顺应经济社会发展趋势的简政放权，“企业办”“社会办”福利，抑或是新时代为防止福利腐败，维系政治清明的重拳治腐，无一不体现出中央领导集体为维护政权稳定对福利制度作出的努力。二是充分发挥福利制度的作用，即保障党政干部的基本生活，从而发挥稳定军心、保持战斗力的重要作用，以期使他们用更充沛的精力投入国家事业。在这一利益需求指导下，中央进行了四次干部工资调整，且针对不同时期干部的突出需求，进行相应的福利项目补充和调整。如“大跃进”时期，大批妇女劳动力转变角色，被动员起来参加生产劳动，其中不乏诸多干部的配偶，因此职工食堂、幼儿园、托儿所、生育补助等干部保障福利应运而生。三是追求公共财政的投入产出最优比。党政干部福利预算内的经费支出主要依靠财政拨款，因此在各个时期中央会衡量福利支出的总量和比例是否合适。面对新时期行政经费支出的节节攀升和福利腐败的屡禁不止，从2012年开始不断加强腐败治理的制度法律建设，先后颁布如《关于深化收入分配制度改革若干意见的通知》《违规发放津贴补贴行为处分规定》《中央和国家机关公务用车制度改革方案》等文件，对干部以不恰当的方式谋取私人利益，收受礼品、公款私用等多种形式的腐败行为的处分方法进行明确，增强了威慑力和约束力，也极大降低了行政成本，平衡了公共财政收支。

就福利制度的执行者——各级政府部门而言，作为福利发放的直接主体，为确保福利发放到位，或为本部门多争取福利保障，在中央财政拨款的基础上，各级政府还要依靠自身创收，获得预算外的福利经费。因此，其利益需求首先为获取更多的创收来源，尽可能为本单位职工争取更多的福利待遇。特别是对于部分特殊部门、临时部门而言，既有获得预算外收入的动机（部分临时性部门缺乏行政编制、行政拨款，其财政完全依靠自收自支），又有获得预算外收入的能力和条件。在这种背景下，各级政府部门会竭尽全力提高创收，导致我国干部福利制度越来越倚仗预算外支出，这些收入不受公共财政管理体制约束，不走财政预算，社会大众无法对其进行有效监控，从而成为诱发我国干部福利制度混乱的重要经济性根源。

就福利制度的接受者——党政干部群体而言，在制度发展的过程中，一方面作为福利制度受众，表达自身诉求，如在低工资背景下，为维持党政干部群体的生活工作水平和社会地位，福利补充必不可少；另一方面如前文提及对享受的既有福利面临削减时，因内部群体抵制形成刚性制度，为福利制度的存续提供了巨大稳定性。

2. 基于文化路径

历史制度主义的文化路径强调行动者的行为选择不只受利益诉求的影响，也在很大程度上受到自我世界观、价值观的影响。在不同的社会文化环境下，行动者会分析调适自身与形势间的关系，从而作出具备“社会合法性”的行为选择。在党政干部福利制度中，行为者因文化路径对制度变迁产生的影响主要表现在对福利项目的规制上。

虽说追求物质生活的富足是人的原始本能，但公职人员因握有由人民让渡出来的公权力，且有为人民谋利、为人民服务的使命在身，所以社会对这一群体的期待就是为官清廉需“忍穷戒贪”。中国共产党是中国工人阶级的先锋队，其最高理想和终极目标是实现共产主义，要实现这一点最基本的步骤是无产阶级夺得政权，取消一切特权，从而彻底清除腐败和官僚主义。中国共产党执政以来廉政文化在全国蔚然成风，在这一文化背景下，党政干部的工资经四次工资调整虽有小幅提升，却始终被限制在一个符合社会期待的、一定程度上低于各个行业工资福利平均水平的幅度内。同时由于法律监管不完善，网络信息不发达，社会舆论监督力量弱，干部为了满足自身需求，在薪酬结构中工资一定的前提下，不断扩展福利补充项目，导致福利膨胀。

党的十八大以来，随着信息技术的发展，民众的监督意识觉醒，民意表达也有了广泛畅通的渠道，面对行政经费支出超额增长，以习近平同志为核心的党中央深刻意识到干部福利待遇过高过泛、缺乏监管极易导致腐败，而福利腐败严重必然使政府丧失公信力，失去人民的拥护。习近平总书记反复强调反腐是一场重塑党的形象、赢得民心的战争。因此，党的十八大以来，党中央重拳出击，在加强思想教育、完善法律法规体系、缩减规制福利经费支出等方面成就斐然，有效遏制了福利腐败，使党政干部福利制度变迁重回正轨。在此背景下，该福利制度的变迁具有其历史必然性，是党和人民的共同选择。

（二）党政干部福利制度影响行为选择

1. 基于算计路径

在制度变迁对行为影响的算计路径中，制度通过反映其他行为主体的行为策略、执行方式、惩处手段等信息，改变行为者的期望，从而使其目标选择产生改变。负责制度设计的干部福利主体会因为制度的现实表现而调试自身行为，福利作用对象则会根据福利制度设计严格或松弛程度的变化、福利执行主体的工作情况、违背福利制度规定的成本高低而调整自身的预期，进而改变自己的行为。

嵌套到党政干部福利制度中，当福利制度表现孱弱时，福利作用对象可能会钻制度的空子，作出一些违反制度设计初衷的行为。改革开放后，经济发展形式由“计划”转向“市场”，面临国家统包向自由市场思维的转变，转型期人们急于求富、受利趋势的状态易使社会产生波动。此时，干部福利制度尚未完全构建起来，加之不完备的法律监控体系，许多党政干部没有做好思想上的准备，一些掌握政治、经济、社会资源分配权的意志薄弱者趁机钻体制转换的空子，运用各种手段扩张、侵吞、占有、攫取国家、集体乃至他人的财富，并将之转化为各种掩人耳目的福利形式，加剧福利腐败。此时，福利设计主体广泛收集并分析制度运行过程中的负反馈信息，积极找寻解决措施。于是，中央八项规定、“六项禁令”相继出台，取缔节日发放的购物卡、代金券、电影票等福利，取缔12类违规发放工资津补贴等，此外，“网络治腐”也成为治理福利腐败的新型途径，其中相当一部分内容直指干部福利腐败，各大社会新闻媒体和地方直属网络新闻媒体也相继建立了腐败举报网站和举报板块，有效震慑了干部福利腐败行为。

福利制度的持续优化极大提升了福利主体的工作效率，有效压制了干部福利腐败的空间，让福利作用对象不断规范自身行为，调查表明尽管福利腐败立案总量逐年上升，但案件增量呈逐年下降趋势，说明福利作用对象因制度的日趋严格而重新规范自身的期待和行为模式。

2. 基于文化路径

制度对行为作用的文化路径指行动者的行为选择是经过制度过滤后

而建构的。公职人员的福利制度在我国古代可以上溯至秦汉时期，封建社会称之为“官吏福利”，内容主要包括休假、恩赏、致仕（退休养老）等，主要作用是巩固君臣关系、维护政权统治、形塑社会道德规范与价值观念、免除官吏后顾之忧，促进官德形成和官僚队伍建设。这些说明我国传统的福利思想由来已久且发展较为成熟，现代干部福利制度的诸多项目设计都可以从古代的福利制度中寻找到经验痕迹。

此外，全心全意为人民服务、党和人民的利益高于一切、个人利益服从党和人民的利益，吃苦在前、享受在后、克己奉公、多做贡献等我党奉行的宗旨原则，为党政干部提供了价值遵循和行为准则。公务员法使党政干部福利有法可依。2012年5月，国务院常务会议决定公开“三公经费”。党的十八大报告中，也史无前例地将“反腐”放置于我党自我完善、自我发展、自我净化的重要位置，福利腐败严重的危害性认识也被提到更高程度。随后出台了建立健全惩治和预防腐败体系工作规划、《改进工作作风密切联系群众的八项规定》《党政机关厉行节约反对浪费条例》《党政机关国内公务接待管理规定》等一系列法规和制度。这些制度的变迁体现了对原则宗旨的贯彻，作为福利作用者的行动主体也在新的制度规范下及时调整行为选择，建构合理合法福利待遇的思想和行为模式。

综上，我国党政干部福利制度的行为性变迁呈现以下规律：

在行为选择对党政干部福利制度变迁的作用方面，当福利水平低时，制度三方会同时基于两种路径将福利制度设计整体往高水平方向推进。当福利水平过高时，福利设计者和部分执行者会调转方向，向下制约，同时借助文化路径，呈现巨大的规制力量。

在党政干部福利制度变迁对行为选择的作用方面，当福利制度呈现宽松状态时，制度作用对象会“钻空子”作出一些违法谋私的行为，此时制度设计主体就会千方百计地加强制度规制，严控腐败；当福利制度呈现严格状态时，福利主体会倾向于保持或者适度放宽制度设计，而福利作用对象则会据此约束自身行为，适应制度期待。

由此，三方力量此消彼长，两种路径相互制约，将福利制度设计和福利总量保持在一个动态平衡的合理区间内。

六、何去何从：大国党政干部福利制度变迁展望

本章梳理了自中国共产党成立至今100多年中国党政干部福利制度的变迁史，根据干部工资改革及国家重大事项变革等因素将其划分为7个发展阶段。在此基础上嵌套历史制度主义理论，从3个分析维度入手，归纳变迁规律、厘清变迁逻辑。基于研究过程中凸显的干部福利制度现实困境及变迁逻辑带来的启示，本章作出如下总结与讨论。

（一）基于党政干部福利制度现实困境引发的思考

1. 从暗到明：明确福利执行标准，完善配套法律法规

一项制度的规范有序运行首先应有法可依，法律法规不仅为制度运行提供合法性来源，更应在执行和操作上有更具体明确的规定。因我国党政干部福利制度发展过程几经波折，对制度发展路径的尝试差异较大，现行党政干部福利制度成型时间较晚，其法治化程度仍处于较低水平，这就给各地各部门的福利执行造成了“制度空子”。首先，在公务员法颁布后，党政干部福利制度有了龙头法律依据，但一方面作为一部宏观大法，其对干部福利的界定说明较为笼统，没有作出具体规定，原则性条款则为福利腐败提供了自主生长的空间；另一方面囿于施行年限，诸多条款仍待明晰：如第八十条提到“公务员工资包括基本工资、津贴、补贴和奖金”，而此条的第三款为“公务员按照国家规定享受住房、医疗等补贴、补助”。把属于福利待遇的住房、医疗补助归入按工作贡献等确定的工资补贴范畴，会导致工资与福利在概念界定和边界划分上的混淆。其次，党政干部

福利制度的具体执行多以条例、规范、文件通知等方式作出规定，此类规定法律层次较低，且易引发政出多头、内容重复、相互矛盾等问题，因此党政干部福利制度常常遭遇执行不畅的困境。最后，上述提及的法规文件颁布时间不一致，随着公务员制度的发展，其重修重订却迟迟没有提上日程，这就造成与公务员法之间、相关法规之间的适配错位，如何制定科学合理的行政经费（福利费）支出、如何降低预算外收入等问题都亟待解决。

因此，细化福利相关的法律条款，将工资中具有明显福利属性的项目归入福利条款中，同时可以进一步明确福利的"负面清单"；再依照完善后的公务员法对干部福利制度配套的单向法规、条例等进行相应的完善、调整。对颁布年份较久、观念陈旧、效力较弱的法规条例进行重新审视，并结合最新的法律条文、新时代的福利理念进行相应调试，特别重视财政预算及支出方面的管理，严格把好预算关和支出关，从而使党政干部福利制度与配套法律法规相互协调、相得益彰。

2. 由繁化简：规范福利管理机构，简化统一福利项目

党政干部的福利管理机构不统一，在宏观的制度框架下"各自为政"，易导致两种不同后果。

（1）不同地域、部门之间的福利所得差异巨大

就地域而言，东部沿海地区比中西部内陆地区经济发展水平高，两者之间党政干部的福利水平也相距甚远。公开资料显示，广东与四川同级同职党政干部月单位平均薪酬相差3000多元，月单位平均福利待遇相差4000多元。此外，同一地域的城乡间干部福利待遇也相差甚远，乡镇科级、股级干部福利支出可能高于城市同级干部，而城市较低级别干部福利支出则经常高于乡镇同级干部；就部门而言，在纵向层面上，中央层级党政干部的福利水平低于某些经济水平高的地方层级干部的福利水平，与此相似，省市、区县、乡镇街道等行政层级与党政干部福利水平常常呈现负相关关

系。在横向层面上，党的机关、人民代表大会机关的福利水平一般低于其他机关部门。此外，预算外收入水平也直接影响了各部门的福利，预算外收入高，扩张部门福利支出的操作空间大，其内部福利水平也往往较高。

（2）数量众多、名目繁杂的福利项目易成福利腐败的“挡箭牌”

在长期的发展过程中，党政干部福利项目在很大程度上呈现只增不减或者增大于减的状态，诸多“僵尸”福利项目屡见不鲜。在缺乏对福利项目的统一简化、规范下，内容重叠或过时的福利项目仍占据福利经费支出的一大份额。更有单位纵容该现象的存在，并以此作为增加福利发放的幌子，使福利腐败行为有机可乘，极大损害了福利制度的健康存续。

在此背景下，专业的福利管理部门的成立与监督就显得尤为重要，在已有相关人社部门的领导下，该部门可以担负起同级政府中干部福利的执行、服务、咨询等工作；其次应统一福利制定权。中央级干部的职务福利、实物福利和服务性福利统一由国务院、人力资源社会保障部及财政部负责制定；省级及以下干部的职务福利、实物福利和服务性福利则统一由省人力资源社会保障厅、财政厅负责制定，其余政府部门仅享有建议权。最后应统一并简化福利项目。划清工资、福利、保险等易混概念的边界，清理历史残留的且如今基本不用的刚性福利项目（如副食补贴、理发室等），合并实质相同但名目不同的福利项目，制定统一规范的福利类别和名称。

3. 弥合鸿沟：消除层级“特供”，缩小群体差距

就党政干部群体而言，其福利待遇的公平性常常是热议的焦点。在内部公平方面，领导干部与普通干部间享有的福利差距显著，就同部门而言，首先享有领导职务的干部在同等福利的分配标准上要高于普通干部；其次领导干部还额外享有普通干部没有的职务性消费，这部分消费往往名目众多、隐蔽性高、所涉及的福利经费也高，因此领导干部的实际福利所得远高于普通干部。在外部公平方面，苏海南与杨燕绥的调研指出，党政干部的货币性福利约占总工资的40%以上，而社会其他相对有竞争力的群体福利最高仅约总工资的30%。如广东省某市城管局某干部工资单中，住房补贴、物价补贴和保留津补贴三项福利性补贴之和就达到基本工资的2倍，党政机关福利项目的过多过泛，还会加剧社会分配的不公平感。

因此，一方面，建议加强干部行政伦理教育，从源头上杜绝“特供”思想，实践中逐步取消“特需门诊”“领导小食堂”等级别福利；另一方面，逐步简化层级分明的福利标准，并探索公务员福利薪酬体系的流程再造，打造不严格基于“级别”而重点依赖于“绩效”的新型福利薪酬制度。

4. 因人制宜：实施有计划的弹性福利，人性化福利供给

福利制度作为工资制度的补充，设立初衷就是为了保障职工工资以外的需求。我国幅员辽阔，不同地域、部门干部职工的需求不一。因此，“泛福利”不仅是管理无序的体现，更是干部多样化、差异化需求的象征。而当前为有效治理福利腐败，多地直接推行“一刀切”政策，在取缔非法福利的同时也在很大程度上损害了干部的正常福利。

基于此，可借鉴西方企业管理中的“弹性福利”思路，在确立福利限额的前提下，以市场标准作为福利定价的参考依据，科学确定每类干部的选择标准，赋予干部定制个性化福利组合的自主权。提高干部在福利制度中的知情权和参与权，有利于干部更好地理解福利价值，降低福利支出成本，提高福利效用；有利于干部更好地满足自身需求，提高福利设计的人性化程度，在公平原则的基础上强化福利的激励作用。但应注意的是，党政机关与企业的财政来源与负担能力不同，因此制定合乎党政机关的弹性福利制度仍需科学细致的探索。

（二）基于党政干部福利制度变迁逻辑引发的思考

基于制度变迁的三维分析视角，本章认为：第一，宏观制度背景对福利制度的影响是最为直接和彻底的，国家的政治制度、经济实力及社会文化观念决定了福利发放水平的高低。反言之，福利制度安排及变迁基本顺应宏观制度背景的变革。因此，要建立科学、合理、高质量的党政干部福利制度，首先应完善其配套制度，为制度发展提供良好的结构土壤。第二，历史上的关键节点与重大事件是福利制度变动、调整、替代的重要因素，发挥着举足轻重的重要作用。应准确识别关键节点，并结合制度发展现状与之进行匹配，把握关键节点提供的机遇，在平稳过渡中巧妙化解风险，是实现制度跃升的不二良方。第三，路径依赖是党政干部福利制度在演进历程中新旧模式之间的“羁绊”，对于良性路径依赖应予以保留弘扬，运用上述提到的路径强化方法进行强化巩固，而对于恶性路径依赖应及时识别，并予以取缔改进，避免制度缺陷积重难返。第四，在重视制度变迁的过程中，主要行动者和相关制度路径变动的关联和互动，发挥主要行动者在制度变迁与发展过程中扮演的重要角色，引导制度向好发展；同时也要发挥制度的规制作用，让社会结构中的行为主体有章可循、有序行动。

党政干部福利制度是我国干部制度的重要组成部分，也是干部队伍建设、管理的关键构成。面对当前复杂多变的国内外形势，亟须在党的全面领导与善治的激励下，形成作风优良、忠诚可靠的干部队伍，勠力同心、接力奋斗。而党政干部福利制度正是提高干部积极性和凝聚力的重要法宝，制定符合时代背景的干部福利制度显得尤为关键，因此本章从制度变迁逻辑的角度，为完善党政干部福利制度提供制度变迁梳理和经验反思。受限于研究力量和研究时间，本章所列举的一些政策文件和制度思想尚不完整，有待进一步的补充；所运用的方法也主要为文献研究和历史比较法，实证研究较为缺乏。因此，期待未来有更多关注党政干部福利制度的研究问世，也期待更多学者共同参与历史制度主义与福利制度的结合研究，让二者碰撞出更精彩的火花。

第六章

大国之问：围城还是理想国？

06

CHAPTER

随着工业化、城市化、全球化进程的深入推进，城市功能日益复杂、资源逐步枯竭、人口持续集聚，成为“脆弱的人造物”，并诱发了越发严重的大城市病。在此情况下，西方发达国家和地区开始出现空间及功能多极化的新型城市，其特征是空间结构由单中心演变为多中心，非核心功能被迁出，并在城市核心区域周边形成了一个存在相对的物理隔离、社会服务功能较为完善、能够承接产业和人口外迁的次级中心区域，即城市副中心。

为疏导非首都功能，北京将通州设为城市副中心，并提出了详尽的规划和搬迁方案。这种双核互动的城市发展模式虽然能够缓解大城市病，但也造成了不容忽视的非预期后果，其中干部队伍在搬移至副中心办公后产生的问题也逐渐成为学界关注的热点。为何搬移至城市副中心将影响行政人员的满意度和工作效能？这是因为，城市副中心和传统中心的“双轨运行”必然涉及行政搬迁，而这一搬迁过程的实质则是“行政场域变迁”，将导致城市的行政空间、行政资源、行政能力发生演化、变革和重组，并在潜移默化中影响干部队伍管理与建设、公务人员个体工作生活质量。

本章聚焦“行政场域变迁将对干部队伍管理与建设产生何种影响”这个核心议题，阐述其研究意义，梳理、归纳并提炼出行政场域变迁理论，分析了行政场域变迁背后的原因、困境和效果，形成宏观架构体系。

在理论分析的基础上，基于北京市公务人员工作生活质量调查问卷展开数据分析，主要包含了现状分析、多因导向下的方差分析这两个核心内容。与此同时，本课题辅以访谈调查的方式，对公务人员进行深度访谈，梳理出其共性问题和差异性问题。

基于量化研究和质性研究揭露的深层次问题，本课题提出了改善北京市干部队伍管理与建设的政策建议，主要包括选人机制、岗位职责、考核机制、设施建设4方面内容。归纳了研究存在的不足和未来进一步研究的方向。

因此，本章围绕核心问题，基于实证调查分析，能够较为真实地呈现行政场域变迁对干部队伍管理与建设、公务人员个体工作生活质量影响的现实情况，在此基础上试图厘清行政场域变迁对干部队伍管理与建设的影响，又是如何对公务人员个体工作生活质量发生作用的，找出问题的症结所在，提出相应的政策建议，完善制度安排，为政府管理实践提供政策参考。

一、行政机关搬迁：工作场域变迁的典型要素

作为一种现象，行政机关搬迁，尤其是首都行政机关搬迁并不是新鲜事。从国际范围来看，从巴西，到马来西亚、缅甸、南非、印度等国家，都有类似现象。从国内各地方政府来看，除北京以外，福建省福州市、江西省南昌市、安徽省合肥市等也都有类似行政机关迁移的情况。

然而，作为一项行政改革，北京市级机关搬迁是基于《北京城市总体规划（2016年—2035年）》作出的战略部署，是基于整体政府治理理念下的对城市战略定位、功能分区以及未来长远发展规划的顶层设计。这一顶层设计势必对落实城市发展战略定位、城市公共服务的品质以及城市治理体系和治理能力现代化水平等方面产生重大影响。

借鉴场域理论，北京市级行政机关搬迁实际上可以理解为一种行政场域的变化。法国社会学家布迪厄这样说过，从分析的角度看，一个场域可以被定义为在各种位置之间存在的客观关系的一个网络或一个构型。这种行政场域变化不仅打破了原有的组织间物理关系，并对附着在原有组织上，以及组织（包括组织成员）间的互动关系、资源、制度、情景及策略选择产生影响。相应地，随着行政场域的变迁，组织及其成员、不同层级之间的组织及部门间的互动关系、制度情景、运行机制等都将发生改变，其中，作为行政组织中的核心元素——干部队伍管理与建设将面临新挑战，对组织成员的工作、生活都势必会产生不同程度的影响。因此，对这一变化进行观察、发现问题，并展开分析研究，提出切实可行、具有可操作性的治理对策具有重要意义。

一方面，从干部队伍管理与建设来看，党的干部是党和国家事业的中坚力量，建设一支堪当民族复兴重任的高素质干部队伍是党的二十大提出的明确要求，干部队伍建设是开展各项行政工作，有效回应公众需求的

关键。习近平总书记在全国组织工作会议上指出："贯彻新时代党的组织路线，建设忠诚干净担当的高素质干部队伍是关键，重点是要做好干部培育、选拔、管理、使用工作。"这一重要论述，体现了我们党对新时代干部工作规律的深刻把握，强调了干部队伍建设的重要性。另一方面，从公务人员的工作生活质量来看，公务人员的工作生活质量状况将直接影响国家政策的落实，影响政府行政决策的质量，影响公共服务的供给质量、效率和回应性，以及社会公众对政府的看法。因此，在北京市级行政机关行政场域变迁的背景下，分析探讨干部队伍管理与建设这一议题，对北京市政府和组织部门解决实际问题具有重要意义。

二、行政场域变迁深层分析

中国的城市化具有极端的复杂性：一方面，其被内嵌于由经济全球化和快速工业化构筑的双重历史坐标系中；另一方面，其又被安置在信息化、城镇化和农业现代化叠加的多元发展光谱内，故而外部环境繁杂多变。受此影响，中国的城市化也呈现出滞后城市化、超前城市化与城市中空化等趋势，[①] 这与我国的特殊国情和发展阶段密不可分。劳动力的跨区流动、经济活动的推拉作用、相对完备的社会福利政策，派生出以大城市为中心的大都市区、城市带（圈）的结构体系。[②] 短期内过度增长的城市规模，造成了宜居土地和水资源相对稀缺，加剧了本就尖锐的人地矛盾。[③] 正因如此，为分化超大城市的集聚效应，延缓城市的无序扩张进程，并缓解城市的超额人口压力，城市副中心应运而生。

① 陈仲常、王芳：《中国城市化进程中的滞后城市化、超前城市化与城市中空化趋势》，《上海经济研究》2005年第5期。

② 顾朝林：《论中国当代城市化的基本特征》，《城市观察》2012年第3期。

③ 仇保兴：《第三次城市化浪潮中的中国范例——中国快速城市化的特点、问题与对策》，《城市规划》2007年第6期。

城市副中心自诞生之初，目的即在于纾解久病成疾的“城市综合征”，其主要表现为城市布局拥挤、人口密度过大、通勤状况恶劣、环境污染严重、地价房租高企等“城市病”。但是，城市副中心的设置必然涉及城市结构调整、产业转移、人口动迁、配套设施建设等关键问题，不仅涉及行政效能的提升，而且关乎政府公信力和民众满意度，因此成为城市发展进程中重中之重的核心议题。正因如此，对城市中心搬迁引发的行政场域变迁现象进行理论解析、问题描述和对策解读，即成为公共管理学者的应有之义。

（一）城市副中心：行政场域变迁的典型样本

将部分城市功能通过搬迁的方式进行迁移，被视为解决“摊大饼式”城市无序发展弊病的善治之举。显然，城市功能搬迁涉及城市结构调整、资源重组、跨域迁徙和设施营建，并涉及行政空间、行政逻辑和行政资本等行政要素的控制、调配、博弈和协同，且这些内容均与政府的行政过程和行政能力存在密切关联。换言之，城市功能搬迁将造成行政场域的力量调整、格局变化、资源流动和网络构型，据此可将这一系列的动态变化提炼并概括为“行政场域变迁”。

城市副中心的诞生是城市功能搬迁的必然结果，亦是行政场域变迁的直观体现。城市副中心作为一个动态变动的行政场域，存在三个变迁要素。

1. 行政空间的变迁

城市副中心的定位即强调了该区域的相对独立性，在空间上与传统中心存在一定的物理距离，但功能上相补充。这种空间的变迁既可以表现为城市空间的外部扩张，即城市在向外发散的过程中构造了新的结构节点，也可以表现为城市空间的内生分化，将传统的单核空间分散为多核空间，促成单中心到多中心的空间转换。

2. 行政资本的变迁

城市副中心通常具有相对的独立性。得益于交通、医疗、教育、产业、旅游、基建等要素在短期内投入以制造“规模效益”，城市副中心也逐步拥有了优势产业、交通网络、商务中心和居民聚集地，因此行政资本大大增强，成为炙手可热的“城市未来发展中枢”。

3. 行政能力的变迁

城市副中心是城市内生发育与外在规划力共同作用下形成的特殊区域，[①] 与传统城市中心城区功能互补、机能相辅。表面上看，城市副中心似乎只是对传统功能区非核心功能的疏解和分担，这个过程亦是社会性力量与政府公权力相互耦合的过程。借助于外生性的社会力量和市场力量，副中心的行政能力也将得以重构。

（二）行政场域变迁的原因、问题与效果

1. 行政场域变迁的原因

正所谓“一流城市要有一流治理”，行政场域变迁是政府治理现代化和市场经济相渗透的结果。在国家治理体系和治理能力现代化的背景之下，“城市病”是对政府执政能力的挑战和考验，而经济发展意图和执政理念的更新，都促成了行政搬迁政策的出台。

（1）现实问题倒逼城市转型升级

我国城市大多是按照“单中心、同心圆”的空间格局向外拓展，这成为“大城市病”的病因所在。受限于历史传统、文化情结和生活习惯等原因，核心城区的城市规划、功能区位、城市样态较为固化，基本形成了城市发展的轴心、环线和组团，形成了较为稳固的城市空间格局。这就导致城市的政治、商业、文化、教育、医疗、旅游等城市核心功能过度集中于

---

① 刘伟、类淑霞：《北京城市副中心的形成定位及战略要求分析》，《华北科技学院学报》2016年第6期。

中心城区，行政机构高度集中、交通拥堵、建筑密集等问题悬而未决，而地下街道、城中村、“拉手楼”等隐患凸显，造成了日益严重的空间结构矛盾。与此同时，尽管城市在对外扩张的过程中，连片城区得到了长足发展，但各类发展要素依然会在经济惯性的作用下向传统城市中心聚集，由此导致了中心资源越富集、外围资源越稀缺的“马太效应”。为此，通过行政搬迁，加快将康养、教育、医疗、文化等非核心行政功能外迁至副中心，打造优质便捷的生活圈和都市圈，成为各城市纾解“大城市病”的核心举措。

（2）经济发展盘活城市周边地利

城市中心的“虹吸效应”容易导致资源过度富集，从而形成“环中心贫困带”的发展不均问题。一方面，承载了文化、金融、商贸、教育和服务等诸多职能的传统城市中心不堪重负；另一方面，周边城镇和城乡接合部却面临产业凋敝、劳动力流失、资源过度消耗等发展困境，形成了单向度的“输血式”发展路径。为改变这一状况，通过行政场域变迁，规划“一主一副”代替“单中心，同心圆”的城市空间格局，将有利于降低中心城区的向心力，从而将部分资源、人才和生产要素输送至周边地区，形成双城带动的新型经济圈。同时，逐步将老城区人口疏导至副城市中心，将副中心作为承接老城人口疏散和城市新增人口的主要载体，以特色产业、科技产业、新型制造业、高端服务业作为新的经济增长点，将推动城市经济的可持续发展。此外，行政场域变迁还着重强调“以副辅主，主副共兴”，通过行政搬迁的方式带动城市周边功能转型和产业格局跃升，有利于提高城郊土地利用价值，促进城郊协同发展。值得一提的是，“双城联动”模式也有利于增强城市的经济辐射范围、服务能力和美誉度，提升城市的宏观竞合能力。

（3）理念更新倡导城市生活品质

2019年8月，习近平总书记在甘肃考察期间强调，城市是人民的，城市建设要坚持以人民为中心的发展理念，让群众过得更幸福。但现实中，原本应该覆盖全民的普惠性、兜底性民生工程存在极大的城乡差异，城郊地区公共服务的供给侧和需求侧严重失调，都可能在一定程度上影响人民满意度。正因如此，“以人民为中心”的城市发展理念，就要求城市必须平衡好生产空间、生活空间和生态空间的三重样态，把准三者交会点，着力提升城市的品质感和艺术性。如果以“城市工作做得好不好，老百姓满意不满意，生活方便不方便”作为评判标准，那么“摊大饼式”的传统城市发展模式将面临困境和考验，而且将降低居民对城市的价值认同感和心灵归属感。那么，如何才能让居民在城市中的生活变得更加便捷、舒心和美好？如何为城市长远发展预留足够的弹性空间？从这个角度看，通过强基础、补短板、抓整改，将部分职能搬迁至城市副中心，既是尝试纾解城市发展压力的应对之举，也是着眼建设宜居城市，更是提高居民生活质量，提升人民幸福感的必由之路。依托于行政场域变迁，能够扩大城市建设版图、完善综合规划、深入改造升级、合理释放产能，建设好职住平衡、协作共享、城乡共融、形态包容的城市副中心。这促使城市探索出一条精细化、智能化、全局化、长效化的新型城市化路径，引领城市科学发展，夯实高品质、人性化、宜居性的城市发展路线，确保行政搬迁的工作成效经得起历史和人民的检验。

2. 行政场域变迁执行中产生的问题

行政场域变迁将引发城市景观的空间变化、功能变化，而这些都牵涉利益，可能造成一系列社会问题。同时，行政场域变迁也可能在执行落地的过程中遭受阻力，诱发部分非预期后果。

（1）基础设施建设相对滞后

目前，随着行政场域搬迁进程的加速，各地城市副中心大多形成了以房地产开发商为主导的建设模式。这种模式的构想是通过房地产炒热地价，在增加曝光度的同时吸引投资，逐步实现产业、人口和资源的“后发式赶超”，以此促成副中心的可持续、循环式发展。但现实问题是，这种以地产主导的发展模式资源汲取的能力极强，导致热钱源源不断投入房市，相应配套设施的经费被冲抵，使得“有城无业”的问题被放大。与房地产建设“一马当先”相对应的则是基础设施建设的“相对滞后”，轨道交通、公共住房、城市绿地的建设速度相对缓慢，而市区公园、公共建筑、休憩场所的数量仍较为稀缺，无力承担大型赛事、文艺活动、艺术展览等重大活动。与此同时，基础设施更新和营建速度迟缓，将影响主导产业和优势产业的入驻和运营，也可能降低重点企业和重大项目的投资意愿，形成非均等化的发展局面。

（2）“双城模式”徒增消耗

“双城模式”看似灵动且新潮，但却造成了诸多社会问题。经过行政场域变迁，城市传统中心和副中心之间往往存在生态隔离，物理距离较远，因此使通勤成为横亘在“钟摆族”面前的最大难题。工作和生活的“双城化”，使人们需忍受长达数小时的通勤时长，而且受制于轨道交通建设周期，目前往返于两地之间最重要的交通工具往往是城乡巴士和公交车。这种交通方式载客数量有限，受天气和道路状况影响较大，因此准点率、通达度和容积率较低。但是，如果为了改善通勤体验而驾驶私家车往返，或于副中心购置新房产，也将导致消费支出攀升。即便选择租住保障性住房降低成本，也可能导致社交网络断裂、夫妻两地分居、老人照护赡养不便、教育角色缺失等，这些问题都是隐藏在“双城模式”背后的隐性成本。

（3）公共服务资源可及度不足

行政场域变迁的目的是打造“交通便捷、功能完备、职住合一”的城市副中心，但从现实境况来看，副中心的基本公共服务仍存在较为明显的短板，突出表现为公共服务供给模式陈旧，规模和质量增长速度不同步。其中，文、教、卫、体等公共服务的品质和质量因与人民群众日益增长的美好生活需要紧密相关，成为民众关心关注的焦点。尽管各城市为解决这一焦点问题，提出了新建、改建和扩建公共服务机构，引入分院、分校以满足人民群众对优质医疗资源、教育资源和文体资源的需求，但实际成效仍备受质疑。民众普遍担忧，“总－分”的多点运营模式，可能会导致原本的优质资源被稀释，名师、名医可能过度分散，而日益庞大的规模不利于统筹协调和总体管理，也难以规避“九龙治水”和“各自为政”的管理碎片化问题。当然，最令民众感到不安的是，分院、分校会在利益导向下接受商业“联姻”，从而以“挂羊头卖狗肉”的方式牟取暴利。比如，随着学校规模在短期内急剧扩大，分校会因为大规模自聘新教师而造成教育理念的断层，而持续扩张的医院似乎也难以保证权威医学专家能够专程赴分院轮岗和坐诊。正因如此，民众对城市副中心的公共服务质量和供给能力提出了质疑和批评。

（4）信息公示含混模糊

在利益导向的支配之下，民众对“行政搬迁”总是保有天然的好奇心和关注度，迫切希望政府出台详细搬迁方案，了解后续“双城运营”的规划方案，以便尽早进行投资。但实际上，多地政府在搬迁初期均“三缄其口”，并未对搬迁事宜作出过多宣传报道，面对网民的质疑也习惯性采用模式化、套路化的回应策略，或避而不谈核心问题，或随意敷衍顾左右而言他，或姿态高冷不予置评。这种消极回应的方式，既没有解释清楚搬迁的意图和目的，也缺乏对搬迁方案的展示，因此这一决策过程民主参与度稍显不足。值得一提的是，在官方甚少披露细节和详情的情况下，网络上充斥着猜测和传言，在舆论场掀起波澜。通常情况下，往往是由媒体对“是否搬迁”“何处选址”“规划方案”“进度推进”等核心议题进行报道，随后官方才匆匆出面澄清，形成“压力感知—风险识别—被动回应”的信息公示闭环。

3. 行政场域变迁的效果

行政场域变迁将带来城市景观的更新，深化城市的人文内涵。但不可否认的是，这个搬迁的过程也可能令部分矛盾内隐化，为后续稳定发展带来一些隐患。与此同时，民众也期盼宏观的政策能够加以细化，提升政策效果。

（1）人文宜居性显著增强

城市副中心的搬迁和营建体现了“拆旧立新”，这对副中心而言既存挑战，又是机遇。挑战在于，城市副中心往往缺乏历史文化熏陶，人文底蕴稍显不足，为内涵式发展增加压力。但是，城市副中心的机遇也同样不容忽视。习近平总书记在中央城镇化工作会议上强调“让居民望得见山、看得见水、记得住乡愁”，这就要求城市副中心也应将生态文明、环境友好、人文宜居作为重点，着力提高生态环境质量。从目前行政场域变迁的结果来看，各城市均将“创新、协调、绿色、开放、共享”作为城市生态维度的重要评价指标，因此副中心的构建也极为注重休憩设施、城市景观、绿廊、亲水工程的规划和设计，兼顾艺术性和人文性。除此之外，各城市也普遍加强了副中心的水污染治理、垃圾治理和空气治理，依托“河长制”完善生态修复规划，引入专业的设计、规划、管理和运营团队，新建滨水景观、夜间灯光、中心花园，形成了生物带与生活带共融、工作圈与休闲圈交织的绿色空间格局，构筑起“山海相拥、林水相依、城乡相融”的人文生态系统。值得一提的是，城市副中心往往因水而兴、因水而盛，因此通过水体连接重要的功能区，或沿水体两岸错落有致分布核心区域，将水体视为外联世界、内接腹地的关键资源，并形成了“城湖联动”的融合态势。在注重环境保护、提高自然资源利用率的基础上，各城市副中心也将生态修复、文化保护、绿色旅游、精品文创作为新的经济增长点，走环境友好型的可持续发展道路，使之转型跃升成为宜居中心。

（2）潜在矛盾冲突隐蔽化

在行政场域变迁的过程中，因涉及制度变迁和利益分配格局的改变，因此一部分冲突可能被轰轰烈烈的建设工程所遮蔽，造成矛盾问题的内隐化。这种隐蔽的矛盾主要表现为三种类型：第一，利益矛盾。行政搬迁必然涉及拆迁补偿，而迁入地当地居民可能在赔偿款项上与政府、开发商存在分歧，或者因传统宗族观念的熏陶而排斥外来人员，引发小规模的利益冲突。第二，人地矛盾。城市副中心的规划是一个渐进的过程，项目规模、预期选址、投资预算、项目用途、拆旧建新都可能随形势变化而发生变化。此举可能导致原本的"地利"优势随着土地流转和功能转化而被削弱，引发当地居民不满。第三，效率矛盾。行政搬迁虽然缓解了"大城市病"，但也令原本高度集合、整齐划一的城市功能变得碎片化、分散化，使得传统"集约式"的服务供给变成"散点式"，这在无形中将增加市民的时间成本和学习成本，可能诱发改革呼声。值得一提的是，这些潜在问题通常情况下不会集中爆发，而是以偶发性矛盾、小范围冲突的形式呈现。但是，随着新媒体时代的到来和社交媒体的发展，民众通过网络平台进行问政、曝光、表情达意的政治动员能力显著增强，故而应该警惕由此催生的网络舆情事件。

（3）顶层设计急盼落细落小落实

副中心在进行行政搬迁之前，当地政府都希望将其打造成为以"创新高地、开放门户、宜业家园、生态绿城"为特征的新兴战略区、样板示范区、综合生态区，并为发展商务、旅游、娱乐和教育等奠定基础。但是，宏观庞杂且高屋建瓴的顶层设计在落地执行的过程中恐存变数，这些变数包括设计规划方案过于超前、建设资金预算超额、配套设施供给不足等，可见从规划到落地之间仍存期望落差。这是因为，行政场域变迁是一个"牵一发而动全身"的过程，政策手段往往政出多门，政策对象的侧重点迥异，管理对象也面临职能交叉的问题，因此容易导致搬迁政策的碎片化。正因如此，民众希望具体的搬迁政策应及时做好公开公示，项目规划尽量细化、具体且可操作，通过召开新闻发布会、民主恳谈会、业主沟通联席会等方式进行意见表达，提高搬迁政策的科学性和民主性。与此同时，民众也呼吁应明确具体、详细且透明的反馈渠道，明确相关责任人、责任部门和责任机制，定岗定人负责受理搬迁过程中的投诉，及时跟进解决方案和进度，兼顾行政搬迁的民主和效率。

三、北京市公务人员工作生活质量调查问卷的数据分析

（一）北京市公务人员工作生活状况的现状分析

本文基于工作生活质量量表，参考有关工作参与、工作压力的量表，制定出北京市公务人员工作生活质量调查问卷。通过对北京市财政、税务、公安、共青团中央、基层等各级公务人员进行问卷调查，共发放问卷532份，其中519份有效问卷，问卷回收率为97.56%，符合调查研究标准。在此基础上，检验问卷的信效度并进行描述性分析。

1. 问卷信效度检验

（1）信度检验

信度检验就是检验实验结果的可靠性、一致性及稳定性，信度越高就表示测验结果越稳定可靠。本文的调查数据都是在相近的时间获得的，而且都是通过调查问卷获得的，因此，本文使用内在一致性系数来检验实验数据的信度。问卷数据的内在一致性系数一般都使用Cronbach's α 系数来进行测算。本文使用SPSS统计软件对数据的Cronbach's α 系数进行计算。

目前，对于Cronbach's α 应该多高才能认定实验数据可信还没有统一的标准，但是根据大多数学者的观点，信度系数超过0.5就是在合理的水平之上，而本文的信度检验的结果如表6-1所示，总体的Cronbach's α 为0.757，各项信度系数全部大于0.6，说明数据信度检验过关。

表6-1　可靠性统计资料

变量	Cronbach's α
总体	0.757
满意度	0.851
工作状态	0.639
身心健康	0.754
工作参与	0.863
工作压力	0.660
工作距离	0.975
感知的组织氛围	0.870

（2）效度检验

效度即有效性，用来表示问卷数据对所调查内容准确测量的程度，或者简单地说，是指一个调查的准确性、有用性。效度越高，则吻合度越高。问卷的结构效度就是表示问卷是否反映了一定的内部结构，也就是说若问卷结构中的某两组问题或者多组问题的结果具有某种相关关系，则认为该问卷具有结构效度。目前还没有统一公认的方法来测量问卷的结构效度，通常的做法就是通过收敛效度和区分效度来表示结构效度，本文中也采用该方法来进行效度检验。

本文利用SPSS软件对收集来的数据利用KMO检验和巴特利特（Bartlett）检验对量表进行效度检验。KMO值表示变量之间的偏相关性，如果KMO值大于0.5，表示具有较好的效度。本文对问卷数据进行效度检验，结果如表6-2所示，KMO值大于0.5，且Bartlett球形检验结果显著。

表6-2　KMO和Bartlett检验

KMO取样适切性量数		0.898
Bartlett球形检验	近似卡方	8211.430
	自由度	595
	显著性	0.000

2. 描述性分析结果

问卷信效度检验结果显示本文的调查问卷具有较高的信度和效度，数据收集真实有效。据此基于问卷数据描述北京市公务人员的工作生活现状。

（1）参与调查公务人员的背景信息

参与此次调查的519份北京市公务人员问卷，从性别分布来看，男性304份，占比58.6%；女性215份，占比41.4%。

从年龄分布来看，集中在30~35岁、36~50岁年龄段，占比达到80%，30岁以下69份，占比13.9%；50岁以上35份，占比最少，仅为6.7%。

从教育背景来看，硕士研究生占比42.6%，博士研究生占比1.5%，本科及以下占比55.9%。

从政治面貌来看，中共党员占比最大，高达92.9%，民主党派、共青团员和无党派人士总计占比7.1%。

从婚姻状况来看，已婚人员占比较高，达到80%；单身人员占比20%。

单位级别涵盖乡镇街道（基层）、县区、直辖市、省级和中央部委5个层级，其中乡镇街道（基层）占比28.3%；县区级占比21.4%；市级（直辖市）占比17.7%；省级占比24.1%；中央部委占比8.5%。

填答者行政级别分布集中在科级及以下和处级，分别占比76.5%、21.8%；局级填答者8人，占比1.5%；副部级及以上填答者仅为1人，占比0.2%。

填答者职位类别层面，综合管理、综合执法、专业技术三个类别均有涉及，其中综合管理类293人，达到67.8%；综合执法类占比达23.4%；专业技术类占比8.8%。

（2）公务人员满意度调查结果

一是工作、电话满意度。社会其他群体评价目前自身的工作、生活满意度得分情况见图6-1。总体看来，北京市公务人员的生活满意度、工作满意度较高，工作满意度总体略高于生活满意度。具体来看，生活满意度和工作满意度60分以下占比仅为15.2%和15.4%，评分大多集中在61~80分之间，占比达到60.1%和57.6%，90分以上的生活满意度、工作满意度占比6.2%和7.5%。说明北京市公务人员生活和工作满意度较高，60分以下低满意度占比较少，但90分以上的高满意度占比也较少，总体满意度较高。

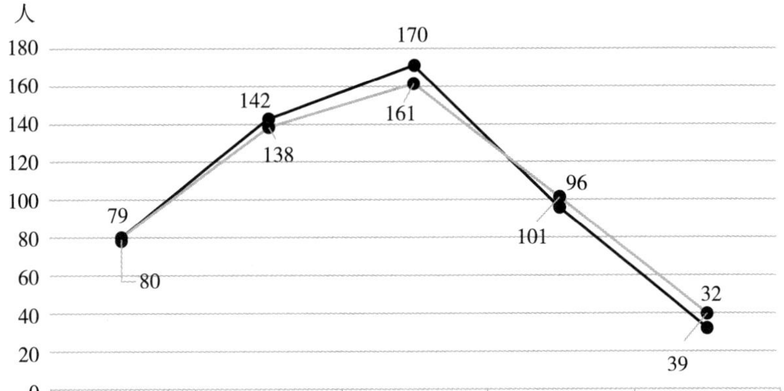

	60分以下	61~70分	71~80分	81~90分	90分以上
生活满意度	79	142	170	96	32
工作满意度	80	138	161	101	39

生活满意度　工作满意度

图6–1　公务人员工作、生活满意度得分分布

二是收益和回报满意度。让公务人员评估其对工作带来的各项收益或回报的满意程度，具体描述北京市公务人员对收入水平、社会声望、权力等9个方面的满意度。

由图6–2可知北京市公务人员对工作稳定性满意度最高，呈现明显的右偏（满意）态势。其中表示“满意”的人数最多，达到301人，占比58%；然后是“一般”，有129人，占比24.9%；表示“非常满意”的人数也较多，为71人，占比13.7%；而表示“非常不满意”和“不满意”的人数较少，仅为8人和10人，占比1.5%和1.9%。可以明显看出，北京市公务人员对于公务工作的稳定性满意度很高，大多持“满意”和“非常满意”的态度。

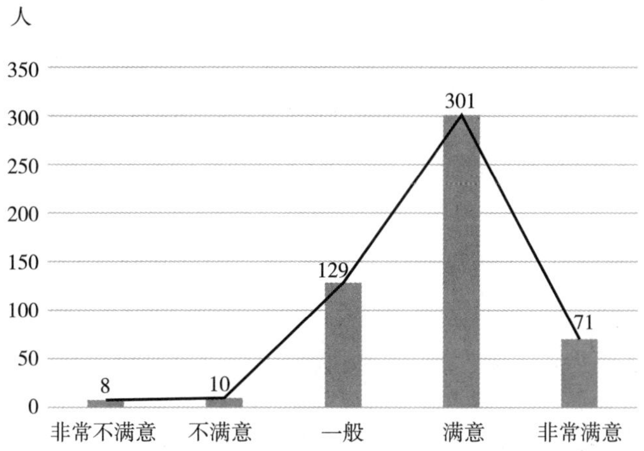

图6–2　公务人员工作稳定性满意度

由图6–3可知，北京市公务人员社会声望满意度相对较高，呈现右偏（满意）分布态势。其中表示“一般”的人数最多，占比达到54.1%；表示“满意”和“非常满意”的人数也较多，达到143人，占比27.6%；“非常不满意”和“不满意”占比相对较低，分别仅为7.3%、11%。说明北京市公务人员对公务工作带来的社会声望满意度较高。

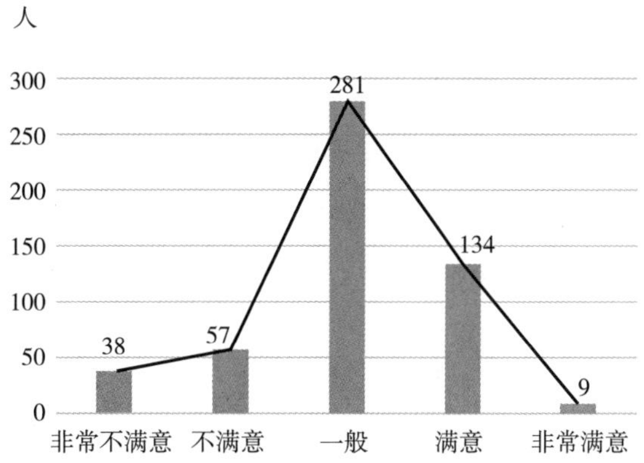

图6–3　公务人员社会声望满意度

由图6-4可知，公务人员对于工作带来的人际关系提升满意度较高，呈现右偏（满意）分布态势。其中表示“一般”的人数最多，达到280人，占比53.9%；表示“满意”和“非常满意”的人数也较多，有139人，占比26.8%；“不满意”和“非常不满意”的人数相对较少，为67人和33人，分别占比12.9%、6.4%。说明北京市公务人员对人际关系提升满意度相对较高，公务工作能较好地提升公务人员的人际关系。

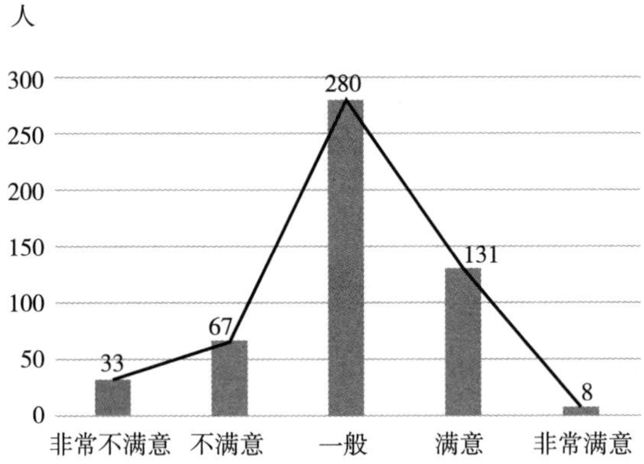

图6-4　公务人员人际关系提升满意度

由图6-5可知，北京市公务人员对于工作带来的能力提升满意度相对较高，呈现右偏（满意）分布态势。其中表示“一般”的人数最多，达到277人，占比53.4%，超过一般人员选择；表示“满意”的人数次之，达到131人，占比25.2%；表示“不满意”的有66人，占比12.7%；而表示“非常不满意”和“非常满意”的人数都较少，仅为38人和7人，占比7.3%、1.3%。说明北京市公务人员对于自身能力的提升满意度相对较高，公务工作能较好地提升工务人员自身能力。

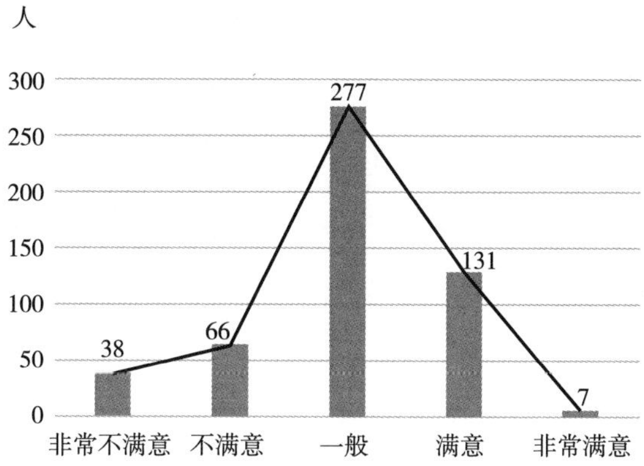

图6-5　公务人员能力提升的满意度

由图6-6可知，北京市公务人员权力支配满意度一般，总体呈现正态（一般）分布态势。其中表示“一般”的人数最多，达到337人，占比64.9%；表示“满意”、“非常满意”和表示“不满意”“非常不满意”的人数相近，都相对较少，其中表示“满意”、“非常满意”的人数为79人和4人，占比15.2%和0.8%；表示“不满意”和“非常不满意”的人数为59人和40人，占比11.4%和7.7%。说明北京市公务人员对公务工作的权力支配满意度一般。

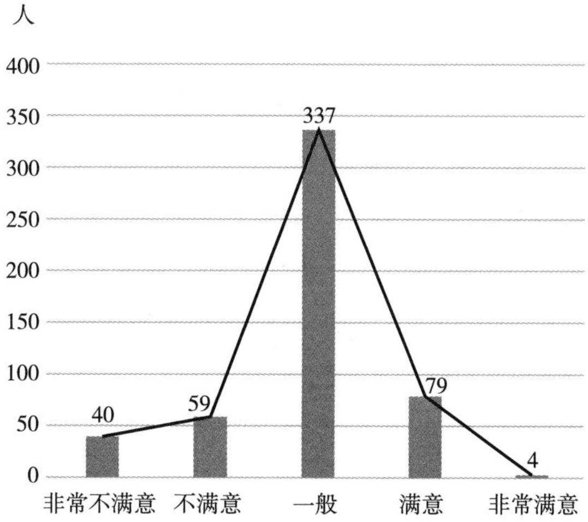

图6-6　公务人员的权力支配满意度

由图6–7可知，公务人员对自身才智和抱负施展的满意度一般，基本呈现正态分布的态势。其中“一般”人数最多达到272人，占比52.4%；“不满意”“非常不满意”人数也较多，总计占比27.9%；“满意”“非常满意”人数相对较少，总占比19.7%。说明北京市公务人员对于自身才智抱负施展的满意度一般。

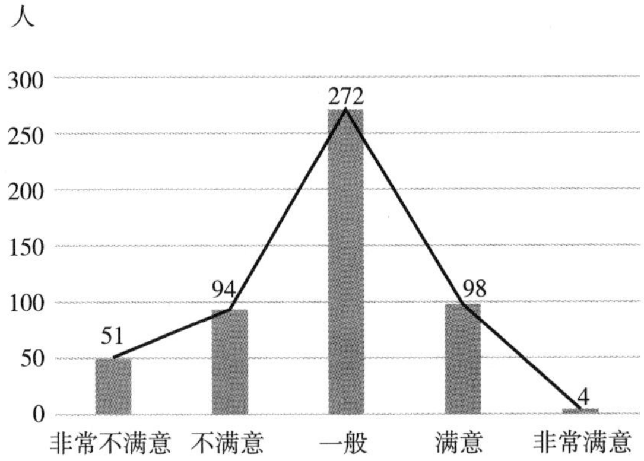

图6–7　公务人员才智和抱负施展的满意度

由图6–8可知，北京市公务人员休闲时间满意度较低，呈现显著左偏（不满意）态势。表示“不满意”和“非常不满意”的人数较多，占比分别为26.2%、20.8%，总计达到47%；表示“一般”的人数达到189人，占比36.4%；表示“满意”和“非常满意”的人数仅为81人和5人，占比仅为15.6%和1%。说明北京市公务人员对于休闲时间很不满意，认为自身工作繁忙，休闲时间少。

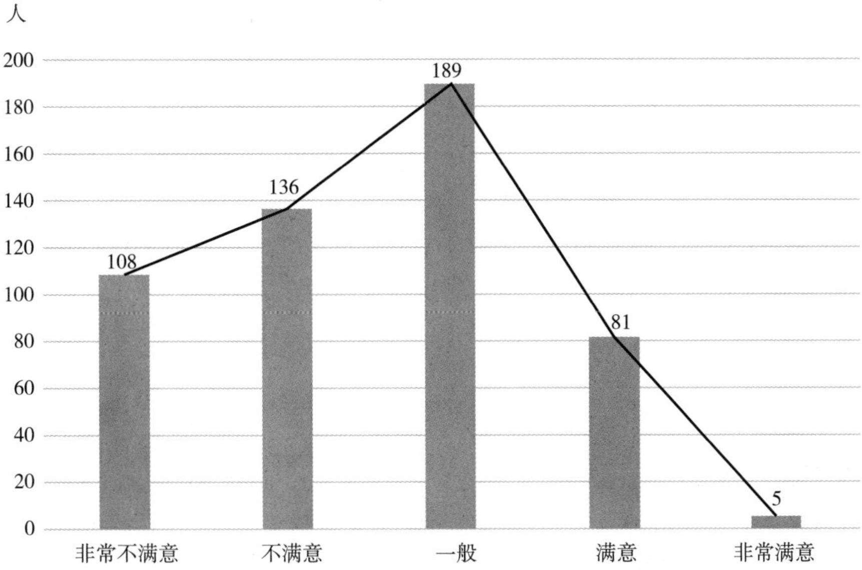

图6-8　公务人员休闲时间满意度

由图6-9可知，北京市公务人员收入水平满意度低，呈现明显左偏（不满意）分布态势。其中表示“一般”的人数占比最高，达到45.3%；表示“不满意”和“非常不满意”的占比较高，达到26.8%和16.4%，总计达到43.2%；表示“满意”和“非常满意”的人数较少，仅有58人和2人，占比仅为11.56%。说明北京市公务人员对自身收入水平总体满意度较低，即认为自身工作带来的物质收入回报相对较低。

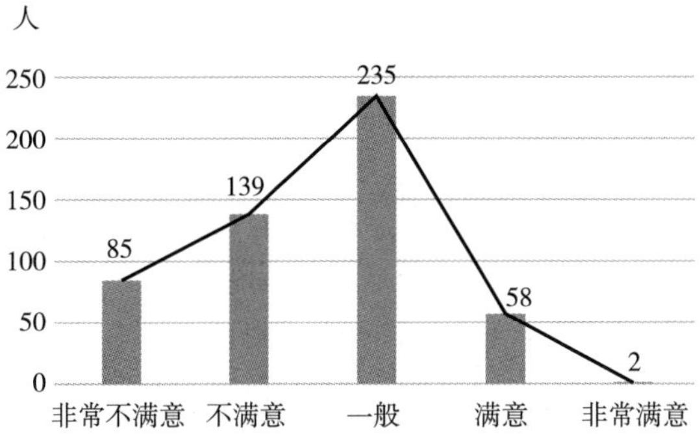

图6-9　公务人员收入水平满意度

由图6-10可知，北京市公务人员工作升迁机会满意度相对较低，呈左偏（不满意）分布态势。其中表示“一般”的人数最多，有253人，占比48.7%；表示“不满意”和“非常不满意”的占比也较高，分别为25%（130人）和13.1%（68人）；而表示“满意”和“非常满意”的仅有67人和1人，占比仅为12.9%、0.2%。说明北京市公务人员对于工作升迁机会的满意度较低，即认为自身工作升迁机会相对较少。

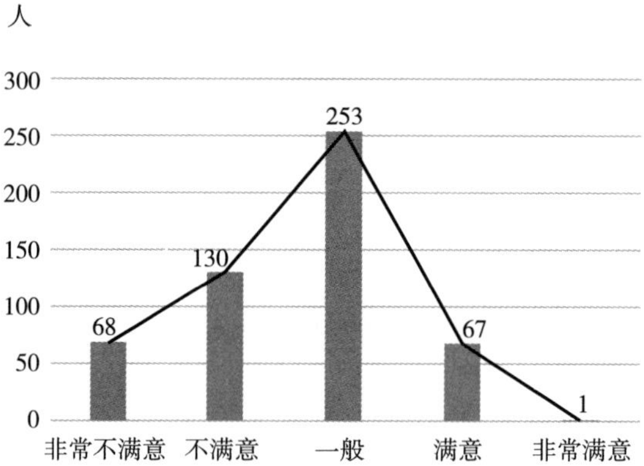

图6-10 公务人员升迁机会满意度

鉴于此，通过对北京市公务人员收益回报9个方面满意度的评估，可以发现公务人员对于自身工作稳定性满意度最高，对工作带来的社会声望、人际关系提升、个人能力提升满意度也较高；对于才智和抱负施展、权力支配两个方面的满意度基本呈现正态分布，认同度一般；对于公务人员的休闲时间满意度最低，同时对工作的收入水平、升迁机会满意度也相对较低。

（3）公务人员工作状态调查结果

为评估和调查北京市公务人员工作状态，问卷调查公务人员工作时的情绪、精力、状态并自我评价自身工作效率。

一是精力不济广泛存在。由图6-11可知，北京市公务人员工作时精力不济认同度高，其中表示“非常同意”和“同意”的人数较多，有48人和

183人，总计占比达到44.5%；表示“一般”的人数也较多，有181人，占比34.9%；表示“不同意”和“非常不同意”的人数相对较少，仅有86人和21人，总计占比仅为20.6%。说明北京市公务人员工作时精力不济状态普遍存在。

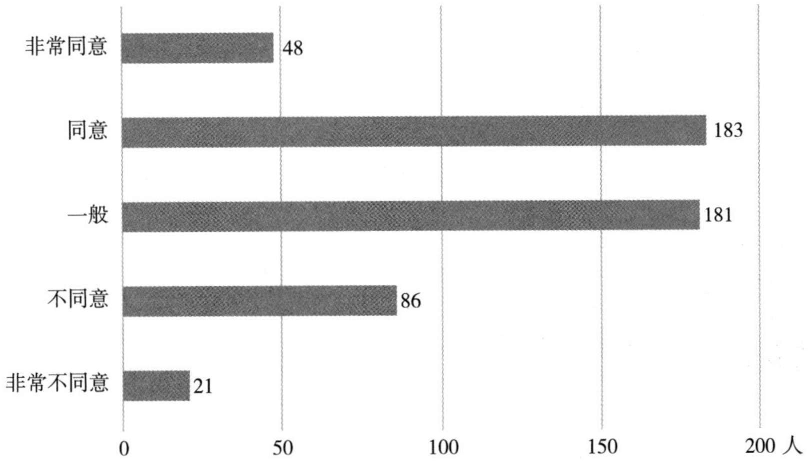

图6-11　公务人员工作精力不济状况

二是工作时心理状态相对较好。工作情绪低、走神发呆是衡量公务人

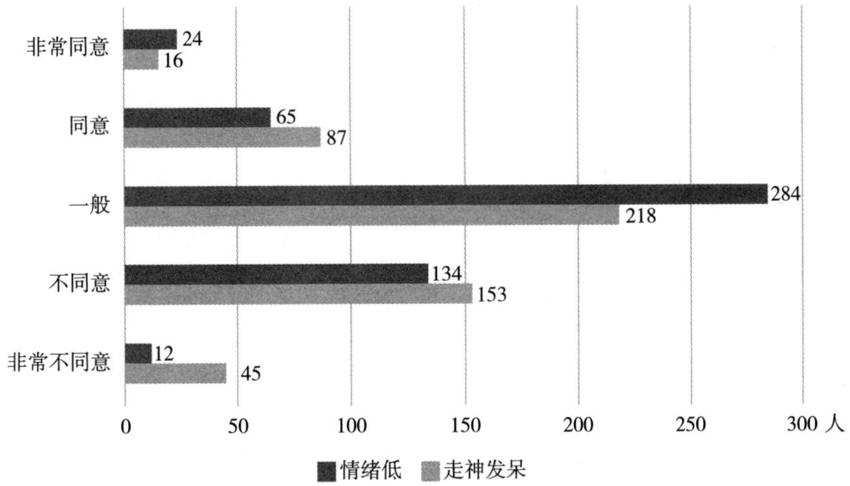

图6-12　公务人员工作情绪低、走神发呆

员工作时心理状态的标准。由图6-12可知，公务人员工作时心理状态相对较好，工作情绪低和走神发呆认同度相对较低，仅为17.1%和19.8%；表示“非常不同意”和“不同意”的人数占比分别达到28.1%和38.2%。说明北京市公务人员工作时心理状态良好，能较为有效地保持自身工作情绪和工作专注度。

三是工作效率自我评价高。为衡量公务人员工作效率状况，本文采取自我报告法，让公务人员自我报告自身工作效率状况。由图6-13可知，公务人员自我感知工作效率较高。表示“效率非常高”和“效率高”的人数较多，达到19人和214人，总计占比达到44.9%；表示“一般”的人数也较多，有241人，占比46.4%；而表示“效率低”和“效率非常低”的人数较少，仅为36人、9人，总计占比仅为8.7%。

根据公务人员自我评价，北京市公务人员工作效率相对较高，大多分布在“效率高”和“效率非常高”两个部分。但值得注意的是，这是公务人员自我报告的工作效率，可能与实际情况存在一定的认知偏差。

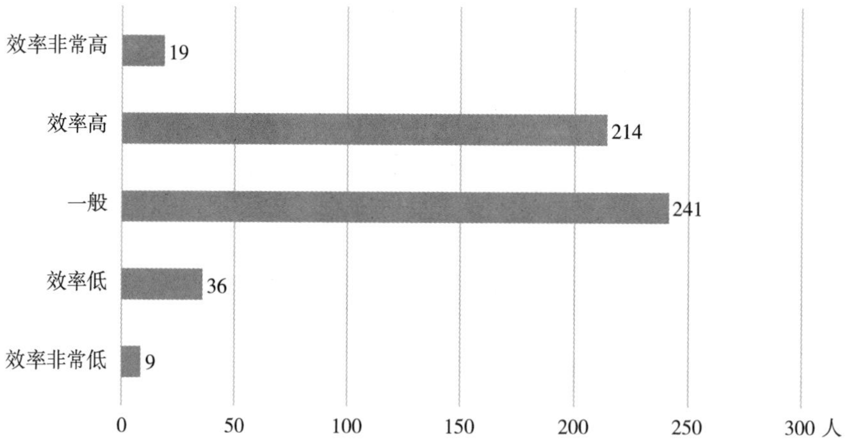

图6-13　公务人员工作效率状况

综上，就工作状态而言，北京市公务人员工作状态相对较好，工作时心理状态较好，能有效调动自身情绪和专注力，自我感知的工作效率也较高。但也存在一定程度的精力不济现象，这需要引起相关部门的注意，发掘其原因并找出相关解决对策。

（4）公务人员身心健康状况相对较差

由图6-14可知，北京市公务人员身心健康状况较差，“盼望下班”“睡眠质量差”“情绪低落、不开心”“不热衷朋友间的聚会”“经常无缘无故发火”5项的认同度都很高，呈现明显的右偏分布态势。其中“盼望下班”“睡眠质量差”“情绪低落、不开心”认同度达到45.5%、50.1%、40.6%，说明公务人员较多存在睡眠质量差、情绪低落、盼望下班等现象。由此说明北京市公务人员生理和心理健康状况相对较差，存在一定程度的身心疲惫状况。

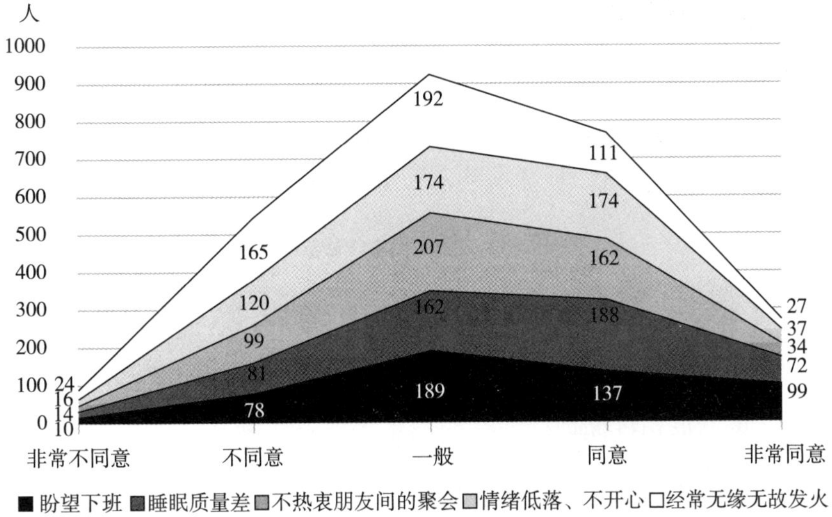

图6-14　公务人员身心健康状况堆积面积

（5）公务人员工作参与状况调查结果

衡量工作参与程度方面，调查选取参与决策、工作进展、建议表达、建议重视程度作为衡量指标。由图6-15可知，其中“了解单位各项工作进展”的“同意”和“非常同意”认同度最高，达到47.0%；“建议得到领导重视"的"同意"和"非常同意"认同度占比达到36.2%;"可以对领导表达不同意见"的"同意"和"非常同意"认同度达到37.8%;而"能够参与决策"的"同意"和"非常同意"占比相对最低，仅为32.8%。

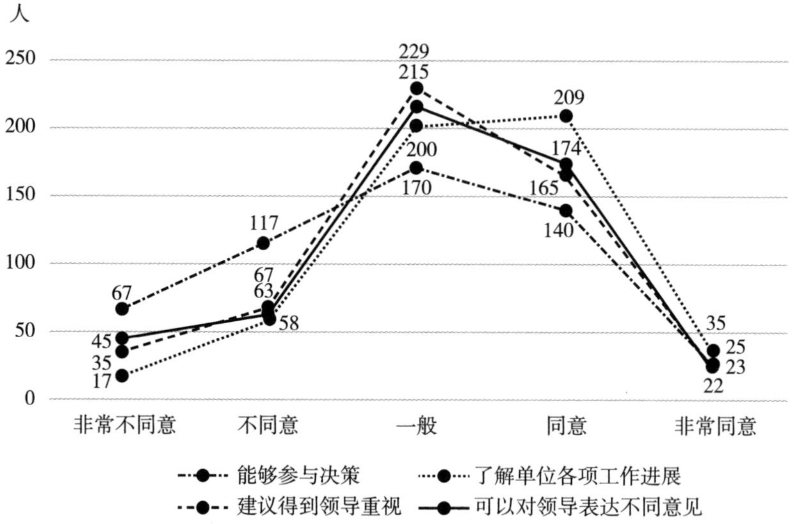

图6–15　公务人员工作参与情况

总体看来，北京市公务人员工作参与度较高，能有效了解单位各项工作进展，可以对领导表达不同意见，建议能得到单位领导重视，但对于决策工作的参与度相对较低。

（6）公务人员工作压力调查结果

第一，在工作压力方面，调查了北京市公务人员加班状况。设置"在过去两周内加班几次"选项，因为过去两周时间范围相对较短，记忆较为清晰且能有效衡量加班状况。

由图6–16可知，仅63名（占比12.1%）公务人员表示在过去两周内没有加班，87.9%的公务人员表示在过去两周内存在加班行为，其中"1~2次"占比27.9%，"3~4次"占比27.9%，"5次及以上"占比32%。

说明北京市公务人员加班现象广泛存在，且加班频率也相对较高。

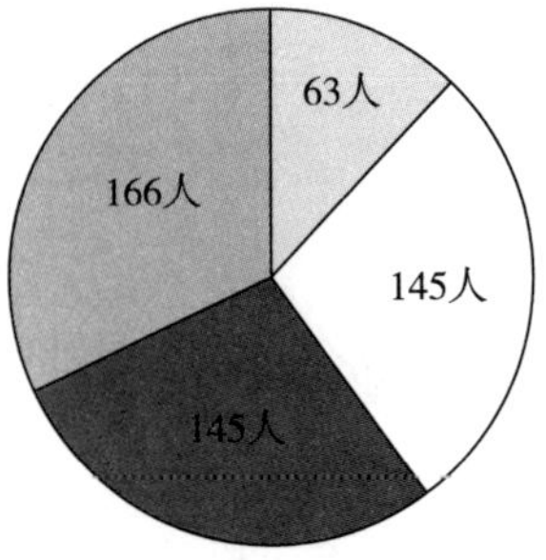

图6–16　公务人员加班情况

第二，为进一步探析北京市公务人员工作压力，调查了工作压力的主要内容。由图6–17可知，“工作量大”“职位晋升竞争激烈”“上级督查问责”“经常承担上级安排的临时性工作”4项认同度高，大多分布在“同意”和“非常同意”部分。

具体来看，“经常承担上级安排的临时性工作”带来工作压力的认同度最高，表示“非常同意”和“同意”的人数分别为226人和106人，占比达到64%。

其次是“职位晋升竞争激烈”带来的工作压力，表示“同意”和“非常同意”的人数为236人和77人，即60.3%的公务人员认同公务人员职位晋升竞争激烈。

“上级督查问责”的认同度达到47.4%，“工作量大”带来工作压力的认同度也达到41.3%。

结果显示，对北京市公务人员而言，上级经常性安排的临时工作、激烈的职位晋升竞争较大程度上带来公务人员的工作压力，上级督查问责和工作量大也在一定程度上加剧了工作压力。

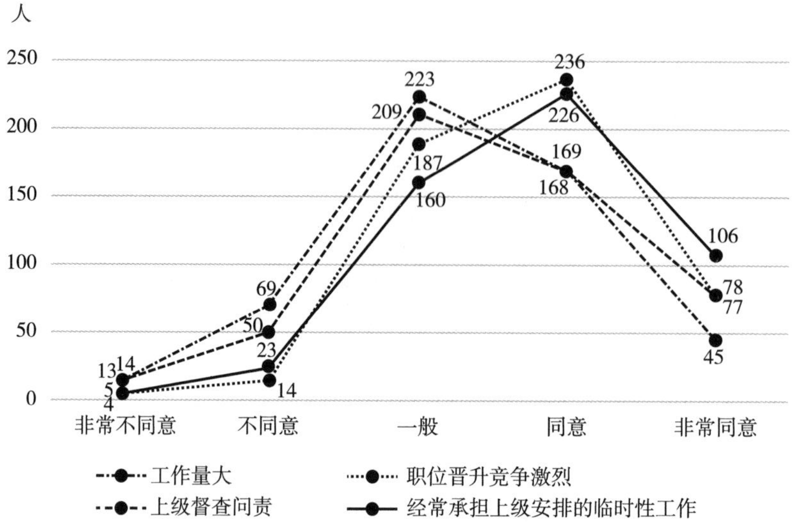

图6-17　公务人员工作压力情况

（7）工作距离调查情况

进一步衡量公务人员工作场所距离和通勤时间长度，由图6-18可知，“单位距离远”“通勤时间长”基本呈现正态分布态势，认同度分别为39.7%和40.1%，即公务人员认为自身工作距离远，上班通勤时间较长。

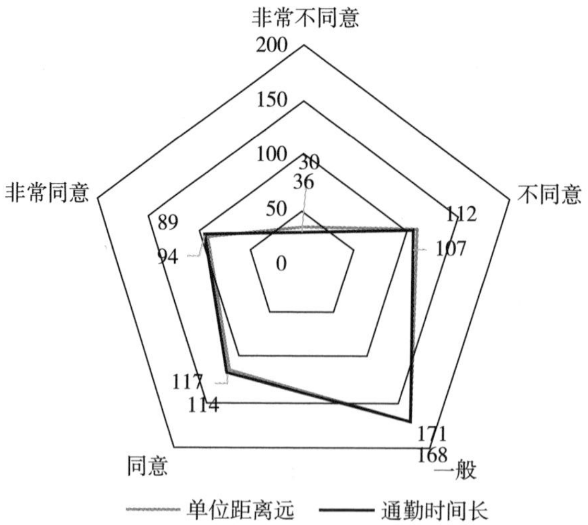

图6-18　公务人员工作距离、通勤时间情况

这是因为此次调研的公务人员单位既有搬迁到通州副中心的行政单位，也有未搬迁单位，二者的通勤时间和距离不同，主观感受也会存在差异，后续会将搬迁和未搬迁单位进行分析比较。

（8）公务人员感知的组织氛围调查结果

感知的组织氛围方面，本文选取组织绩效考核、奖惩、升迁、上下属关系作为衡量内容。由图6-19可知，总体来说公务人员对组织氛围友好度认同相对较低。

首先对单位“绩效考核标准有效”认同度最低，表示“同意”和“非常同意”的人数仅为129人和13人，占比仅为27.4%；表示“不同意”和“非常不同意”的人数为94人和47人，占比27.2%；表示“一般”的人数最多，达到236人，占比45.5%。

其次“奖惩标准合理”、“升迁程序公正”的认同度也较低，表示“同意”和“非常同意”的人数分别为141人、176人，占比仅为27.2%和33.9%。

最后在“尊重职员权利”和“领导信任尊重下属”方面认同度高，表示“同意”和“非常同意”的人数达到205人和205人，占比均为39.5%。

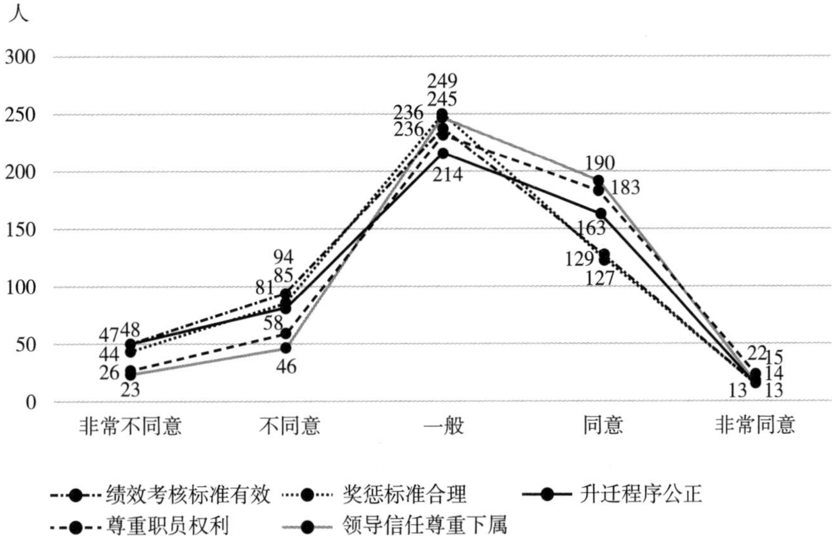

图6-19　公务人员感知的组织氛围

说明北京市公务人员个人感知的组织氛围友好程度一般，对单位的绩效考核、奖惩标准、升迁程序认同度相对较低，对领导信任尊重下属、尊重职员权利认同感相对较高。未来改善组织氛围可以从绩效考核、奖惩标准和升迁程序3个方面发力。

3. 问卷分析小结

通过对519份北京市公务人员调查问卷进行描述性分析，结果显示：总体工作、生活满意度较好。

北京市公务人员的工作、生活满意度总体较高，评分大多集中在61~80分之间，60分以下的低满意度占比较少，但90分以上的高满意度占比也较低。

收益和回报满意度参差分布。北京市公务人员对自身工作稳定性满意度最高，对工作带来的人际关系提升、个人能力提升满意度也较高；对休闲时间满意度最低，对工作的收入水平、升迁机会满意度也较低。

工作状态相对较好。北京市公务人员工作时能有效调动自身情绪和保持专注，自我感知的工作效率也较高，但也存在一定程度的精力不济现象。

身心健康状况较差，睡眠质量差、情绪低落、盼望下班等现象广泛存在，存在一定程度的身心疲惫状况。

工作参与度较高，能有效了解单位各项工作进展，可以对领导表达不同意见，建议能得到单位领导重视，但对于决策工作的参与度相对较低。

工作压力大，加班现象普遍存在。工作压力主要来源于“经常承担上级安排的临时性工作”和“职位晋升竞争激烈”2个方面，“上级督查问责”和“工作量大”也在一定程度上加剧了工作压力。

工作距离远、通勤时间长的认同度也较高。

感知的组织氛围友好度较低，其中单位的“绩效考核标准有效”“奖惩标准合理”“升迁程序公正”3个方面认同度均较低，未来改善组织氛围可以由此发力。

综上，从描述性统计来看，北京市公务人员工作生活质量较差的方面主要是休闲时间少、收入水平较低、升迁机会少（升迁程序、激烈的职位晋升竞争）、身心健康状况较差、决策工作参与度较低、上级经常安排临时性工作及组织氛围友好度一般。

（二）性别、行政级别和搬迁与公务人员工作生活质量的方差分析

在描述性统计分析北京市公务人员工作生活状况的基础上，为进一步探究北京市公务人员工作生活质量的影响因素，并解析北京市市级行政单位搬迁给公务人员工作生活带来的变化。本文首先对全样本（519份）公务人员数据进行方差分析，探究不同性别和行政级别之间公务人员工作生活质量的差异；其次挑选出北京市财政部门（搬迁单位）和税务部门（未搬迁单位）的问卷数据，对比分析搬迁给公务人员工作生活带来的变化。

1. 探究性别与公务人员工作生活的关系

（1）性别与生活、工作满意度

由表6–3可知，男性和女性公务人员的生活满意度和工作满意度均值差异较为明显，男性公务人员的生活满意度和工作满意度均值都低于女性公务人员。其中女性公务人员生活满意度均值为2.87，男性公务人员生活满意度为2.63，相差0.24；女性公务人员工作满意度均值为2.86，男性公务人员工作满意度仅为2.71，相差0.15。为进一步证明二者之间的均值差异具有统计学上的显著性，进行方差分析。

表6-3　性别与生活、工作满意度的描述性分析

因变量	性别	个案数	平均值	标准差	标准误差	平均值的95% 置信区间	
						下限	上限
生活满意度	男	304	2.63	1.121	0.064	2.5	2.75
	女	215	2.87	1.093	0.075	2.73	3.02
工作满意度	男	304	2.71	1.15	0.066	2.58	2.84
	女	215	2.86	1.152	0.079	2.71	3.02

方差齐性检验结果显示（见表6-4），生活、工作满意度的 Levene 统计量的显著性系数分别为0.12、0.983，均大于0.05，说明两者均通过方差齐性检验，可以进行方差分析。

表6-4　性别与生活、工作满意度方差齐性检验

因变量	Levene 统计	自由度1	自由度2	显著性
生活满意度	2.43	1	517	0.12
工作满意度	0	1	517	0.983

表6-5显示，性别与生活满意度方差分析的 F 值为6.196，且显著性系数为0.013，小于0.05，说明男女性公务人员生活满意度均值差异具有显著性，结合表6-3描述性分析结果可知，男性公务人员生活满意度显著低于女性公务人员。

而性别与工作满意度方差分析的 F 值为2.232，显著性系数为0.136，大于0.05，说明男女性公务人员工作满意度均值差异不具有统计学上的显著性。

综上，男性公务人员的生活满意度均值显著低于女性公务人员，差值为 -0.24；而男女性公务人员工作满意度均值差异不具有显著性。

表6–5 性别与生活、工作满意度的方差分析

因变量		平方和	自由度	均方	F值	显著性
生活满意度	组间	7.629	1	7.629	6.196	0.013
	组内	636.606	517	1.231		
	总计	644.235	518			
工作满意度	组间	2.957	1	2.957	2.232	0.136
	组内	684.758	517	1.324		
	总计	687.715	518			

（2）性别与工作压力、工作量

由表6–6可知，男女性公务人员感知的工作压力、工作量均值差异较大，男性公务人员感知的工作压力和工作量均值均明显高于女性公务人员，其中男性公务人员感知的工作压力均值为3.60，女性公务人员感知的工作压力均值为3.33，差值为0.27；男性公务人员工作量大认同度均值为3.36，显著高于女性公务人员的3.25。为进一步证明性别之间的均值差异具有统计学上的显著性，进行方差分析。

表6–6 性别与工作压力、工作量描述性分析

因变量	性别	个案数	平均值	标准差	标准误差	平均值的95% 置信区间	
						下限	上限
工作压力	男	304	3.60	0.827	0.047	3.51	3.69
	女	215	3.33	0.863	0.059	3.21	3.45
	总计	519	3.49	0.852	0.037	3.41	3.56
工作量大	男	304	3.36	0.883	0.051	3.26	3.46
	女	215	3.25	0.918	0.063	3.13	3.37
	总计	519	3.32	0.898	0.039	3.24	3.39

表6–7方差齐性检验结果显示，工作压力、工作量的 Levene 统计量的显著性系数分别为0.972和0.694，均大于0.05，说明二者均通过方差齐性检验，可以进行方差分析。

表6–7　工作压力、工作量方差齐性检验

因变量	Levene 统计	自由度1	自由度2	显著性
工作压力	0.001	1	517	0.972
工作量大	0.155	1	517	0.694

表6–8结果显示，性别与工作压力方差分析的F值为12.799，显著性系数为0.000，显著小于0.05，说明男女性公务人员感知的工作压力差异具有显著性。结合描述性分析结果可知，男性公务人员感知的工作压力显著大于女性公务人员。

而性别与工作量认同度方差分析显著性系数为0.167，大于0.05，没有通过显著性检验。说明男女性公务人员工作量均值差异不具有显著性。

综上，男性公务人员感知的工作压力均值显著大于女性公务人员，差值为0.27；而男女性公务人员工作量大认同度均值差异不具有显著性。

表6–8　性别与工作压力、工作量的方差分析

因变量		平方和	自由度	均方	F值	显著性
工作压力	组间	9.076	1	9.076	12.799	0.000
	组内	366.593	517	0.709		
	总计	375.669	518			
工作量大	组间	1.543	1	1.543	1.914	0.167
	组内	416.635	517	0.806		
	总计	418.178	518			

2. 探究行政级别与公务人员工作生活的关系

（1）行政级别与生活、工作满意度

由表6–9可知，不同行政级别之间的生活、工作满意度具有均值差异。就生活满意度而言，呈现随着行政级别上升而增加的趋势，即局级公务人员生活满意度最高，均值为3.63；处级公务人员居中，均值为3.04；科级及以下公务人员生活满意度最低，均值为2.62。

工作满意度也随着行政级别上升呈现增强的态势，其中局级公务人员工作满意度均值最高为3.50；处级公务人员工作满意度为3.25；科级及以下公务人员工作满意度均值最低，仅为2.62。

为进一步证明行政级别之间的均值差异具有统计学上的显著性，进行方差分析。

表6–9 行政级别与生活、工作满意度描述性统计

因变量	行政级别	个案数	平均值	标准差	标准误差	平均值的95% 置信区间	
						下限	上限
生活满意度	科级及以下	397	2.62	1.074	0.054	2.52	2.73
	处级	113	3.04	1.191	0.112	2.82	3.27
	局级	8	3.63	0.916	0.324	2.86	4.39
	总计	518	2.73	1.115	0.049	2.63	2.83
工作满意度	科级及以下	397	2.62	1.123	0.056	2.51	2.73
	处级	113	3.25	1.13	0.106	3.04	3.46
	局级	8	3.50	0.926	0.327	2.73	4.27
	总计	518	2.77	1.152	0.051	2.67	2.87

由表6–10方差齐性检验结果显示，生活满意度和工作满意度的方差齐性检验 Levene 统计量的显著性系数分别为0.693和0.609，均大于0.05，说明二者均通过方差齐性检验，可以进行方差分析。

表6–10 行政级别与生活、工作满意度方差齐性检验

因变量	Levene 统计	自由度1	自由度2	显著性
生活满意度	0.367a	2	515	0.693
工作满意度	0.496b	2	515	0.609

注：a、b 在针对生活满意度、工作满意度计算方差齐性检验时，将忽略只有一个个案的组，即副部级及以上组别只存在一组数据被忽略。

由表6–11方差分析的输出结果可知，就生活满意度均值而言，科级及以下公务人员均值显著低于处级和局级公务人员，其中与处级均值差异为 –0.420，与局级均值差异为 –1.000；而处级与局级公务人员均值差异没有通过显著性检验，不具有统计学上的显著性。

就工作满意度而言，科级以及下公务人员工作满意度均值显著低于处级和局级公务人员，其中与处级均值差异为 –0.626，与局级均值差异为 –0.878；而处级与局级公务人员均值差异未通过显著性检验。

表6–11　行政级别与生活、工作满意度的方差分析

因变量	（I）行政级别	（J）行政级别	平均值差值（I–J）	标准误差	显著性
生活满意度	科级及以下	处级	–.420*	0.117	0.000
		局级	–1.000*	0.392	0.011
	处级	科级及以下	0.420*	0.117	0.000
		局级	–0.581	0.402	0.149
	局级	科级及以下	1.000*	0.392	0.011
		处级	0.581	0.402	0.149
工作满意度	科级及以下	处级	–0.626*	0.12	0.000
		局级	–0.878*	0.401	0.029
	处级	科级及以下	0.626*	0.12	0.000
		局级	–0.252	0.411	0.539
	局级	科级及以下	0.878*	0.401	0.029
		处级	0.252	0.411	0.539

注：* 平均值差值的显著性水平为0.05。

综上可知，不同行政级别之间的生活和工作满意度具有明显差异，即科级及以下公务人员生活和工作的满意度均显著低于处级和局级公务人员。而处级与局级公务人员均值差异未通过显著性检验。

（2）行政级别与工作压力、工作量

由表6–12描述性统计可知，就工作压力而言，各行政级别的公务人员感知的工作压力均值都很高，其中处级公务人员感知的工作压力均值最大，为3.52；其次为科级及以下公务人员，均值为3.48；局级公务人员工作压力相对较小为3.38。

就工作量大认同度而言，科级及以下公务人员认同度最高，均值为3.33；其次为处级，均值为3.27；局级公务人员均值最小，为3.13。为进一步证明二者之间的均值差异具有统计学上的显著性，进行方差分析。

表6–12　行政级别与工作压力、工作量描述性统计

因变量	行政级别	个案数	平均值	标准差	标准误差	平均值的95% 置信区间	
						下限	上限
工作压力	科级及以下	397	3.48	0.833	0.042	3.40	3.56
	处级	113	3.52	0.907	0.085	3.35	3.69
	局级	8	3.38	1.061	0.375	2.49	4.26
	总计	518	3.49	0.852	0.037	3.41	3.56
工作量大	科级及以下	397	3.33	0.862	0.043	3.25	3.42
	处级	113	3.27	1.011	0.095	3.09	3.46
	局级	8	3.13	1.126	0.398	2.18	4.07
	总计	518	3.32	0.899	0.04	3.24	3.39

表6–13方差齐性检验结果显示，工作压力的方差齐性检验Levene统计量的显著性系数为0.412，显著大于0.05，通过方差齐性检验，可以进行方差分析；而工作量大的Levene统计量的显著系数为0.035，小于0.05，不满足方差齐性条件。因此只进行工作压力的方差分析。

表6–13　行政级别与工作压力、工作量方差齐性检验

因变量	Levene 统计	自由度1	自由度2	显著性
工作压力	0.889	2	515	0.412
工作量大	3.363	2	515	0.035

由表6–14方差分析输出结果可知，工作压力在不同行政级别之间的均值差异的显著性系数均大于0.05，没有通过显著性检验，说明不同行政级别之间存在均值差异，但不显著。

表6–14　行政级别与工作压力的方差分析

因变量	（I）行政级别	（J）行政级别	平均值差值（I–J）	标准误差	显著性
工作压力	科级及以下	处级	–0.041	0.091	0.652
		局级	0.106	0.305	0.728

续表

因变量	（I）行政级别	（J）行政级别	平均值差值（I–J）	标准误差	显著性
工作压力	处级	科级及以下	0.041	0.091	0.652
		局级	0.147	0.312	0.638
	局级	科级及以下	–0.106	0.305	0.728
		处级	–0.147	0.312	0.638

综上，不同行政级别之间感知的工作压力、工作量存在均值差异，但不具有统计学上的显著性。

3. 搬迁与公务人员工作生活的关系

参照北京市政府整体搬迁工作要求，北京市财政局积极推进单位搬迁工作，于2018—2019年完成财政局搬迁新址，所属机构和人员也完成工作地址搬迁，落地通州区承安路3号院。而此次北京市政府搬迁并未涉及北京市税务部门，北京市税务局并无搬迁。此外，二者的工作内容、机构设置具有一定的关联性。基于此，选取搬迁的财政部门和未搬迁的税务部门进行对比分析，其中财政部门45份问卷数据，税务部门60份问卷数据，对比分析公务人员在工作距离、工作生活满意度和工作压力工作量3个方面的差异，探究北京市级行政单位搬迁给公务人员工作生活带来的影响。

（1）搬迁与工作距离

由表6–15可知，搬迁单位的公务人员感知的工作单位距离远、通勤时间长认同度（均值分别为4.24和4.18）显著高于未搬迁单位公务人员（均值分别为2.83和2.85），说明搬迁单位的公务人员普遍认同工作单位距离远、上班通勤时间长。为进一步证明二者之间的均值差异具有统计学上的显著性，进行方差分析。

表6-15　搬迁与工作单位距离和通勤时间之间的描述性统计

因变量		个案数	平均值	标准差	标准误差	平均值的95% 置信区间	
						下限	上限
工作单位距离远	未搬迁	60	2.83	0.994	0.128	2.58	3.09
	搬迁	45	4.24	1.09	0.163	3.92	4.57
	总计	105	3.44	1.247	0.122	3.20	3.68
通勤时间长	未搬迁	60	2.85	0.954	0.123	2.60	3.10
	搬迁	45	4.18	1.134	0.169	3.84	4.52
	总计	105	3.42	1.223	0.119	3.18	3.66

表6-16方差齐性检验结果显示，工作单位距离和通勤时间的Levene统计量的显著性系数分别为0.440、0.097，均大于0.05，说明二者均通过方差齐性检验，可以进行方差分析。

表6-16　工作单位距离与通勤时间的方差齐性检验

因变量	Levene 统计	自由度1	自由度2	显著性
工作单位距离	0.601	1	103	0.440
通勤时间	2.812	1	103	0.097

表6-17显示，工作单位距离和通勤时间方差分析的F值为47.666和42.362，且显著性系数均为0，明显小于0.05，说明搬迁对于公务人员感知的工作单位距离和通勤时间均有显著影响。结合表6-15描述性统计可知，搬迁单位的公务人员感知的工作单位距离远、通勤时间长认同度显著高于未搬迁单位的公务人员。这是因为此次北京市级行政单位搬迁是由中心城区迁往城市副中心（通州区），搬迁单位人员的工作单位距离和通勤时间都有所增加。

表6-17 搬迁对感知的工作单位距离和通勤时间的方差分析

因变量		平方和	自由度	均方	F值	显著性
工作单位距离	组间	51.203	1	51.203	47.666	0
	组内	110.644	103	1.074		
	总和	161.847	104			
通勤时间	组间	45.334	1	45.334	42.362	0
	组内	110.228	103			
	总和	155.562	104			

（2）搬迁与公务人员的生活、工作满意度

由表6-18可知，未搬迁单位公务人员的生活满意度和工作满意度（均值3.02和2.90）高于搬迁单位公务人员满意度（均值2.53和2.71），说明未搬迁单位公务人员生活、工作满意度均值较高。为进一步验证均值差异具有显著性，进行方差分析。

表6-18 搬迁与生活、工作满意度描述性统计

因变量		个案数	平均值	标准差	标准误差	平均值的95%置信区间	
						下限	上限
生活满意度	未搬迁	60	3.02	1.112	0.144	2.73	3.30
	搬迁	45	2.53	1.160	0.173	2.18	2.88
	总计	105	2.81	1.153	0.112	2.59	3.03
工作满意度	未搬迁	60	2.90	1.130	0.146	2.61	3.19
	搬迁	45	2.71	1.079	0.161	2.39	3.04
	总计	105	2.82	1.108	0.108	2.60	3.03

表6-19方差齐性检验结果显示，生活满意度和工作满意度的Levene统计量的显著性系数分别为0.216、0.840，均大于0.05，说明二者均通过方差齐性检验，可以进行方差分析。

表6-19　搬迁与生活、工作满意度方差齐性检验

因变量	Levene 统计	自由度1	自由度2	显著性
生活满意度	1.553	1	103	0.216
工作满意度	0.041	1	103	0.840

表6-20方差分析结果显示，生活满意度方差分析的F值为4.681，且显著性系数为0.033，小于0.05，说明搬迁对于公务人员的生活满意度具有显著影响。结合表6-18描述性统计可知，搬迁单位公务人员的生活满意度显著低于未搬迁单位公务人员。此次北京市级行政单位搬迁是前往通州副中心，工作距离、通勤时间大大增加，工作与家庭之间的平衡需要进行重新调整，加之相关配套设施建设需要一段时间，可能会带来生活满意度的下降。

而工作满意度F值为0.746，显著性系数为0.390，大于0.05，说明搬迁单位与未搬迁单位公务人员工作满意度的均值差异不显著。

综上，搬迁单位公务人员生活满意度显著低于未搬迁单位；而工作满意度存在均值差异，但不显著。

表6-20　搬迁与生活、工作满意度的方差分析结果

因变量		平方和	自由度	均方	F值	显著性
生活满意度	组间	6.007	1	6.007	4.681	0.033
	组内	132.183	103	1.283		
	总计	138.190	104			
工作满意度	组间	0.917	1	0.917	0.746	0.390
	组内	126.644	103	1.230		
	总计	127.562	104			

（3）搬迁与工作压力、工作量

由表6-21可知，搬迁单位与未搬迁单位工作量差异较大，搬迁单位工作量均值（3.27）明显高于未搬迁单位（2.83）。而公务人员感知的工作压力在搬迁单位和未搬迁单位之间均值差异较小，均值差仅为0.06。为验证均值差异具有统计学上的显著性，进行进一步的方差分析。

表6–21　搬迁与工作量、工作压力的描述性统计

因变量		个案数	平均值	标准差	标准误差	平均值的95%置信区间	
						下限	上限
工作压力	未搬迁	60	3.30	0.926	0.120	3.06	3.54
	搬迁	45	3.36	0.712	0.106	3.14	3.57
	总计	105	3.32	0.838	0.082	3.16	3.49
工作量大	未搬迁	60	2.83	0.867	0.112	2.61	3.06
	搬迁	45	3.27	0.939	0.140	2.98	3.55
	总计	105	3.02	0.920	0.090	2.84	3.20

表6–22方差齐性检验结果显示，工作量和工作压力的Levene统计量的显著性系数分别为0.296、0.147，均大于0.05，说明二者均通过方差齐性检验，可以进行方差分析。

表6–22　搬迁与工作量、工作压力方差齐性检验

因变量	Levene统计	自由度1	自由度2	显著性
工作压力	2.137	1	103	0.147
工作量	1.102	1	103	0.296

表6–23方差分析结果显示，公务人员工作压力方差分析的F值为0.112，显著性系数为0.738，大于0.05，说明搬迁带来的工作压力均值差异不显著。搬迁单位与未搬迁单位公务人员工作压力差异不显著。

公务人员工作量方差分析F值为5.982，显著性系数为0.016，小于0.05，表明搬迁单位与未搬迁单位公务人员工作量均值差异显著。结合描述性结果可知，搬迁单位公务人员工作量均值显著大于未搬迁单位。可能因为单位新迁地址，需要重新调整和适应工作，工作量有所增加。

表6-23　搬迁与工作量、工作压力的方差分析

因变量		平方和	自由度	均方	F值	显著性
工作压力	组间	0.079	1	0.079	0.112	0.738
	组内	72.911	103	0.708		
	总计	72.990	104			
工作量	组间	4.829	1	4.829	5.982	0.016
	组内	83.133	103	0.807		
	总计	87.962	104			

综上所述，通过搬迁单位与未搬迁单位的对比分析，可以发现：搬迁单位公务人员的工作单位距离和通勤时间显著高于未搬迁单位；搬迁单位公务人员的生活满意度显著低于未搬迁单位；搬迁单位公务人员工作量大认同度显著高于未搬迁单位。而在工作满意度和工作压力大认同度上，搬迁单位与未搬迁单位并未呈现显著性差异。说明搬迁单位的公务人员工作距离和通勤时间增加，自身工作量显著增加，对生活满意度有所降低。

四、北京市公务人员调查中的问题梳理和原因分析

公务人员作为党和政府决策的执行者、公共服务的提供者，其精神状态、身心状况、工作态度及对于工作生活的感受情况等直接关系到党和政府的公信力和在群众心中的形象，甚至影响到经济社会各项事业能否顺利推进，重视公务人员身心健康状况、工作生活质量等对建设一支信念坚定、为民服务、勤政务实、敢于担当、清正廉洁的公务员队伍至关重要。本文基于北京市519名公务人员问卷调查和访谈来看，现实情况不容乐观，反映出以下问题。

（一）共性问题

1. 社会比较视域下，收入水平满意度低

公务人员收入是政府对公务员提供公共服务的最基本的回报方式，是政府给予公务人员的法定报酬。根据2006年工资制度改革的规定，公务人员实行国家统一的职务与级别相结合的薪酬制，公务人员收入主要由以下几个部分组成：基本工资、津贴、补贴和奖金。其中，基本工资分为职务工资（体现公务人员工作职责大小）和级别工资（体现公务人员工作实绩和资历）；津贴包括地区附加津贴、艰苦边远地区津贴、岗位津贴等；补贴则主要包括住房、医疗等补贴、补助。公务人员收入是公务人员最重要的生活来源，公务人员的收入水平对其个人与政府之间的关系进行了量化，收入的高低很大程度上衡量公务人员的价值、社会购买力乃至个人的自尊心。

公务人员收入对其工作投入回报和个人感知的组织支持程度具有重要意义，但在现实中北京市公务人员大多感知对比其他群体自身收入水平偏低，收入水平满意度不高。根据2014年北京团市委联合课题组问卷调查和面对面访谈发现北京80后青年公务人员群体呈现“两高两低”的特点，即学历高、职级低，社会地位高、收入满意度低。

本文对北京市财政、税务、公安、共青团中央、基层等各级519名公务人员的调查结果显示同样的结果，对比社会其他群体，北京市公务人员对其工作收益回报中的收入满意度低，其中85人（16.4%）表示“非常不满意”，139人（26.8%）表示“不满意”，表示“不满意和非常不满意”占比高达43.2%；235人（45.3%）表示“一般”；表示“满意”和“非常满意”的人数仅为58人和2人，占比仅为11.5%。说明北京市公务人员对于自身工作的薪酬待遇满意度普遍较低。访谈中公务人员也提及自我感觉工作收入低的问题：

公务人员A："你别看我现在是一个市级机关的科长，但我一年的收入也就十几万，还是小十几万，家里面两个孩子上学，加上赡养老人，还有房贷、车贷等开支，生活压力还是不小的，说实话我们现在这样的，要是跳槽到国企，都是要年收入20万以上的，这么一比你看看我们的收入是不是还是低的。"

美国行为科学家斯塔西·亚当斯在1967年提出公平理论，旨在研究工资报酬分配的合理性、公平性对职工工作积极性的影响。亚当斯指出，职工对收入的满意程度影响其工作的积极性，而职工对收入的满意程度取决于社会比较的过程，职工不仅关心自己的绝对收入的多少，而且关心相对收入的多少。职工会把自己付出的劳动和所得的报酬与他人或其他群体付出的劳动和所得的报酬进行社会比较，职工个人需要保持一种分配上的公平感。当他发现自己的收支比例与他人的收支比例相等时，他就会认为公平、合理，从而心情舒畅，努力工作；当他发现自己的收支比例与他人的收支比例不相等时，就会产生不公平感和其他不良情绪，通常会采取一些消极的行为来修正这种不公平感，例如消极怠工、庸政懒政等。Lee 和 Whitford 分析美国人事管理署对联邦行政部门10余万名公务人员的调查数据得出，公务人员对工资的不满意感是影响其离职意愿的显著因素，而且这一效应在联邦政府高级公务人员中最为显著。

基于此，我们可以发现公务人员收入水平是否公平合理对于公务人员职业本身的尊严、公务人员的工作积极性等关键指标都会产生直接影响。但现实中北京市公务人员对比其他社会群体评价公务工作带来的收益和回报，发现其收入满意度呈现明显的不满意态势，与公务人员较高的社会声望满意度呈现明显的对比，即公务人员自身感知的社会地位相对较高，但收入水平相对较低。结合公平理论来看，北京市公务人员在社会比较视域下，感知到自身的社会地位相对较高，但自身的收入水平相对低于社会其他群体，这两者之间的落差会带来公务人员主观不公平感和其他不良情绪，内心产生抵触情绪，甚至会影响公务人员的工作积极性。

2. 超负荷加班，休闲时间满意度低

《世界人权宣言》第24条规定："人人享有休息和闲暇的权利，包括工作时间的合理限制和定期给薪休假的权利。"我国宪法规定，休息权是公民基本权利之一："中华人民共和国劳动者有休息的权利。国家发展劳动者休息和休养的设施，规定职工的工作时间和休假制度。"我国《公务员法》第八十二条也明确规定，"公务员执行国家规定的工时制度，按照国家规定享受休假。公务员在法定工作日之外加班的，应当给予相应的补休"。我们可以发现，公务人员休息权指公务人员依法享有的法定工作时间外休息、休养的权利，旨在保障其身体健康、提高劳动生产率。

然而近年来，公务人员过劳加班现象非常普遍，"白 + 黑""5+2"成为公务人员熬夜加班加点的真实写照。本文对北京市财政、税务、公安、共青团中央、基层等各级519名公务人员进行问卷调查，"在过去两周内的加班次数"结果显示，仅63人（占比12.1%）表示在过去两周内没有加班，87.9%的人员表示在过去两周内存在加班行为，其中"5次及以上"占比32%，反映出北京市公务人员加班现象广泛存在，且加班的频次也相对较多。

与之相对应的是，519名公务人员对自身休闲时间满意度最低，呈明显的不满意态势。其中表示"不满意"的有136人（26.2%），表示"非常不满意"的达到108人（20.8%），总计占比达到47%；"满意"和"非常满意"人数仅为81人、5人，占比仅为15.6%和1%。说明接近一半的公务人员对自身休闲时间不满意，认为自身工作繁忙，休闲时间少。

学者杞月诗指出行政机制的权力任性，政府内部缺乏权力制衡机制，领导者高度权威地位是部分公务人员休闲时间被侵占的原因。公务人员的考核指标"德、能、勤、绩、廉"中"勤"是较容易显现出来的，会出现主政者为获得勤勉多劳的官声，刻意营造出勤于公务、加班加点的现象。

首先是领导的“率先垂范”，上级领导加班加点，个人休闲时间少，下层公务人员也不敢休息，只能跟随领导加班，疲于奔命，个人休闲时间被侵占；其次领导者个人偏好积极进取、加班苦干的下属，在一定程度上强化了“加班”现象，将下属的个人休闲时间侵占并转化为“奉献”，认为加班就是努力工作，工作时间与休息时间界限愈加模糊，广大公务人员心力交瘁、有苦难言。

公务人员 B：“现在单位加班现象是存在的，而且这个加不加班也分领导的，像我们之前有个领导就比较偏向加班，他自己首先肯定也是加班的，而且他每天下班之前会看一下一些办公室的灯是不是还亮着，这不就是在看加班吗？感觉这种形式的领导压力，也会让你不得不加班的。”

公务人员 C：“到了年终的时候，真的是不加班都不行。其他单位报送上来的材料要先检查是否符合规范，然后检查有没有遗漏，最后还要做成 excel 表格交给领导。我们也知道很多单位到了年底事情也很多，所以有的材料做得比较敷衍，明明要求2000字的材料，结果交上来只有400字不到。你说我也不能帮他补对吧？那能怎么办呢？就只能干等着，什么时候补全了什么时候下班。”

公务人员 D：“加班这个事情嘛，确实很头疼，和领导风格有很大关系，我的前领导就觉得不加班就显得不够热爱工作，所以他带头加班，我们也不能一走了之嘛。但比较麻烦的是，领导有车可以开回家，我才上班没两年，加班到了9点多，这边东部办公区一片黑，公交车也停了，就只能打车回去，这又是一笔花销。所以如果加班的话，就意味着我要点外卖，又要打车，这样开销就增加了，所以很惆怅啊！”

此外，北京市公务人员增加了平时考核，每个月和每个季度都会统计工作日外的加班时间和周末时长，但是并没有给予调休或者补助。当前北京市公务人员超负荷加班，个人休息时间少，休闲时间满意度低成为一个突出的问题。由于种种原因，导致当前负有“勤勉义务”的公务人员这一特殊群体的休息权不能依法合理实现，加班加点、个人休闲时间被工作侵占，加班工作流于形式和敷衍在一定程度上也存在，需要引起有关部门的重视，充分保障公务人员的休息权，让公务人员心甘情愿地进行工作，落实效、产实绩。

公务人员 E:“休假是有的，一年7天年假，但都是写在纸面上的。我入职三年多了，年假都没休过，为什么？早我三五年入职的都还没休，哪里轮得到我？更何况，即使想休假，但又没个好理由，我爸妈身体健健康康的，我自己又没成家，婚假探亲假都不符合，所以拉不下脸去请假。”

公务人员 F:“你说的这个调休也好，休假也罢，都是很有哲学性和艺术性的事情。这么说吧，如果像我这种刚入职没两年的人敢去申请休假，到时候同事会不会议论纷纷？说那个谁才刚进来现在就想要享清福了，人言可畏嘛。还有个事情你可能没想到，就是休假如果去旅行了，你回来总要给同事啊、领导啊带点东西（指伴手礼）吧。贵了买不起，便宜的又不敢送，还要考虑平衡科室和科室间、领导和领导之间东西的价格，很多讲究的，而且这个钱可能比你出去休假玩一趟还高。考虑来考虑去，索性就不休假啦。”

3. 身心健康状况差，工作精力不济

公务人员健康的身体和心理是其工作的生理基础，也是提高工作效率、保障工作绩效的重要支撑。当下社会的急剧变革和经济体制的渐进转轨，给社会各群体带来了巨大的冲击和心理压力。特别是公务人员群体，复杂的国际国内形势、繁重的改革发展任务及多元的价值取向，对其提出了更高的要求。公务人员心理压力大、焦虑困惑多、身体健康问题出现，公务人员的身心健康重要性更加凸显。近年来，一些公务员承受不了过高的工作压力而出现身体健康问题、心理健康问题甚至行为健康问题的报道层出不穷。研究显示，官员压力的首要来源是工作。重庆医科大学附属医院精神科调查显示，在心理健康问题最多的人群中，国家干部排在首位，其中2/3是男性，患有不同程度的焦虑、失眠等，在40岁左右的人群中尤为突出。

因此，本文参照国外身心健康量表，衡量公务人员身心健康的3个维度——行为症状、生理健康状况和心理健康状况，试图调查北京市公务人员身心健康现状。对北京市财政、税务、公安、共青团中央、基层等各级519名公务人员的调查显示，北京市公务人员身心健康状况较差，“睡眠质量差”认同人员达到260人，占比50.1%，说明过半数公务人员存在睡眠质量问题；“盼望下班”情绪认同人员236人，占比45.47%；“情绪低落、不开心”认同人员达到211人，占比45.5%；“经常无缘无故发火”认同人员138人，占比26.59%。

与此同时，调查中公务人员还显示出“工作精力不济”的高认同度，其中表示“非常同意”和“同意”的人数较多，有48人和183人，总计占比达到44.5%，接近半数公务人员表达了工作精力不济的状态；表示“一般”的人数也较多，有181人，占比34.9%；表示“不同意”和“非常不同意”的人数相对较少，仅有86人和21人，总计占比仅为20.6%，说明北京市公务人员工作时精力不济状态明显存在。访谈中公务人员有提及心理状况差的问题。

公务人员A：“现在这情况我们压力能不大嘛，工作限制越来越多了，工作任务和内容也不轻松，生存压力、工作压力都很大，这身体也扛不住呀！我前两天感冒发烧还坚持来上班，你一请假这事情也没人帮你做，领导又急着要，你不来上班怎么办？心理健康都还没顾得上，身体就先不健康了，我这肩膀也不好，腰椎也出了问题，更别说天天加班对身体造成的伤害，反正身心都不健康了。”

公务人员G：“入职前我在租的房子附近健身方便，有时候还能去游个泳什么的。自从搬到东部办公区后，这边别说像样的健身房，就连小区里的健身器材都不完善，单杠都脱漆了。再说，我也不好穿着西装和皮鞋去拉单杠吧，看上去太搞笑了，所以慢慢地就没运动健身的习惯了。”

公务人员H：“讲实话，我们单位在这边是搞了一间运动活动室的，但没人去。为啥？我给你说说。第一，地方小，还是个暗间，以前放杂物的改成的，没窗，空气差得要命，走进去就是一股霉味，不想多待。第二，什么时候去运动都不合适，下班了就想赶快坐班车回家，晚了的话要等40分钟才有下一班车来，等不起。如果上班时间你去运动，指不定有些人说你什么。第三，运动设备和专业健身房是真的没法比，差太多了，器械都没有，都是些女领导喜欢的跑步机啊、椭圆仪啊，不太适合我们男性。”

身心健康是干部为政之本，健康的身体是革命的本钱。身心健康问题伤害的不仅是公务人员的职业发展和心理健康，更会对干部队伍形象及党和国家的公信力产生较大的负面影响。首先，会严重影响公务人员工作状态，身心不健康状态下公务人员会感觉自身的情感处于焦虑和疲倦状态，出现精神不济等影响其工作投入和状态；其次，容易以一种消极、悲观的态度对待身边的同事和工作，漠视服务对象和工作，影响服务态度和组织团队人际关系；最后，容易产生低成就感、烦躁心理，消极评价自身和工作，对工作和生活丧失兴趣，会直接影响工作完成度甚至可能会衍生出职业道德问题。

有关部门不仅需要关注公务人员生理层面的身体健康问题，更要对当下日益突出的公务人员心理健康问题格外关注。加强公务人员关心关爱力度，通过健全机制、落实政策、健康疏导、谈心谈话，传播快乐工作、健康生活理念，为干部职工身心健康保驾护航。

4. 上级经常性安排的临时工作、督查问责带来工作高压

近年来，随着公务人员制度改革的深入，竞争上岗、聘任制、问责制等制度的实施，公务人员的工作压力日益加剧。过度的工作压力不仅影响公务人员的工作效率、工作满意度和生活质量，而且影响其身心健康。

本文对北京市财政、税务、公安、共青团中央、基层等各级519名公务人员的调查显示，北京市公务人员工作压力较大，压力主要来源于

“经常承担上级安排的临时性工作”“职位晋升竞争激烈”“上级督查问责”“工作量大”这4项。具体来看，“经常承担上级安排的临时性工作”带来工作压力认同度最高，其“非常同意”和“同意”人数分别为226人和106人，占比达到63.9%。其次是“上级督查问责”压力认同人数达到246人，认同度达到47.4%。再有“工作量大”带来工作压力，认同度也达到41.3%。总体看来，半数左右的公务人员感知到上级安排的临时性工作、上级督查问责和工作量大带来的工作压力。

首先是上级安排的临时性工作会带来较大压力。《公务员法》规定，公务员有忠于职守、勤勉尽责，服从和执行上级作出的决定和命令的义务。在政府权力边界相对模糊的条件下，领导者的“权威－服从”是我国权力运行的主要模式，即领导者是权力的承载体，其指令是下级公务人员的行动方向。在现实中很多公务人员的工作任务和内容并不只是简单的岗位职责，还会围绕上级领导的安排部署产生其他工作内容，即上级经常性安排的临时工作。同时公务人员工作本身就具有一定的突发性和及时性，很可能会产生较多的临时的很紧急的限时任务，所以现实中临时性工作任务经常出现。这种紧急性的、临时安排的工作时间紧、任务重，会给公务人员带来较大的压力。

公务人员A：“临时性的工作感觉天天都有的，有的时候上级部门周一通知你周三要开会，这不就是临时性工作嘛，而且有时候领导突然交给你一个任务，你也没办法拒绝啊，不管手上有多少活，领导那边急着要用，急着要上会，你也得加班加点拿出来呀，这都是很正常的现象。”

公务人员I：“说出来你可能都不信，我被安排过去拆猪栏，就是乡下的那种猪栏。你敢信？当时省里搞‘百姓富，生态美’的乡村建设，要把农村里的猪栏改掉，太臭太脏了。但是那些村民不肯啊，他们觉得能用就要，你和他们说什么传染病啊、污染源啊他们是不会信的。没办法，他们不拆，我们只能自己来。这个事情来得很突然，根本没提前通知，搞得我本来穿着西装和皮鞋，后来没办法，要上（去拆猪栏）之前临时买了双雨鞋，脱了外套就直接上了。要是知道是拆猪栏，那我肯定穿件不要的衣服，弄完就丢了。谁知道是这种临时任务，都没法让人提前准备的。”

其次是高频次督查问责带来的压力。党的十八大以来，党中央、国务院加大了对工作落实情况的督导督查，确保各项任务落到实处。督查问责是检查党和政府工作的重要方面，是推动党和政府的路线、方针、政策贯彻落实的重要手段。然而现实层面却出现了一些督查过多过滥，甚至一些地方存在着重督查轻落实、重形式轻内容、重数量轻质量的问题，督查问责已成基层公务人员重要的压力源，不仅没有达到促进工作落实的效果，反而严重耗费了具体抓落实的人力、物力、财力，加重公务人员的工作压力。访谈中公务人员提及当前的督查问责存在以下的压力问题：一是重形式轻内容，督查主要是以文件、会议的形式展开，各部门督查的标准和侧重点不同，需要反复多次准备文件，过分侵占正常工作内容和时间；二是重督查轻落实，督查高压环境下中央、省、市、县各级各类的督查层出不穷，缺乏时间落实各项具体工作；三是重数量轻质量，层层督查规避问责所需，忽略了督查的本意，存在着只要督导次数、频率足够就能将责任推卸的错误想法，最终把压力传递给了落实执行的基层一线人员，层层施压、形式大于内容的督查则让基层干部不堪重负，亟待减数量、提质量。

公务人员 B：“这几年督查是真的增多了，我这一年就经常在迎接、陪同检查，有的时候是中央部门的，有的时候是其他市级机关的。他们一来督查，就要开会吧，不同的督查还要准备不同的会议材料，虽然很多基础资料都是现成的，但是重点不一样，还是要全部重新写的，光是准备这些督查的材料就要费很大劲。你们能不能给上面反映反映这个问题啊。”

5. 绩效考核标准模糊、形式化，公平感认同度低

公务员考核机制是公务员制度的重要组成部分，是国家公务员选拔任用的重要环节。实行公务员绩效考核的目的是通过绩效考核机制，激励先进，鞭策后进，以绩效考核调动公务员的履职积极性，提升公务员的履职效能。当前，我国的公务员考核机制已逐步走上规范化、法治化的轨道，但在现实操作中仍然存在标准模糊、公平感认同度低等问题。本文对北京市财政、税务、公安、共青团中央、基层等各级519名公务人员的调查结果显示，北京市公务人员对于单位绩效考核、奖惩标准、升迁程序认同度较低，其中对于“绩效考核标准有效”表示“同意”和“非常同意”的人数仅为129人和13人，认同度占比仅为27.4%；奖惩标准、升迁程序认同度也较低，表示“同意”和“非常同意”的人数分别为141人、176人，占比仅为27.2%和33.9%。说明北京市公务人员对于单位考核升迁机制认同度普遍较低。

结合问卷和访谈，我们发现，首先当前公务人员考核标准模糊。在公务员绩效考核实践中，考核维度多年沿用“德、能、勤、绩、廉”的结构形式，考核标准比较笼统，考核方法比较单一，考核中还存在“按比例分配名额”“轮流坐庄”“老好人”等现象，考核的科学性、实效性还需要继续改进。其次考核过程形式化，领导对下属的偏好易对考核结果产生影响。模糊的标准难以区分公务人员实绩，往往是领导根据主观印象进行评分，考核的暗箱操作空间变大，现实中出现“谁跟领导关系好谁优秀”“谁在领导眼前多显眼谁优秀”等现象，暗箱操作空间存在，影响考核机制的公平性。

公务人员Z：“在公安机关，确实缺少对岗位职责的细化，目前很多管理工作都比较粗放，这就给绩效考核工作带来弊端，没有科学的岗位说明、职位说明，就难以用标准去衡量民警个人的工作好坏，多数情况下，只能通过领导或者群众的主观印象去评分。”

（二）差异性问题

在北京市公务人员群体呈现出的共性问题基础上，本文进一步关注此次市政机关搬迁过程中，搬迁单位公务人员相较未搬迁单位公务人员所面临的差异性问题，力图探究搬迁行为所引发的风险与挑战，进而提出相应的政策建议。

1. 工作单位距离远，通勤成本高

通勤指往返于居住地与工作地的行为，是连接生活与工作的纽带。极光大数据公布的《2018年中国城市通勤研究报告》指出，全国GDP排名前十的城市，平均通勤时间超过40分钟，而通勤时间最长的是北京居民，平均通勤路程为13.2千米，平均用时高达56分钟。在北京市辖区中，通州区、门头沟区和昌平区职住比[①]分别为0.87、0.86和0.79（见图6–20），是全市职住比较低的区域。

行政区	职住比
西城区	1.19
东城区	1.15
海淀区	1.11
朝阳区	1.08
怀柔区	0.99
延庆区	0.98
顺义区	0.97
密云区	0.96
平谷区	0.95
大兴区	0.93
丰台区	0.91
石景山区	0.90
房山区	0.89
通州区	0.87
门头沟区	0.86
昌平区	0.79

图6–20　北京各行政区职住比[②]

① 即“就业–居住比例”，计算公式为在某指定区域内，就业人口数量与居住人口数量的比值。

② 数据来源：极光大数据。

“职住分离”意味着早出晚归、乘车拥挤及道路拥堵，在通勤上所耗费的时间精力极大，增加了上班族的经济成本，挫伤工作积极性，降低工作满意度和生活幸福感。由统计数据和访谈结果可知，将市级行政单位由中心城区搬迁至城市副中心（通州区），以北京市人民政府机关为例，驻地由东城区迁至通州区，直线距离33千米，乘坐公共交通长达1小时，驾车用时最短也需40分钟。对于已定居原单位附近的公务人员来说，通勤成本极高。因此，搬迁单位公务人员所感知的工作单位距离远、通勤时间长认同度显著高于未搬迁单位的公务人员。市政机关的搬迁无疑进一步揭示了一线城市公务人员“职住分离”的痛点所在。

公务人员C：“北京房价还没疯狂上涨之前，我在昌平买了房子，已经算很偏了，去单位单程通勤时间都在1.5小时以上，想到以后要搬到通州就觉得有点绝望，那不是至少要2小时了啊，每天上下班4小时就没了，早知道还不如把房子买在通州了。”

公务人员E：“单位虽然有班车，但有时候赶不上。早上上班前吧，有时候要送孩子去幼儿园啊，或者临时忘了拿什么东西，就很可能赶不上，只能自己打车去或叫我老婆开车送我。至于下班，如果你在加班，那班车错过了就是错过了。我们领导有段时间特别爱加班，搞得我们大家也不敢走，后来集体错过班车，就只能拼车回去。”

2. 工作－家庭冲突压力

根据本文的调查数据，在北京市财政、税务、公安、共青团中央、基层等各级公务人员中，已婚人员占比约80%，单身人员占比约20%。近八成的公务人员在日常生活中，同时扮演着工作雇员和家庭成员的双重身份，面临工作－家庭的冲突问题。在心理学和管理学领域，工作－家庭冲突被视为工作家庭关系的极端表现，对工作绩效和家庭生活质量产生双向的负面影响。Kahn 等人（1964）指出，工作家庭冲突是指工作和家庭领域间存在某种程度的不相容，进而造成角色间的冲突和压力。① Greenhaus（1985）将工作家庭冲突定义为一种双向概念，即工作－家庭冲突与家庭－工作冲突，在此基础上，Greenhaus 进一步构建了基于时间、压力及行为的工作家庭冲突模型②（见表6–24）。

表6–24　工作家庭冲突模型

工作家庭冲突形式	工作家庭冲突方向	
	工作－家庭冲突	家庭－工作冲突
时间	基于时间的工作－家庭冲突	基于时间的家庭－工作冲突
压力	基于压力的工作－家庭冲突	基于压力的家庭－工作冲突
行为	基于行为的工作－家庭冲突	基于行为的家庭－工作冲突

本文基于 Greenhaus 的六维度模型、综合问卷及访谈结果进行分析，与未搬迁单位的公务人员相比，搬迁单位的公务人员呈现显著更高的工作－家庭冲突压力。第一，从时间层面上看，如上所述，搬迁单位的公务人员面临更长时间的通勤路程，此外，搬迁初期各项工作不完备，需要延长加班时间。工作总时长的增加导致公务人员陪伴家人的时间大幅缩减，双重角色的自我矛盾加之配偶和子女的抱怨，是搬迁单位公务人员工作－家庭冲突的重要因素。第二，从压力层面上看，搬迁单位公务人员面临经济压力、晋升压力及家庭压力等多重压力，精神负担大。在我国公务人员队伍中，男性所占的比例高于女性，而男性往往是家庭的中流砥柱，承担着家庭主要经济来源、赡养父母、子女升学等压力。在访谈中，不少搬迁单位的公务人员提及，为缓解长时间通勤所带来的不便，曾试图在通州租房，但因配偶工作与自身工作地点分离，孩子学校与工作地点分离，家庭无法随同搬迁，这就造成两处房屋的经济压力问题、异地居住的家庭关系

① Kahn R L，Wolfe D M，Quinn R P，et al. Organizational Stress：Studies in Role Conflict and Ambiguity[J]. American Sociological Review，1965，10（1）.

② Greenhaus J H，Beutell N J.Sources of Conflict Between Work and Family Roles[J].Academy of Management Review，1985（10）：76–88.

问题，若不租房则只能承担早出晚归的高通勤成本等压力。第三，从行为层面上看，不同社会角色对应不同的行为模式，公务人员在工作雇员和家庭成员的双重行为模式间切换。与未搬迁单位的公务人员相比，搬迁单位的公务人员面临新环境、新工作内容、新同事、新生活方式的行为转变问题，尤其是转变过渡期的不适很容易造成工作倦怠与家庭关系紧张。

公务人员 F："关于冲突，我和你说个最现实的，孩子上课谁送的问题。我家孩子的幼儿园、我爱人上班的地方和我上班的地方根本就不在一条线上，没有顺路的可能性。你说让我老婆送吧，她有时候早上8点多的课不能迟到，迟到就算教学事故。我呢，有时候送完孩子，幼儿园那边堵到根本挪不动车，我上班就迟到了。这个没法两全的，后来实在没办法，我妈也没法一直过来带着，就雇了个大学生专门接送孩子上下课，一个月给2000块，如果那个学生早上有课我还是得自己去送，非常折腾。"

公务人员 H："这边东部办公区黑灯瞎火的，有时候我爱人来单位找我想和我一起吃个饭，这附近却没什么像样的饭店，只能开车去远点的地方吃，吃完了送她回家后我再继续回来加班。为了'吃什么'这个事情，我老婆都和我生了两次闷气了。她觉得我就是没把她放心上，但真的这附近没什么好吃的，我总不能带她去吃快餐或者盒饭吧。"

3. 行政阻碍增加，工作量增大

搬迁单位公务人员所感知的工作量显著高于未搬迁单位，主要原因包括以下3个方面。

第一，搬迁顶层设计不足。在搬迁过程中，针对搬迁行为的顶层设计尚有欠缺。在搬迁单位、部门的规划设计上过分"一刀切"，部门设计忽略对工作内容差异的考虑。例如，北京市政机关在进行日常工作的同时还要承接保障中央的工作，搬迁后如何兼顾对中央工作的保障职责，未有相关说明。再如，所有市级单位按照规划都要迁入副中心办公，包括工妇团等团体组织，这些组织可能对副中心建设贡献率偏低，反而增加和下属单位工作对接的压力。诸如此类顶层设计的不足无形中给搬迁单位公务人员造成工作不便，进而导致工作量的增加。

公务人员 E：“当初说好搬过来带动这边地价上涨，结果现在3年多了，除了新盖了两座楼，这边该怎么样还是怎么样，没啥差别，周围的房价也没怎么涨，和市区里的比起来，那个涨幅真的是微不足道了。”

第二，人员外流严重，人力配备不足。对北京市某厅级单位的干部访谈显示，该单位搬迁一年内人员离岗率增至近20%，调往城区办公的中央单位与区委下级单位，现有在职公务人员不足100人。人员的大量离岗不仅降低了搬迁单位公务人员的岗位认同感，在总工作量不变甚至翻番的情况下，人力配备不足将导致剩余职员人均工作量的加大，对其身心造成巨大负担。

公务人员 F：“我们这儿男的比较多，女的特别是年轻的小姑娘不太愿意来。交通不方便，你总不能让人家小姑娘骑个电动车风里来雨里去吧。所以说啊，不太能留住人，很多想回去的。”

公务人员 G：“别看我们部门好像人比较多，但其实很多都是借调的，到时间了自动就回去了，待不久的。如果是我，我可能也会选择走，毕竟市区方便多了，这边一言难尽。”

第三，人为性行政阻碍增加。搬迁初期，就机关单位自身而言，在平稳渐进式过渡的搬迁规划指导下，存在原址和新址“两地办公”现象，行政工作的分割给整体统筹推进带来了更高的成本。市领导为保障中央工作，经常市中心、通州两头跑，远距离的时间消耗及工作内容的交接阻断，导致额外工作量的增加；就单位间的对接协作而言，因市政机关的分批次搬迁，不同机关单位、同一机关单位的不同部门到位的时间均不同，形成单位、部门间工作对接的阻碍，在很大程度上降低了行政效率，增加了行政成本。

4. 相对剥夺感下的心理落差

社会学家 Samuel Stouffer（1949）在对美国陆军的调查研究中提出了相对剥夺感的概念，后经 Merton（1957）、Pettigrew（1967）等人的进一步完善，最终将相对剥夺感定义为：个体在与参照对象的比较中因自身所处的劣势地位而产生的对自身利益与资源被剥夺的不公平感觉。这种情绪会极大影响人们工作、生活的积极性、获得感和满足感。Crosby（1976）在前人基础上提出相对剥夺感的整合五要素模型，认为个体要产生相对剥夺感需具备以下条件：①意识到与自己情况类似的人拥有 X；②意识到自己没有 X；③想拥有 X；④感觉自己有权拥有 X；⑤产生不公平与心理失落感。从此模型出发，可以将搬迁单位的公务人员的心理落差解释为：①与未搬迁单位的同级公务人员相比，意识到他们拥有更短的通勤距离、更便捷的工作条件、没有因搬迁而产生额外工作负担、家庭负担等；②意识到自己因搬迁丧失了以上资源；③想重新拥有以上资源；④感觉自己有权拥有以上资源；⑤产生不公平与心理失落感。对于搬迁单位的公务人员而言，特别对那些经历过从旧址前往新址的老员工而言，因搬迁所致既有资源的损耗，将产生极大的相对剥夺感，尤其在搬迁初期各项设备资源还不完善的背景下，这一情绪将在很长一段时间内成为许多公务人员的困扰。在相对剥夺感产生的基础上，搬迁单位公务人员会因此产生对更高福利待遇的需求，这正是相对剥夺感的最大弊病所在——消除情绪需要用更多的资源填补。因此，有关部门需高度关注搬迁单位公务人员的相对剥夺情绪，否则将对工作绩效、组织承诺和工作满意度带来极端的负面影响。

5. 配套保障设施供给不足

通州副中心占地150多平方千米，是北京与天津中间的衔接点。北京市规自委联动规划，通州与廊坊北三县统筹规划发展，新址距市中心近30千米，副中心定位行政、商务、生态涵养中心。目前副中心办公条件基本满足，但引进商业的基础设施尚未完善，商务功能薄弱，职工生活配套仍十分不完备。

就办公环境而言，办公区域集中，舒适度下降。新址严格按照个人办公面积建设，办公区域集中，有利于集聚效应的发挥，提高办公效率、节约行政成本；但是也造成办公场所的拥挤程度提高，办公舒适度有所下降。除此之外，规定搬迁不得采购新的办公设备，因此办公硬件设备基本沿用，未添置新设备。

就住房供给而言，供需发生偏差。目前新区为公务人员主要提供3种福利性住房：①紧急配租房。在行政场所附近住宅区配置几百套住房，配齐家具、家电等设备。但必须严格根据文件中的条件限制，符合有家属随迁至通州或者有孩子上学需求的公务人员方可申请，这一规定将单身或者家属无法随行的公务人员排除在外，因此供给求量远小于需求量。②共有产权房。针对已搬迁单位，两块区域建设共有产权房，但未突破北京市共有产权房政策，只是无须摇号，价格上也无差异。由于距离过远（一处位于东六环外10千米），公务人员参与购买积极性不高。③普惠性租房。在建中的办公宿舍，距离办公区域较近，租金低于市场价格，但无法完全满足已迁入的12000多人的需求量。由此可以发现，搬迁单位公务人员期待能以较低价格购买或者租住新办公区附近的住房，但已有的各项住房政策在供需方面产生极大偏差，无法满足现实需求，致使许多公务人员不认为这是一项很好的福利政策。

就补贴机制而言，补贴力度不足。目前针对搬迁单位公务人员唯一的新增福利是北京非城六区每天80元的交通补贴，并按照出勤天数补贴。上述的因丧失相应资源而产生的相对剥夺感，没有相应的补贴机制弥补，不利于提高搬迁后公务人员的工作积极性，降低了工作及生活满意度。

就资源配置而言，教育、医疗、商务、娱乐等资源短缺。北京市中心城区人才、资本、技术、服务难以在短时间内转移，各项城市配套功能还未完善，相应资源的引进在短期内也无法顺利完成。资源配置在搬迁初期难以跟上，因此搬迁单位的公务人员对在通州工作、生活缺乏积极性，考虑到优质的教育、医疗等资源仍在市中心，大多数公务人员不会选择举家迁至通州生活。

公务人员I：“我印象深，当时刚搬过来的时候，我怀孕大概5个多月，我老公不忍心看我天天挤班车或公交上下班，还专门买了辆车给我开。结果到这边一看，很多地方都还没完全弄好，而且办公室里的油漆味很重，也不知道用的装修材料怎么样。不过我的领导特别好，专门给我安排了一个虽然旧了点但没装修污染的房间做临时办公室，不过后来4个月后我回单位办产假手续，才发现我自己的办公室还是有装修留下的味道，都还没完全散掉，所以我就觉得我们就像‘人体空气净化器’一样，成了这边的吸甲醛小白鼠。”

五、改善干部队伍管理的政策建议

干部队伍管理是落实发展战略定位的关键。基于数据分析发现，这些挑战既包括一些诸如收入水平满意度低、工作任务较重、身心健康较差及绩效考核较为模糊等干部队伍管理的共性问题，同时也发现，由于行政场域变化直接带来的诸如通勤时间长、工作－家庭冲突性加强、行政成本增加及配套的相关政策供给不足等差异性问题。因此，针对上述问题，本文提出以下改善干部队伍管理与建设的政策建议。

（一）优化选人机制，实现人尽其才

通过调研可知，由于行政场域的变化，客观上形成了通勤时间长、工作－家庭冲突性加强以及配套政策供给不足等现实问题，对干部队伍的稳定性产生了一定影响。基于此，为确保干部队伍的稳定性，首先要在选人用人上下功夫，需要拓宽选人渠道，引导人员合理有序流动，并依托选人

机制，促进队伍专业化，实现用人制度上的创新，突破传统的用人、晋升机制，形成“一引二促三突破”的选人用人机制。

1. 拓宽选人渠道，引导人员流动

在行政场域变迁的背景下，干部面临着统筹全市业务工作、服务中央等多项任务，对干部队伍素质提出了更高的要求，干部队伍的调整可顺势而为。

一是拓宽选人的渠道。首先，拓宽选人的范围和视野。扭转“小圈子选人”和“安排性选拔”局面，各层级坚守“逢进必考”原则，适度放开准入限制，拓宽发现、选拔优秀人才的视野。应注重选拔办法的科学化，在专业、年龄、地域、身份、行业等条件上适度放开，打破政策壁垒和身份障碍，让更多的人有机会参与，真正让德才兼备、能力突出、乐于奉献的干部脱颖而出。其次，增加公开选拔的频次。以城市建设目标为导向、以行业人才缺口为重心，推动公开选拔工作常态化。对高校优秀毕业生实行“双向选择”制度，落实事业单位、国企、高校等各行业人才的引进政策。通过增加竞争与机遇，激发干部职业潜能，提升其自身能力与队伍活力。最后，改进公开选拔的方式。采取公开招考为主、自荐推荐为辅的多元化调配方式广揽人才，针对不同类型岗位使用不同的招考办法，避免应试化录取。创新笔试命题技术、面试技术、组织考察工作方法和方式，把考试与考察更好地结合起来，全面准确了解干部德才表现和工作实绩，力求真实反映应试者的综合素质，以人岗相适取人，不简单以考试和演讲成绩取人。

二是引导干部合理流动，增加纵向与横向的流动机会。据调研可知，由于行政场域变迁，干部队伍出现了一些人才流失，需要采取措施积极补充。一方面，依托市级机关的职级优势，通过选拔，吸纳基层岗位的优秀人才加入市级机关，促进人才的纵向流动，实现干部队伍的补充；另一方面，借力行政改革，加强部门间横向交流，发挥职级作用，在一定职级范围内，施行内部与外部交流结合。总之，在干部选拔上，要打破藩篱，破除壁垒，突破公务人员系统内部和各职位间的界限，增加干部纵向与横向流动的机会，满足公务人员不同的职业发展需求，引导干部合理流动。

2. 依托选人机制，促进队伍专业化

一方面，由于社会治理环境的高度复杂和不确定，治理难度明显增加，在推动社会分工精细化的同时，对干部队伍专业化水平也提出了更高的要求，需要依托科学化的选人机制，尤其是在选拔具有较高政治素养和公共精神的干部队伍的基础上，注重干部队伍的专业能力。

另一方面，社会公众对公共服务供给提出了更高要求，具有较高专业素养的干部队伍是适应复杂环境社会治理的基础。训练有素的专业化干部队伍有赖于科学合理的选人机制，依托选人机制，提升干部队伍专业化水平是干部队伍管理与建设的重要内容。

3. 创新用人制度，突破传统晋升机制

一是建立人才备用制度。科学运用干部选拔成果，通过公开选拔发现和储备人才，建立人才数据信息库，掌握人才信息与动向，并实现跨领域、跨单位信息共享。对于符合后备干部条件的人员，可以列入相应的后备干部名单，重点培养锻炼，加强日常考察；对经过选拔但未被任用、综合素质可认定为优秀的人员，可以根据人岗匹配原则调整任用到其他空缺岗位上，或通过交流任职等方式交流到报考单位进一步培养锻炼；对于条件成熟的人员，可以录入信息库备选，在与副中心建设相关的事业单位、国企出现人才缺口时，根据双向选择原则，优先考虑录用。

二是探索适应副中心建设发展需要的干部晋升机制。传统的干部晋升制度适用于常态化的干部队伍管理，而面对行政场域变化带来的通勤时间长、工作－家庭冲突性加强以及配套设施配给不足等因素，探索具有明显正向激励的干部晋升机制是留住人才的关键。

（二）明确岗位职责，为公务人员减负

调研发现，公务人员超负荷加班现象较为普遍，休闲时间满意度低、身心健康状况差、工作精神不济等问题也较为明显，以及上级经常性安排的临时性工作和督查问责带来的工作高压进一步表明，公务人员工作职责及边界不够清晰，在具体工作中对于形式的要求大于内容，以及多部门的重复性检查屡见不鲜。因此，公务人员亟须减负，具体做好“三减”：减少临时性工作、减少形式上留痕、减少重复性检查。

1. 细化职责任务，减少临时性工作

调研中我们注意到，由于权力边界的模糊性，以及领导者的“权威－服从”运行模式，在实践中上级安排的临时性工作较为普遍，临时性工作带来的工作量剧增和工作压力是普遍反映的问题。为此，一方面，需要对公务人员的职责任务进一步精细化设计，编写科学合理的职位说明，明确各层级之间的关系，厘清各部门之间的边界，从而形成较为明确、清晰的层级关系和职责任务。另一方面，需要明确权力边界并实施有效的监督，减少上级安排的临时性工作。

2. 注重工作实效，减少形式上留痕

调研中我们发现，公务人员普遍反映“过度留痕”的问题。工作“留痕”，本意在于加强管理、激发动力，以明确责任、推动落实，是基于管理中的过程控制而采取的制度设计。但“留痕”过多过滥，既占用干部大量时间、耗费大量精力，又助长了形式主义、官僚主义之风，让不少干部压力巨大、苦不堪言。因此，要注重工作实效，破除“过度留痕”等形式主义做法。具体来说，一方面要加强源头治理，建立科学合理的绩效考核评价体系，控制好“留痕”的频次和总量，把握好过程控制中的关键节点。另一方面要引导干部树立正确的政绩观，把心思和精力用到抓落实、干实事上来。

3. 整合督查力量，减少重复性检查

调研中发现，督查问责已成为各级公务人员重要的压力源，不仅没有达到促进工作落实的效果，反而严重耗费了具体抓落实的人力、物力、财力，加重公务人员的工作压力。而且，由于督查部门众多，加之重形式轻内容、重督查轻落实、重数量轻质量，使得各级公务人员陷入疲于应付规避责任的局面，违背了督查问责的本意。因此，需要加强顶层设计，一方面整合督查力量，避免多部门重复督查。另一方面，发挥好督查的功能，注重提升督查的质量。

总之，为公务人员减负，有利于提高公务人员工作和生活的满意度。

（三）完善考核机制，提升工作绩效

调研中发现，公务人员普遍认为当前绩效考核机制存在标准模糊，考核过程形式化，以及考核结果使用不能体现差异性等问题。因此，绩效考核不仅起不到激励作用，而且使得组织成员的公平感认同度降低。

1. 强化组织绩效的基本导向

强化组织绩效的基本导向就是要在实践中，强调个人绩效表现必须有利于组织绩效的提升。目前，我国公务人员推行的绩效评价系统，注重对领导干部“德、能、勤、绩、廉”的全面评价，但其评价落脚点是基于个人导向的绩效评价，并没有体现出不同个体对组织绩效的贡献度。因此，基于个人导向的评价容易导致存在吃大锅饭的情况，起不到激励作用。个体的绩效评价目标本质上是组织目标的分解与承接，因此要测评个体的绩效优劣，必须以组织绩效为基本导向，个人绩效的提升也必须以组织绩效提升为基础，从根本上测评个体绩效对组织绩效的贡献。

2. 设计精细化绩效评价体系

如前文所述，由于很难测评和区分个体绩效对组织目标实现的贡献度，在公务人员绩效考核过程中，建立科学合理的绩效标准尤为重要。在

绩效评价指标设计上，要围绕组织目标，立足公务人员的基本岗位职责，在传统的“德、能、勤、绩、廉”考核指标的基础上，实现指标的具体化和精细化，采用分类法对不同岗位的工作任务及内容深入了解，对各个职位进行工作分析，明确具体职责，制定具有针对性的客观性考核标准，明确考核指标的权重，减少考核指标的模糊化。这样不仅能够提高评价的科学性、区分度和效率，还能减少人为因素的干扰。

3. 有效使用绩效评价结果

首先，有效使用绩效评价结果必须做好绩效诊断。一是从被考核者个体层面诊断其能力、水平和努力程度；二是从组织层面诊断组织的工作流程、资源支持及组织文化等；三是对考核指标体系标准设定的科学性与合理性进行诊断。

其次，在绩效诊断的基础上，要充分发挥绩效评价结果的作用。一是根据绩效评价结果，确定晋升和评优，并形成差异化的收入水平；二是根据绩效评价结果，制订培训和发展计划，对干部队伍开展有针对性的业务培训；三是根据绩效评价结果，实施人员流动和岗位调整计划，做好人力资源的重新配置。

总之，制定科学合理的绩效评价体系是解决公平感认同度低的基础，而对评价结果有效使用是解决问题的关键。

（四）加快城市建设，落实配套保障

调研结果显示，北京市级机关行政场域变迁对干部队伍管理和建设产生较大影响，并且这些影响呈现出多面向、多层次的复杂情景特质，不仅对公务人员个体层面产生影响，如通勤时间成本、工作－家庭冲突压力等，也对组织层面产生影响，如不同层级、不同部门的组织间合作阻碍增加、工作量增加、行政场域变迁后的相关配套政策供给不足等。据悉，由于工作的需要，多个部门在搬迁之后，仍保留了部分城区办公点。此外，

与干部队伍密切相关的诸如人居环境、办公环境、住房配套、医疗服务、教育机构等方面的问题也都不容乐观。因此，首先要清晰地认识到，行政场域变迁作为一项重大战略决策，必定要经历一个发展过程，存在一个过渡期、适应期。其次对于干部管理与建设存在的问题，一方面要从制度、政策层面积极采取措施，加快推进配套政策制定和出台；另一方面要以加快城市副中心建设为基础，推进落实好各项配套保障。

1. 配套政策保障

基于调研发现的问题，涉及干部队伍管理相关制度安排的顶层设计明显不足，需要加快推进相关配套干部政策的制定出台。

一是优化经济补偿政策，加大经济补偿力度。为解决通勤时间长，以及由此带来的工作-家庭冲突压力增加等问题，需要建立相应的补偿机制，从物质层面着手，加大经济补偿力度，在一定程度上缓解由于通勤时间长、工作-家庭冲突压力增加的问题，同时也给予公务人员个体心理落差的补偿，提升其获得感。

二是立足工作实效，采取灵活考核方式。从考核方式入手，在过渡期实行适度弹性工作制度。由市级行政机关的工作性质决定，有相当一部分工作属于研究类写作工作，在确保完成工作目标的基础上，适度灵活掌握考核方式，从而保证过渡期各项工作机制平稳有序运行。

三是加强政策协同，促进部门间合作。从制度安排上解决由于行政场域变迁带来的工作量加大、部门间合作成本增加等行政阻碍，加强相关政策协同，建立新型配套的部门合作机制，减少重复性工作，包括材料报送、督查检查等具体事务。

2. 基础设施保障

公务人员作为行政组织中个体成员出现的同时，也是家庭中的一员，两种秩序或角色决定了其需求的复合性。一方面对其工作秩序中的办公环境、通勤方式、人际关系以及组织文化等内容存在客观需求；另一方面对其在家庭秩序中所涉及的住房供给、医疗服务、教育资源以及衍生至家庭成员的就业机会等各方面的配套政策需求。上述需求，与公务人员息息相关，直接影响着公务人员的工作和生活质量，进而影响其工作积极性和行政绩效等。据调研可知，在住房保障方面，已采取了紧急配租、共有产权房、普惠性租房等方式的保障性住房，但在实际操作中发现，保障房的数量不够，不能充分满足客观需求，与此同时，涉及家庭成员的人居环境、公共服务供给、就业机会等方面的需求显得更为迫切。因此，要加快副中心建设，尤其是对人居环境的优化、住房保障、医疗服务、教育资源和就业机会等方面的统筹考虑，从而满足公务人员工作和生活的正常需求，提供便利的工作条件，解决公务人员的后顾之忧。

参考文献

一、中文图书

[1] 埃里森．固定效应回归模型 [M]. 上海：格致出版社、上海人民出版社，2012.

[2] 陈凤楼．中国共产党干部工作史纲：1921—2002[M]. 北京：党建读物出版社，2003.

[3] 陈云．陈云文选：第 3 卷 [M]. 北京：人民出版社，1995.

[4] 迟福林．政治体制改革理论探讨 [M]. 北京：华夏出版社，1987.

[5] 陈振明．政治的经济学分析 [M]. 北京：中国人民大学出版社，2003.

[6] 陈全明．福利管理 [M]．深圳：海天出版社，2003.

[7] 曹志．中华人民共和国人事制度概要 [M]. 北京：北京大学出版社，1985 .

[8] 邓小平．邓小平文选：第 3 卷 [M]. 北京：人民出版社，1993.

[9] 邓力群．当代中国的职工工资福利和社会保险 [M]. 北京：中国社会科学出版社，1987.

[10] 道格拉斯 · C. 诺思．制度、制度变迁与经济绩效 [M]. 上海：上海人民出版社，2014.

[11] 方刚．性别心理学 [M]. 合肥：安徽教育出版社，2010.

[12] 盖伊·彼得斯．政府未来的治理模式 [M]. 北京：中国人民大学出版社，2001.

[13] 何俊志，任军锋，朱德米．新制度主义政治学译文精选 [M]. 天津：天津人民出版社，2007.

[14] 何俊志．结构、历史与行为：历史制度主义对政治科学的重构 [M]. 上海：复旦大学出版社，2004.

[15] 金冲及，陈群．陈云传：下 [M]. 北京：中央文献出版社，2005.

[16] 贾洪波．干部工资福利保险制度简述 [M]. 北京：党建读物出版社，2019.

[17] 拉姆·查兰，斯蒂芬·德罗特，詹姆斯·诺埃尔．领导梯队 [M]. 北京：机械工业出版社，2011.

[18] 劳伦斯·马西斯，约翰·杰克逊．人力资源管理 [M]. 北京：北京大学出版社，2006.

[19] 李民．邓小平的干部观 [M]. 北京：中共党史出版社，2000.

[20] 刘娜欣．人力资源管理 [M]. 北京：北京理工大学出版社，2018.

[21] 李烈满．健全干部选拔任用机制问题研究 [M]. 北京：中国社会科学出版社，2004.

[22] 劳动人事部政策研究室．人事工作文件选编 [M]. 北京：劳动人事出版社，1987.

[23] 林毅夫，蔡昉，李周．中国的奇迹：发展战略与经济改革 [M]. 上海：上海三联书店、上海人民出版社，1994.

[24] 李德志．公共部门人力资源管理与开发 [M]. 北京：科学出版社，2016.

[25] 刘圣中．历史制度主义制度变迁的比较历史研究 [M]. 上海：上海人民出版社，2010.

[26] 陆学艺．当代中国社会阶层研究报告 [M]. 北京：社会科学文献出

版社，2002.

[27] 毛泽东 . 毛泽东选集 [M]. 北京：人民出版社，1991.

[28] 米尔科维奇，纽曼 . 薪酬管理：第六版 [M]. 北京：中国人民大学出版社，2002.

[29] 苏海南，杨燕绥 . 中国公务员福利制度改革 [M]. 北京：中国财政经济出版社，2008.

[30] 孙柏瑛，祁光华 . 公共部门人力资源开发与管理 [M]. 北京：中国人民大学出版社，2004.

[31] 舒放，王克良 . 国家公务员制度教程（公共管理硕士 MPA 教材）[M]. 北京：中国人民大学出版社，2001.

[32] 唐钧 . 新媒体时代的应急管理与危机公关 [M]. 北京：中国人民大学出版社，2018.

[33] 唐钧 . 公共部门的危机公关与管理：政府与事业单位的危机公共关系解决方案 [M]. 北京：中国人民大学出版社，2007.

[34] 谭功荣 . 公务员制度比较研究 [M]. 重庆：重庆出版社，2007.

[35] 王旸 . 新时期党的干部制度建设 [M]. 北京：中共党史出版社，2006.

[36] 王红霞 . 建国初期中国共产党干部教育转型研究：1949—1956[M]. 北京：线装书局，2013.

[37] 徐颂陶 . 中华人民共和国工资保险福利政策法规全书 [M]. 北京：中国人事出版社，1992.

[38] 熊继宁 . 差异变化与耦合：香港、澳门公务员系统与国家公务员系统比较研究 [M]. 北京：中国政法大学出版社，1999.

[39] 约瑟夫 · J. 马尔托奇奥 . 战略薪酬 [M]. 北京：社会科学文献出版社，2002.

[40] 赵永乐，李海东 . 人力资源规划 [M]. 北京：电子工业出版社，

2010.

[41] 中央文献研究室. 邓小平年谱：1975—1997　上 [M]. 北京：中央文献出版社，2004.

[42] 中央档案馆. 中共中央文件选集 [M]. 北京：中共中央党校出版社，1989.

[43] 中共中央组织部，中共中央党史研究室，中央档案馆. 中国共产党组织史资料：第7卷　下 [M]. 北京：中共党史出版社，2000.

[44] 中共中央文献研究室. 十八大以来重要文献选编：上 [M]. 北京：中央文献出版社，2014.

[45] 中共中央组织部研究室. 干部人事制度改革政策法规文件选编 [M]. 北京：党建读物出版社，2007.

[46] 中共甘肃省委组织部. 腾飞的希望 [M]. 兰州：甘肃人民出版社，1987.

[47] 中共中央组织部. 干部人事制度改革研究 [M]. 北京：党建读物出版社，2011.

[48] 中共中央文献研究室. 毛泽东文集：第7卷 [M]. 北京：人民出版社，1999.

[49] 赵志耘. 财政支出经济分析 [M]. 北京：中国财政经济出版社，2002.

[50] 郑杭生. 中国社会结构变化趋势研究 [M]. 北京：中国人民大学出版社，2004.

[51] 中共中央党史研究室. 中国共产党简史 [M]. 北京：中共党史出版社，2001.

[52] 中共中央组织部. 中国共产党组织工作辞典 [M]. 北京：党建读物出版社，2009.

[53] 中共中央马克思恩格斯列宁斯大林著作. 马克思恩格斯选集：第1

卷 [M]. 北京：人民出版社，1972.

[54] 中共中央文献研究室 . 建国以来重要文献选编 [M]. 北京：中央文献出版社，1992.

[55] 中央文献研究室 . 任弼时年谱 [M]. 北京：中央文献出版社，2004.

[56] 中国大百科全书军事卷编审室 . 中国军事百科全书 · 中国人民解放军政治工作卷 [M]. 北京：军事科学出版社，1987.

二、中文期刊与报纸

[1] 薄智跃 .“60后”省委书记群体考 [J]. 人民论坛，2012（25）：18-19.

[2] 薄智跃 . 中国现任地方主要领导的三大特点 [J]. 人民论坛，2011（9）：19-21.

[3] 陈坚 . 20世纪80年代“第三梯队建设”战略决策的历史考察 [J]. 中国延安干部学院学报，2013，6（6）：108-114.

[4] 陈风楼 . 后备干部队伍建设70年的成功探索 [J]. 中国人事科学，2019（9）：4-13.

[5] 曹建坤 . 改革开放以来中国共产党加强年轻干部队伍建设的历程及启示 [J]. 上海党史与党建，2018（12）：18-21.

[6] 陈辉 . 新中国成立70年来干部队伍建设逻辑解析 [J]. 行政论坛，2019，26（5）：13-21.

[7] 程雄，李春华 . T-A 理论：领导才能社会期望与年龄的关系分析 [J]. 决策借鉴，1993（3）：46-47.

[8] 陈彦斌，姚一旻 . 中国经济增速放缓的原因、挑战与对策 [J]. 中国人民大学学报，2012，26（5）：76-87.

[9] 陈健，陆梦龙 . 晋升锦标赛起了多大作用 ?：兼论地方干部的激励

导向 [J]. 河北经贸大学学报，2010，31（3）：10-17.

[10] 陈潭，刘兴云 . 锦标赛体制、晋升博弈与地方剧场政治 [J]. 公共管理学报，2011，8（2）：21-33，125.

[11] 陈华江 . 完善党政机关干部福利待遇制度刍议 [J]. 四川财政，2002（3）：36-37.

[12] 柴茂昌 . 科学合理确定公务员工资水平 [J]. 中国党政干部论坛，2016（9）：34-36.

[13] 柴茂昌 . 我国公务员工资水平困境及对策 [J]. 领导科学，2016（20）：18-20.

[14] 董瑞丰 . 卸任省级主要干部动向 [J]. 瞭望，2008（5）：42-43.

[15] 杜兴强，曾泉，吴洁雯 . 干部历练、经济增长与政治擢升：基于1978—2008年中国省级干部的经验证据 [J]. 金融研究，2012（2）：30-47.

[16] 段润来 . 晋升激励、制度创新与中国经济增长 [J]. 河南大学学报（社会科学版），2008，48（6）：113-118.

[17] 段宇波 . 历史制度主义制度变迁理论的逻辑冲突与融合 [J]. 比较政治学研究，2016,（2）：14-69.

[18] 丁燕飞 . 试论我国公务员福利制度下的隐性腐败 [J]. 辽宁行政学院学报，2010，12（3）：95-96.

[19] 冯军旗 . 建国初期省级领导人的特点和类型 [J]. 江汉论坛，2018（8）：108-113.

[20] 樊纲 . 公共选择与改革过程：不同改革道路实现原因的一种比较研究 [J]. 经济社会体制比较，1993（1）：17-24.

[21] 高广景 . 20世纪80年代第三梯队建设述论 [J]. 党的文献，2014（6）：45-53，124.

[22] 高广景 . 邓小平、陈云与改革开放初期的干部队伍建设 [J]. 党的文献，2017（3）：58-65.

[23] 高广景．陈云后备干部队伍建设思想探析 [J]. 沈阳师范大学学报（社会科学版），2017，41（1）：68-72.

[24] 耿曙，钟灵娜，庞保庆．远近高低各不同：如何分辨省级领导的政治地位 ?[J]. 经济社会体制比较，2014（5）：82-95.

[25] 高其勋，王燕兵．公务员的福利问题及其货币化改革 [J]. 科学决策，2006,（6）：30-31.

[26] 谷清恩．行政机关消耗性福利开支货币化改革探讨 [J]. 经济研究参考，2005（91）：41-45.

[27] 国务院发展研究中心人力资源研究培训中心课题组．公务员压力与心理健康现状调查 [J]. 西部大开发，2012（8）：69-70.

[28] 何丽君．地市党政一把手成长规律和路径研究：以江苏、浙江两省为例 [J]. 领导科学，2015（27）：27-29.

[29] 胡仙芝．新一届省长群体任职特点观察 [J]. 决策探索（下半月），2013（3）：28-29.

[30] 何晓星．再论中国地方政府主导型市场经济 [J]. 中国工业经济，2005（1）：31-38.

[31] 扈凝．公共部门人员激励及其模式构建 [J]. 科技创业月刊，2005（3）：103-105.

[32] 蓝志勇，胡威．改革开放40年我国干部选拔任用制度改革的历程与思考 [J]. 中国党政干部论坛，2018（7）：18-22.

[33] 李炜冰．我国干部人事制度的历史发展和价值取向 [J]. 扬州大学学报（人文社会科学版），2010，14（4）：25-31.

[34] 李毅弘，刘柳．抓住领导干部这个“关键少数”：习近平干部队伍建设思想探析 [J]. 思想理论教育导刊，2017（5）：43-47.

[35] 李葳．新中国成立初期党对工人干部的培养与提拔 [J]. 当代中国史研究，2013，20（3）：119.

[36] 兰庆庆，金莹．新中国干部队伍建设70年：发展轨迹与制度创新[J]. 西南政法大学学报，2019，21（5）：106-116.

[37] 罗忠胜．试析党的干部选拔任用标准的历史流变 [J]. 攀登，2010，29（5）：57-62.

[38] 刘崇民．试论江泽民同志为核心的第三代中央领导集体对领导班子建设的理论贡献 [J]. 组织人事学研究，1999（1）：16-20.

[39] 林挺进．中国地级市市长职位升迁的经济逻辑分析 [J]. 公共管理研究，2007（0）：45-68.

[40] 陆忠，毕娟，何振宣．党政领导干部交流的科学方法研究 [J]. 行政管理改革，2018（5）：61-66.

[41] 李江．改革开放以来党政干部队伍建设的改革与创新 [J]. 现代商业，2012（5）：269-270.

[42] 刘俊生．“60后”省部级干部成长路径分析 [J]. 人民论坛，2008（12）：10-12.

[43] 刘瑞明，白永秀．晋升激励、宏观调控与经济周期：一个政治经济学框架 [J]. 南开经济研究，2007（5）：19-31，52.

[44] 罗家德，周超文，郑孟育．组织中的圈子分析：组织内部关系结构比较研究 [J]. 现代财经（天津财经大学学报），2013，33（10）：4-16.

[45] 刘京州．公务员薪酬福利制度初探 [J]. 学习论坛，2002（1）：20-22.

[46] 刘昕．福利是否需要全部货币化 [J]. 中国人力资源开发，2001（1）：18-19.

[47] 李珊．我国公务员福利制度研究综述 [J]. 中共乐山市委党校学报，2012，14（1）：68-71.

[48] 罗军，禹玉兰．公务员工作压力、情绪管理与身心健康关系的研究 [J]. 中国卫生事业管理，2011，28（9）：709-712.

[49] 马爱婷，吴俊羽．改革开放以来中国共产党的干部队伍建设探析[J]. 理论观察，2019（4）：29-31.

[50] 马欣．当前干部选拔任用中存在的问题及对策 [J]. 党史文苑，2014（12）：41-43.

[51] 潘锦全．开展科学化教育培训 打造高素质干部队伍：评《中国共产党干部教育培训科学化研究》[J]. 山西财经大学学报，2021，43（3）：133.

[52] 潘孝挺，左翔．地方干部激励和产权保护：基于企业微观数据的研究 [J]. 财经研究，2012，38（7）：49-58.

[53] 祁凡骅，黄新浩．大国省长选拔任用变迁规律研究 [J]. 中国领导科学，2021（1）：39-46.

[54] 祁凡骅，王珊．市委书记个人特征与 GDP 增长关系的实证分析：基于 GDP 百强市 10 年 1000 份市委书记样本的数据分析 [J]. 北京行政学院学报，2019（4）：1-8.

[55] 祁凡骅，林欣．改革开放 40 年我国干部人事制度变革逻辑：基于 166 项干部人事政策的样本分析 [J]. 中国人民大学学报，2018，32（6）：12-21.

[56] 祁凡骅，卢湘枚．地级市市长任用规律：从“十五大”到“十九大”：基于 GDP 百强市市长相关数据的研究 [J]. 国家行政学院学报，2018（5）：69-75，189.

[57] 卿石松．职位晋升中的性别歧视 [J]. 管理世界，2011（11）：28-38.

[58] 孙琼仙．毛泽东干部队伍建设思想探析 [J]. 中共云南省委党校学报，2014，16（6）：16-18.

[59] 孙晓莉．地方现任省级女性领导干部职业发展经历研究 [J]. 行政管理改革，2019（3）：26-35.

[60] 宋士云，吕磊．中国社会保障管理体制变迁研究：1949—2010

[J]. 贵州财经学院学报，2012（2）：65-72.

[61] 陶建宏，师萍，段伟宇．高阶理论研究综述：基于跨层次整合视角 [J]. 科技管理研究，2013，33（10）：224-229.

[62] 陶然，苏福兵，陆曦，朱昱铭．经济增长能够带来晋升吗？：对晋升锦标竞赛理论的逻辑挑战与省级实证重估 [J]. 管理世界，2010（12）：13-26.

[63] 陶然，陆曦，苏福兵，汪晖．地区竞争格局演变下的中国转轨：财政激励和发展模式反思 [J]. 经济研究，2009，44（7）：21-33.

[64] 佟亚丽，张咏梅．新时期政府人才服务机构的发展与创新 [J]. 人才资源开发，2008（2）：8-9.

[65] 吴桂韩．习近平关于领导干部队伍建设思想述略 [J]. 党政论坛，2013（4）：45-47，1.

[66] 魏德平．"中顾委"创设的来龙去脉 [J]. 炎黄春秋，2020（10）：21-26.

[67] 王真真．建国初期毛泽东的干部队伍建设思想及其当代价值 [A]. 中共中央文献研究室科研管理部．中共中央文献研究室个人课题成果集 2015年：上 [C]. 中共中央文献研究室科研管理部，2016：14.

[68] 王勇，熊大薇．建设高素质的干部队伍 [J]. 南昌航空工业学院学报（社会科学版），2005（4）：29-35.

[69] 王贤彬，徐现祥．地方干部来源、去向、任职时间与经济增长：来自中国省长省委书记的证据 [J]. 管理世界，2008（3）：16-26.

[70] 王通讯．人才最佳创造年龄规律 [J]. 中国人才，2008（3）：31-32.

[71] 王宝林，丁晓春．我国干部选拔任用制的历史考察及改革思考：以省级领导干部选拔任用为例 [J]. 领导科学，2016（8）：21-23.

[72] 王贤彬，张莉，徐现祥．辖区经济增长绩效与省长省委书记晋升 [J]. 经济社会体制比较，2011（1）：110-122.

[73] 王存同，余姣 .“玻璃天花板”效应：职业晋升中的性别差异 [J]. 妇女研究论丛，2013（6）：21-27.

[74] 王守坤 . 中国省级干部晋升与辖区增长绩效：基于政治网络强度的经验判断 [J]. 浙江社会科学，2013（9）：34-42，13，156.

[75] 吴敬琏 . 中国：政府在市场经济转型中的作用 [J]. 河北学刊，2004（4）：39-46.

[76] 吴芸 . 影响县委书记和县长晋升速度的相关因素：以河北省为例 [J]. 东南学术，2012（5）：88-96.

[77] 吴建南，马亮 . 政府绩效与干部晋升研究综述 [J]. 公共行政评论，2009，2（2）：172-196，206.

[78] 吴红青 . 公务员身心健康现状及对策 [J]. 江南论坛，2005（12）：52-53.

[79] 徐斌，西楠 . 高效能视角下的企业领导梯队现状及其建设：以 F 企业为例 [J]. 中国人力资源开发，2015（8）：23-31.

[80] 许耀桐 . 毛泽东干部队伍建设的理论与实践 [J]. 湖南社会科学，2004（3）：46-52.

[81] 许晓龙，李里峰 .“五年计划”的变与常：一项历史制度主义的考察 [J]. 浙江学刊，2017（3）：59-65.

[82] 向杨 . 改革开放以来省级领导干部空间流动的多维特征分析：以省委书记（省长）为考察对象 [J]. 理论与改革，2019（4）：133-146.

[83] 徐现祥，王贤彬 . 晋升激励与经济增长：来自中国省级干部的证据 [J]. 世界经济，2010，33（2）：15-36.

[84] 徐现祥，王贤彬，舒元 . 地方干部与经济增长：来自中国省长、省委书记交流的证据 [J]. 经济研究，2007（9）：18-31.

[85] 谢志强，青连斌 . 影响干部职务升迁的主要因素：一项对地（厅）级干部的调查 [J]. 中国行政管理，1999（2）：22，30.

[86] 辛鸣 .“福利腐败”的经济分析与社会政治考量 [J]. 中国党政干部论坛，2006（8）：28-31.

[87] 徐文珍，任中平 . 我国公务员考核机制存在的问题分析与对策研究 [J]. 辽宁行政学院学报，2007（11）：67-68.

[88] 徐君 . 中国公务员考核运行机制：问题及对策 [J]. 首都经济贸易大学学报，2007（4）：67-71.

[89] 杨敏 .“第三梯队”名单建立前后 [J]. 党政论坛（干部文摘），2015（3）：26-27.

[90] 中共中央 . 党政领导干部选拔任用工作条例 [J]. 党建研究，2002（8）：28-36.

[91] 杨德山，张冬冬 . 试述习近平新时代干部队伍建设的理论创新 [J]. 新视野，2019（4）：30-36.

[92] 杨德山 . 当代中国共产党干部选拔任用标准演变考察 [J]. 新视野，2004（6）：50-52.

[93] 杨雪冬 . 新世纪以来中国共产党的干部制度改革：基于制度文本的研究 [J]. 北京行政学院学报，2011（3）：4-11.

[94] 闫玉 . 社会性别视角下我国女性领导干部培养选拔机制探究 [J]. 社会科学战线，2011（5）：271-272.

[95] 尹冬华 . 省部新政要的六大群体特征 [J]. 决策，2007（8）：32-34.

[96] 杨其静，郑楠 . 地方领导晋升竞争是标尺赛、锦标赛还是资格赛 [J]. 世界经济，2013，36（12）：130-156.

[97] 杨瑞龙，王元，聂辉华 .“准干部”的晋升机制：来自中国央企的证据 [J]. 管理世界，2013（3）：23-33.

[98] 姚洋，张牧扬 . 干部绩效与晋升锦标赛：来自城市数据的证据 [J]. 经济研究，2013，48（1）：137-150.

[99] 杨文忠 . 关于建立国家公务员社会保险制度的若干问题 [J] . 广东

行政学院学报，1995（3）：33-36，11.

[100] 杨光斌．制度范式：一种研究中国政治变迁的途径 [J]. 中国人民大学学报，2003（3）：117-123.

[101] 岳公正，苏海南．公务员“隐形腐败”挑战福利改革 [J]. 人民论坛，2007（13）：40-41.

[102] 杨柳．公务员保障：“社会化”迈出多远 [J]. 瞭望，2005（16）：23-24.

[103] 张健．浅谈国有企业领导干部梯队建设 [J]. 经济师，2019（7）：276-277.

[104] 张子云．阅读7 公开选拔：干部人事制度改革的方向 [J]. 新湘评论，2008（7）：29-30.

[105] 张永刚．改革开放以来建设高素质干部队伍的历程探析 [J]. 学术论坛，2015，38（3）：27-30.

[106] 张永刚．邓小平干部队伍建设思想探析 [J]. 中共云南省委党校学报，2015，16（1）：22-24.

[107] 张虹．毛泽东邓小平干部队伍建设思想比较及启示 [J]. 湖北社会科学，2006（11）：22-25.

[108] 朱永刚．改革开放40年来干部队伍建设的历史脉络与经验探赜 [J]. 理论导刊，2019（3）：22-27.

[109] 张尔升，胡国柳．地方干部的个人特征与区域产业结构高级化：基于中国省委书记，省长的分析视角 [J]. 中国软科学，2013（6）：71-83.

[110] 张尔升．地方干部的企业背景与经济增长：来自中国省委书记、省长的证据 [J]. 中国工业经济，2010（3）：129-138.

[111] 周敏，毕睿罡，寇宗来．干部任期，年龄限制与地方企业投资：来自中国上市公司的经验证据 [J]. 产业经济研究，2017（3）：116-126.

[112] 张三保，熊雅．中国地方干部与区域经济发展研究 [J]. 武汉大学

学报（哲学社会科学版），2017（6）：33-41.

[113] 张向鸿.改革开放以来党政领导干部选拔任用制度的变革与创新[J].中共石家庄市委党校学报，2019，21（4）：17-22.

[114] 翟红芬.改革开放以来我国干部人事制度改革的回顾与思考[J].工会论坛（山东省工会管理干部学院学报），2009，15（3）：15-16.

[115] 周晓慧，邹肇芸.经济增长、政府财政收支与地方干部任期：来自省级的经验证据[J].经济社会体制比较，2014（6）：112-125.

[116] 朱建军，张蕊.经济增长、民生改善与地方干部晋升再考察：来自2000—2014年中国省级面板数据的经验证据[J].经济学动态，2016（6）：50-61.

[117] 周黎安.中国地方干部的晋升锦标赛模式研究[J].经济研究，2007（7）：36-50.

[118] 周黎安.晋升博弈中政府干部的激励与合作：兼论我国地方保护主义和重复建设问题长期存在的原因[J].经济研究，2004（6）：33-40.

[119] 张平，赵国昌，罗知.中央干部来源与地方经济增长[J].经济学（季刊），2012，11（2）：613-634.

[120] 张晖.干部异质性、努力扭曲与隐性激励[J].中国经济问题，2011（5）：46-55.

[121] 张堃，江艇.“小市经历效应”：重要地级市市委书记职务晋升的逻辑[J].华东理工大学学报（社会科学版），2015，30（1）：57-68.

[122] 张力，冯奎.我国公务员的福利制度货币化改革趋势初探[J].生产力研究，2007（4）：81-83.

[123] 周琦玮，仇杰，周丽敏.浅论公务员薪酬福利货币化发展趋势：以公务员工作幸福感角度[J].现代商业，2012（11）：179-180.

[124] 中共中央.党政领导干部选拔任用工作条例[N].人民日报，2014-01-16.

三、中文学位论文

[1] 陈才华 . 习近平关于干部选拔任用的重要论述研究 [D]. 郑州：河南大学，2020.

[2] 郭静 . 中共干部梯队建设研究 [D]. 上海：上海师范大学，2012.

[3] 华晴 . 省级党政领导干部选拔任用制度改革 [D]. 上海：复旦大学，2008.

[4] 李锐 . 我国省级党政领导干部选拔任用制度改革研究 [D]. 上海：复旦大学，2013.

[5] 刘再春 . 党政领导干部选拔任用制度改革研究 [D]. 上海：华东师范大学，2012.

[6] 吴婷婷 . 青年党政领导人才成长路径研究 [D]. 合肥：安徽大学，2014.

[7] 王露 . 省级领导群体特征与晋升的影响因素分析 [D]. 南京：南京大学，2014.

[8] 王鹏 . 中国党政领导干部选拔任用制度变迁研究 [D]. 北京：中共中央党校，2011.

[9] 阴红 . 中共领导干部年龄状况的历史变化及相关政策探讨 [D]. 北京：中共中央党校，2005.

[10] 袁红丽 . 改革开放以来我国公务员阶层研究 [D]. 北京：中共中央党校，2013.

[11] 张华林 . 习近平党的干部队伍建设思想研究 [D]. 赣州：江西理工大学，2019.

[12] 赵永全 . 省级领导干部交流制度的研究 [D]. 上海：复旦大学，2010.

[13] 朱金芬.我国公务员福利制度改革研究[D]. 济南：山东大学，2010.

四、外文图书

[1] Collier R B. Shaping the Political Arena：Critical Junctures，the Labor Movement，and Regime Dynamics in Latin America[M]. Berlin：Springer-Verlag，1991.

[2] Merton R K. Social Theory and Social Structure[M]. New York：The Free Press，1967.

[3] P. Bourdieu. “The Form of Capital”，Handbook of Theory and Research for the Sociology of Education[M]. New York：Greenwood，1986.

[4] Pierson P. Politics In Time：History，Institutions，and Social Analysis [M]. New Jersey：Princeton University Press，2004.

[5] Steinmo S，Thelen K A，Eds F L. Structuring Politics：Historical Institutionalism in Comparative Politics[M]. Cambridge：Cambridge University Press，1992.

[6] Stouffer S A，Suchman E A，DeVinney L C，Star S A，Williams Jr R.M. The American Soldier：Adjustment During Army Life[M]. Princeton：Princeton University Press，1949.

[7] Vroom V H，Yetton P W. Leadership and Decision-making[M]. Oakland：University of Pittsburgh Pre，1973.

五、外文期刊

[1] Bantel K A，Jackson S E. Top Management and Innovations in

Banking: Does the Composition of the Top Team Make a Difference? [J]. Strategic Management Journal, 1989, 10 (S1): 107-124.

[2] Bo, Z. Economic Performance and Political Mobility: Chinese Provincial Leaders [J]. Journal of Contemporary China, 1996, 5 (12): 135-154.

[3] Chow K W. The Management of Chinese Cadre Resources: The Politics of Performance Appraisal (1949-84) [J]. International Review of Administrative Sciences, 1988, 54 (3): 359-377.

[4] Cai H, Treisman D. Did Government Decentralization Cause China's Economic Miracle? [J]. World Politics, 2006, 58 (4): 505-535.

[5] Chen Y, Li H, Zhou L A. Relative Performance Evaluation and the Turnover of Provincial Leaders in China[J]. Economics Letters, 2005, 88 (3): 421-425.

[6] Crosby, Faye. A Model of Egoistical Relative Deprivation[J]. Psychological Review, 1976, 83 (2): 85-113.

[7] Dreher A, Lamla M J, Lein S M, etal. The Impact of Political Leaders' Profession and Education on Reforms[J]. Journal of Comparative Economics, 2009, 37 (1): 169-193.

[8] Dittmer L, Wu Y S. The Modernization of Factionalism in Chinese Politics [J]. World Politics, 1995, 47 (4): 467-494.

[9] Finkelstein S, Hambrick D C. Top-management-team Tenure and Organizational Outcomes: The Moderating Role of Managerial Discretion[J]. Administrative Science Quarterly, 1990, 35 (3): 484-503.

[10] Greenhaus J H, Beutell N J. Sources of Conflict Between Work and Family Roles[J]. Academy of Management Review, 1985 (10): 76-88.

[11] Hambrick D C, Mason P A. Upperechelons: The Organizations are

Fle-ction of Its Top Managers[J]. Academy of Management Review，1984，9（2）：193-206.

[12] Jones B F，Olken B A. Doleadersmatter? National Leadership and Gro-wth Since World WarII[J]. The Quarterly Journal of Economics，2005，120（3）：835-864.

[13] Li C，Bachman D. Localism，Elitismand Immobilism：Elite Formation and Social Change in Post-Mao China[J]. World Politics，1989，42（1）：64-94.

[14] Li A. Political Performance and Provincial Governors Promotionin China from 1999 to 2007[J]. Alternatives：Turkish Journal of International Relations，2010，9（3）：26-45.

[15] Lazear E P，Rosen S. Rank-order Tournaments as Optimum Labor Contracts[J]. Journal of Political Economy，1981，89（5）：841-864.

[16] Li H，Zhou L A. Political Turnover and Economic Performance：the Incentive Role of Personnel Control in China[J]. Journal of Public Economics，2005，89（9）：1743-1762.

[17] Landry P F. The Political Management of Mayors in Post-Deng China[J]. The Copenhagen Journal of Asian Studies，2003，17（17）：31-58.

[18] Lewis G B，Frank S A. Who Wants To Work for Government[J]. Public Administration Review，2002，62（4）：395-404.

[19] Lee S Y，Whitford A B. Exit，Voice，Loyalty and Pay：Evidence From the Public Workforce[J]. Journal of Public Administration Researchand Theory，2008，18（4）：647-671.

[20] Oi J C. Fiscal Reform and the Economic Foundations of Local State Corporatism in China[J]. World Politics，1992，45（1）：99-126.

[21] Opper S，Victor Nee，Brehm S. Homophily in the Career Mobility

of China’ s Political Elite[J]. Social Science Research，2015，54：332-352.

[22] Pierson P. Increasing Returns，Path Dependence，and the Study of Politics[J]. American Political Science Review，2000，94（2）：251-267.

[23] Pettigrew T F，Christ O，Wagner U，et al. Relative Deprivation and Intergroup Prejudice[J]. Journal of Social Issues，2010，64（2）：385-401.

[24] Qian Y，Roland G. Federalism and the Soft Budget Constraint[J]. American Economic Review，1998，88（5）：1143-1162.

[25] Shih V，Adolph C，Liu M. Getting Ahead in the Communist Party：Explaining the Advancement of Central Committee Members in China[J]. American Political Science Review，2012，106（1）：166-187.

[26] Stinton J E，Beam B T，Mcfadden J J. Employee Benefits[J]. Journal of Risk & Insurance，1985，52（3）：553.

[27] Titmuss R M，Seldon A. Commitment to Welfare[J]. Social Policy & Administration，2010，2（3）：196-200.

后 记

为政之要，唯在得人；治国理政，关键在人。实现中华民族伟大复兴和中国式现代化，坚持和发展中国特色社会主义，关键在党，关键在领导干部。正因如此，必须做好干部人事工作，培育和选拔一批具有现代素养的治理精英。

中国作为名副其实的大国，无论是治理任务还是治理情境，都极为复杂多变。为什么中国能够在改革开放40多年的时间内，实现跨越式发展，经济实力位列世界第二位？为什么能够在六七年内整体解决绝对贫困问题？看待这些问题的视角可能不尽相同，但大国干部在其中发挥的作用却不言而喻。

从“中国之治”的经验来看，大国干部之所以能够成为国家发展和社会进步历史进程中的重要内驱力，主要源于大国干部始终保持了先进的领导力。很显然，如果离开了大国干部的奉献和付出，那么大国的崛起和复兴进程必然会受到影响。问题在于，大国在治国理政的过程中，如何发挥好干部的作用，做到人岗匹配、人事相符，真正让大国干部成为驱动大国发展的核心驱动力？

《大国人事：干部管理的逻辑》一书对这一问题作出了解答。本书聚焦“中国如何选任领导干部”这一核心议题，从6个方面对大国干部展开了全景式梳理，总结了人才治理经验，回应了“大国为什么能”“中国共产党为什么行”等关键问题。

全书共分为6章，从多个角度、多个层级、多个方面对“大国干部人事”的治理经验进行了总结归纳。回眸历史，预见未来。我们回顾了大国干部管理遵循的特定制度，分别从大国后备干部的选拔制度、干部福利制度和干部选任制度3个方面，回顾了干部管理制度的发展、演替和变迁，让读者从中了解大国在干部选拔、任用和保障等方面的制度演进历程。观照现实，直面实践。我们从大国如何选任地级市市长、大国如何选任市委书记2个方面，总结出典型的“干部画像”，总结典型特征，并依托实证研究方法探讨了大国干部晋升的“四驱模型”，揭示了大国干部在选拔任用方面的特色与逻辑。

人才是大国治理过程中最宝贵的财富，而党政干部则是保障国家发展行稳致远的“压舱石”。中国共产党作为百年大党，如何永葆先进性和纯洁性、永葆青春活力，如何永远得到人民拥护和支持，如何实现长期执政，是我们必须回答好、解决好的根本性问题。在这样的“时代之问”下，回溯大国干部人事的管理制度变迁，总结选任晋升规律，展望干部变革趋势，不失为回应这一问题的一种尝试和探索。

路漫漫其修远兮，吾将上下而求索。大国的崛起和复兴长路漫漫，而大国干部则是这条道路上的引领人和奋进者。我们心怀“国之大者”，在探索的道路上持续前行。

本书在写作过程中难免存在部分疏漏和错误，恳请各位师友和读者提出宝贵的意见和建议，多多批评斧正。

祁凡骅

2024年3月